11

COFFEE

WANDANCE

CONTENTS

CHARACTERS

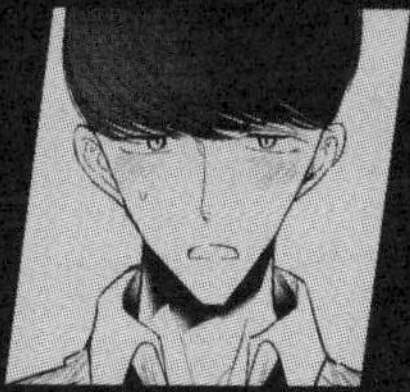

Kaboku Kotani

10. Klasse, Mitglied im Tanzklub.
Er stottert und spricht deshalb nicht gerne vor anderen. Seine Faszination für Hikari führte ihn in die Welt des Tanzens.

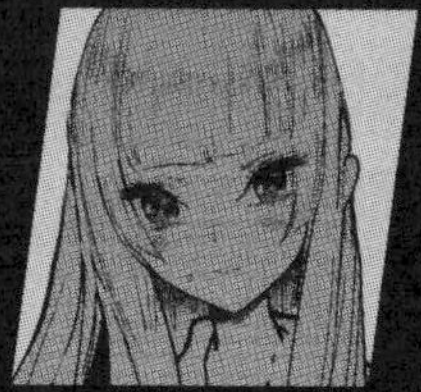

Hikari Wanda

10. Klasse, Mitglied im Tanzklub.
Sie ist zierlich und liebt es zu tanzen. Hat ein hervorragendes Tanzgespür.

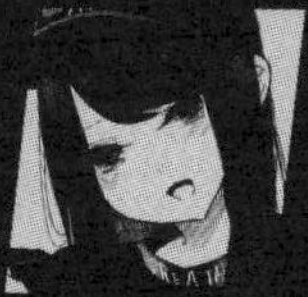

On Miyao

12. Klasse, Leiterin des Ichirin-Tanzklubs.
Da die für den Klub zuständige Betreuerin keine Tanzerfahrung hat, beaufsichtigt sie an ihrer Stelle das Training.

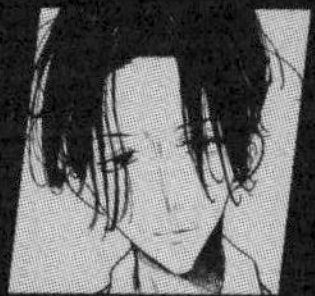

Iori Itsukushima

11. Klasse, Mitglied im Tanzklub.
Tanzt richtig gut, erscheint aber fast nie zum Training. Naschkatze.

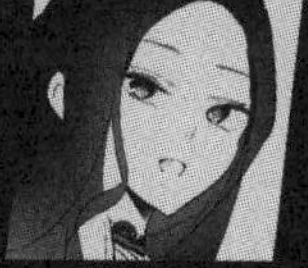

Rine Futatsuki

Für ihre tänzerische Begabung in den sozialen Netzwerken bekannte Oberschülerin. Mitglied des Seiga-Tanzklubs.

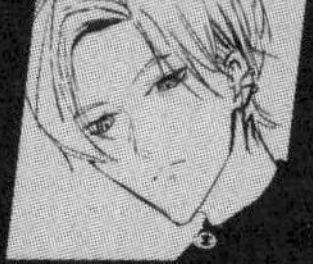

Kenbi Yodaka

Klubleiter des Seiga-Tanzklubs.

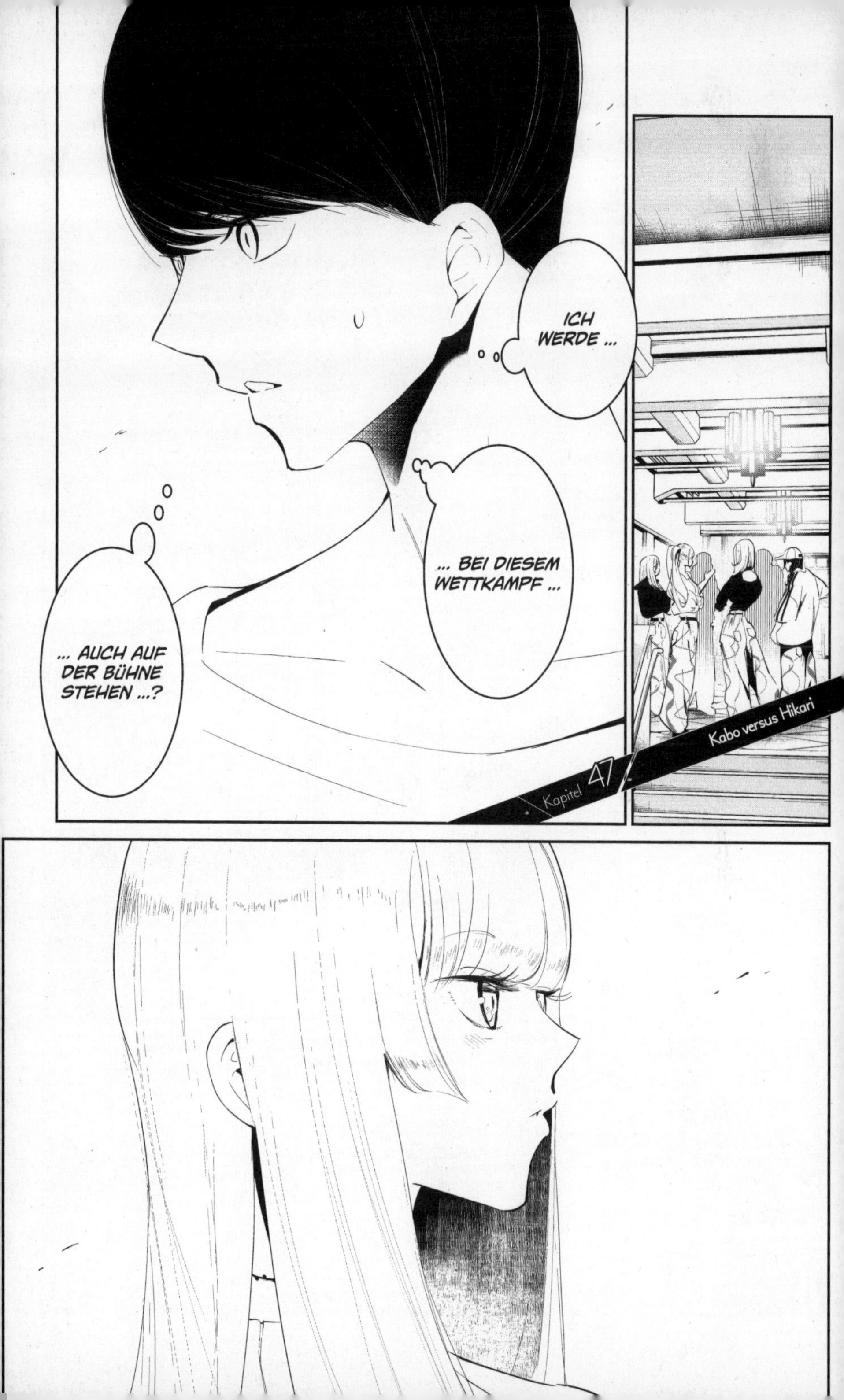
ICH WERDE ...
... BEI DIESEM WETTKAMPF ...
... AUCH AUF DER BÜHNE STEHEN ...?
Kapitel 47
Kabo versus Hikari

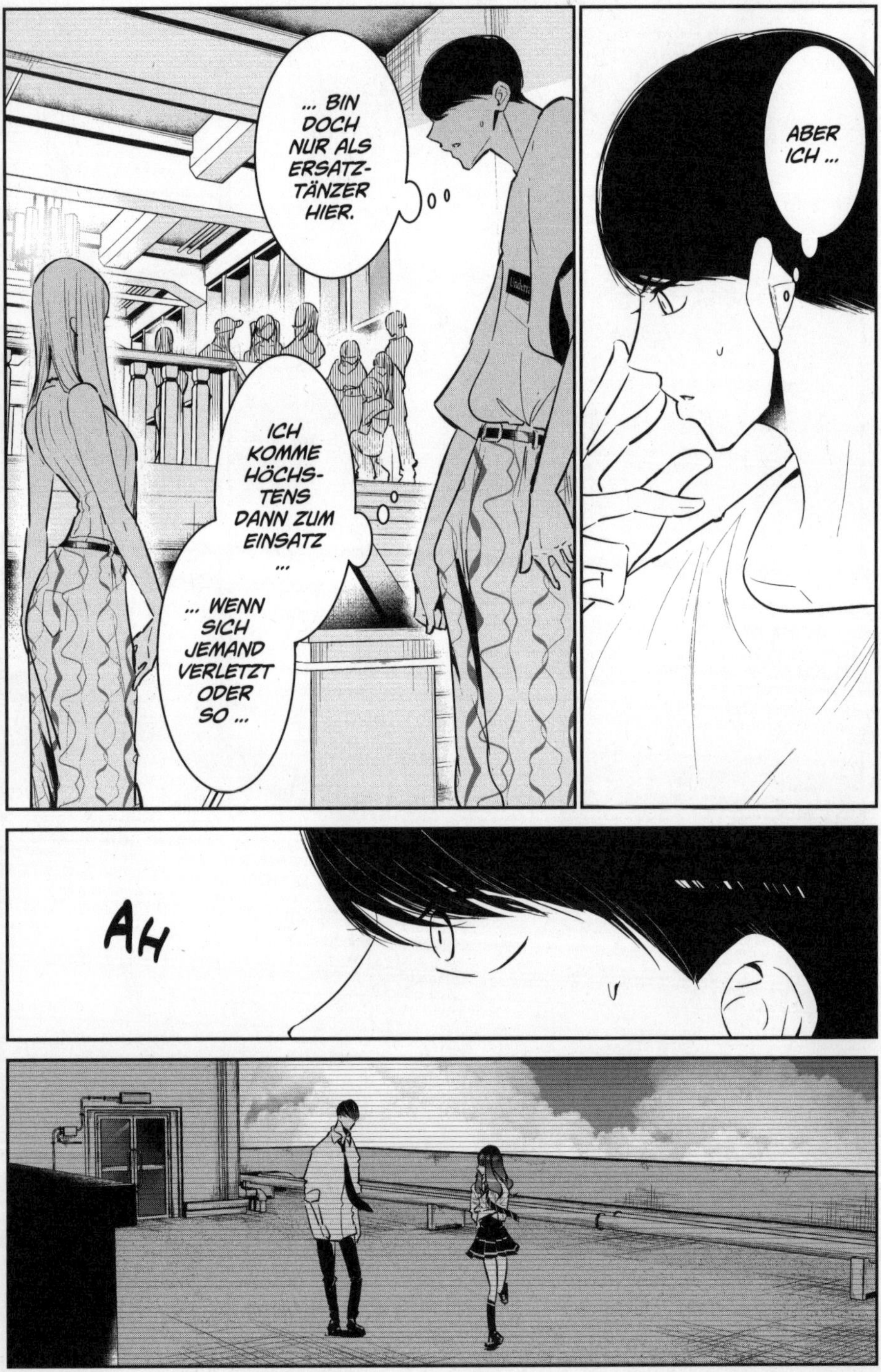
ABER ICH ...
... BIN DOCH NUR ALS ERSATZ-TÄNZER HIER.
ICH KOMME HÖCHSTENS DANN ZUM EINSATZ ...
... WENN SICH JEMAND VERLETZT ODER SO ...
AH

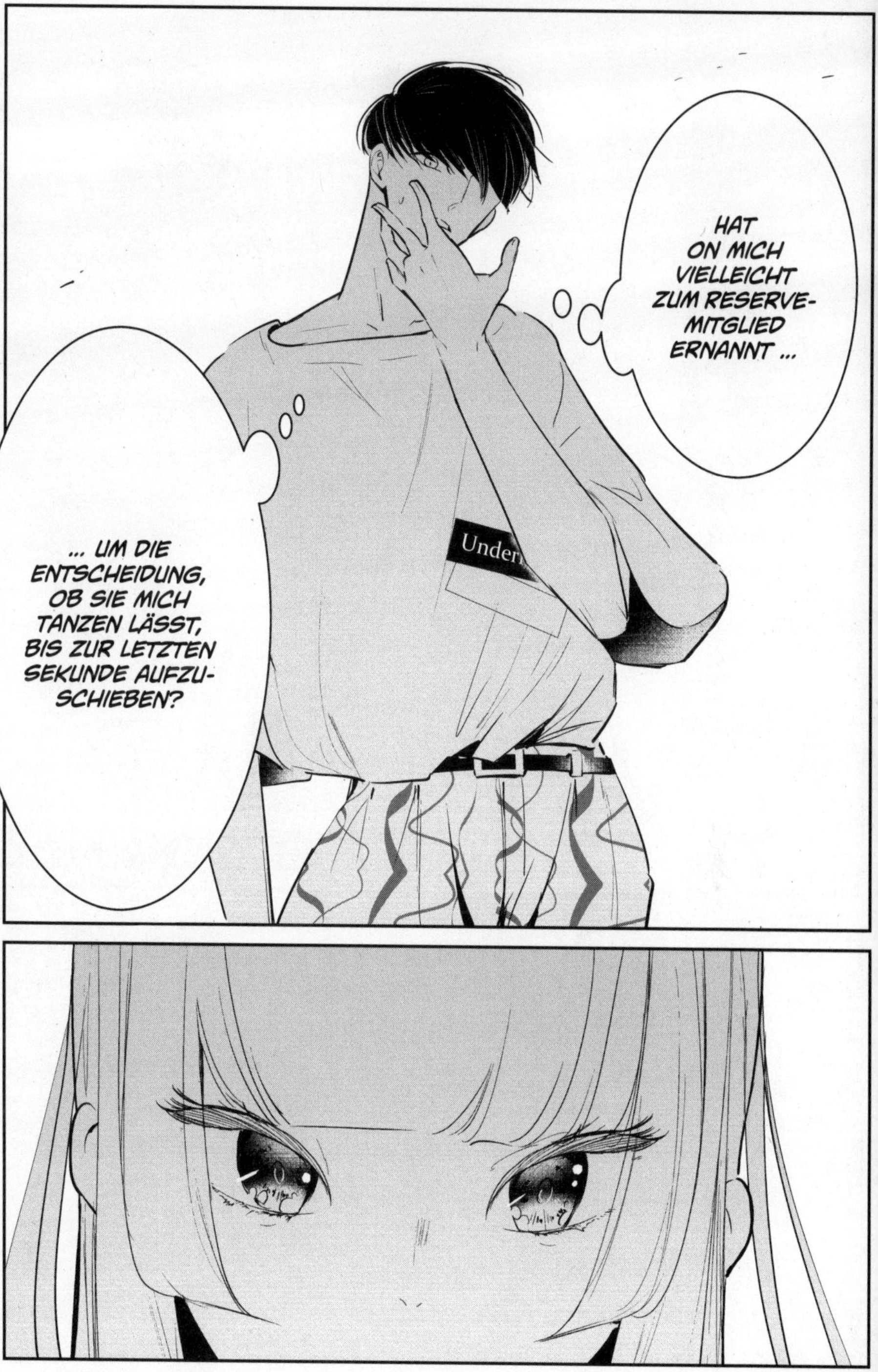
HAT ON MICH VIELLEICHT ZUM RESERVE-MITGLIED ERNANNT ...
... UM DIE ENTSCHEIDUNG, OB SIE MICH TANZEN LÄSST, BIS ZUR LETZTEN SEKUNDE AUFZU-SCHIEBEN?

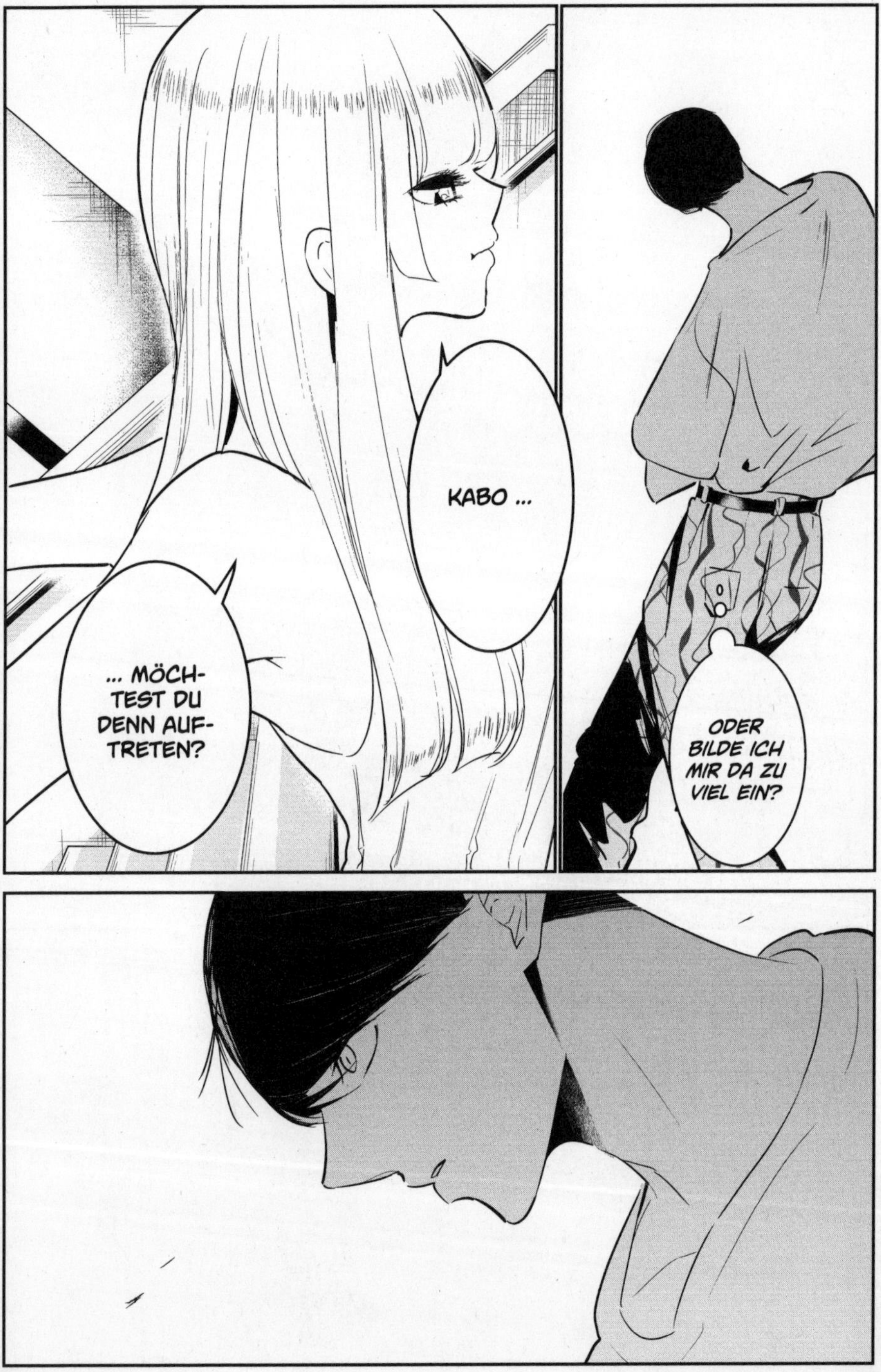
KABO ...
... MÖCH-
TEST DU
DENN AUF-
TRETEN?
ODER
BILDE ICH
MIR DA ZU
VIEL EIN?

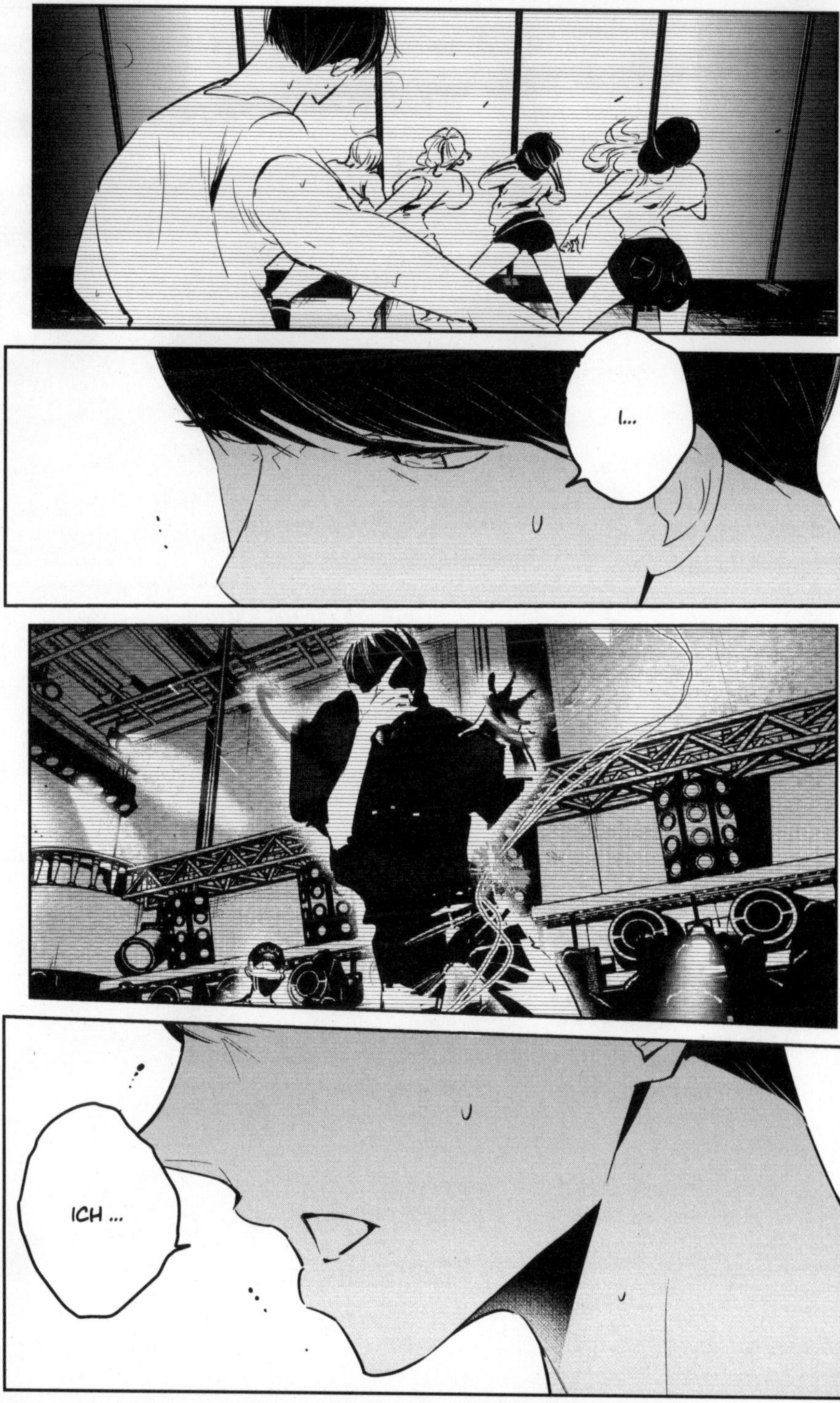
I…
ICH …

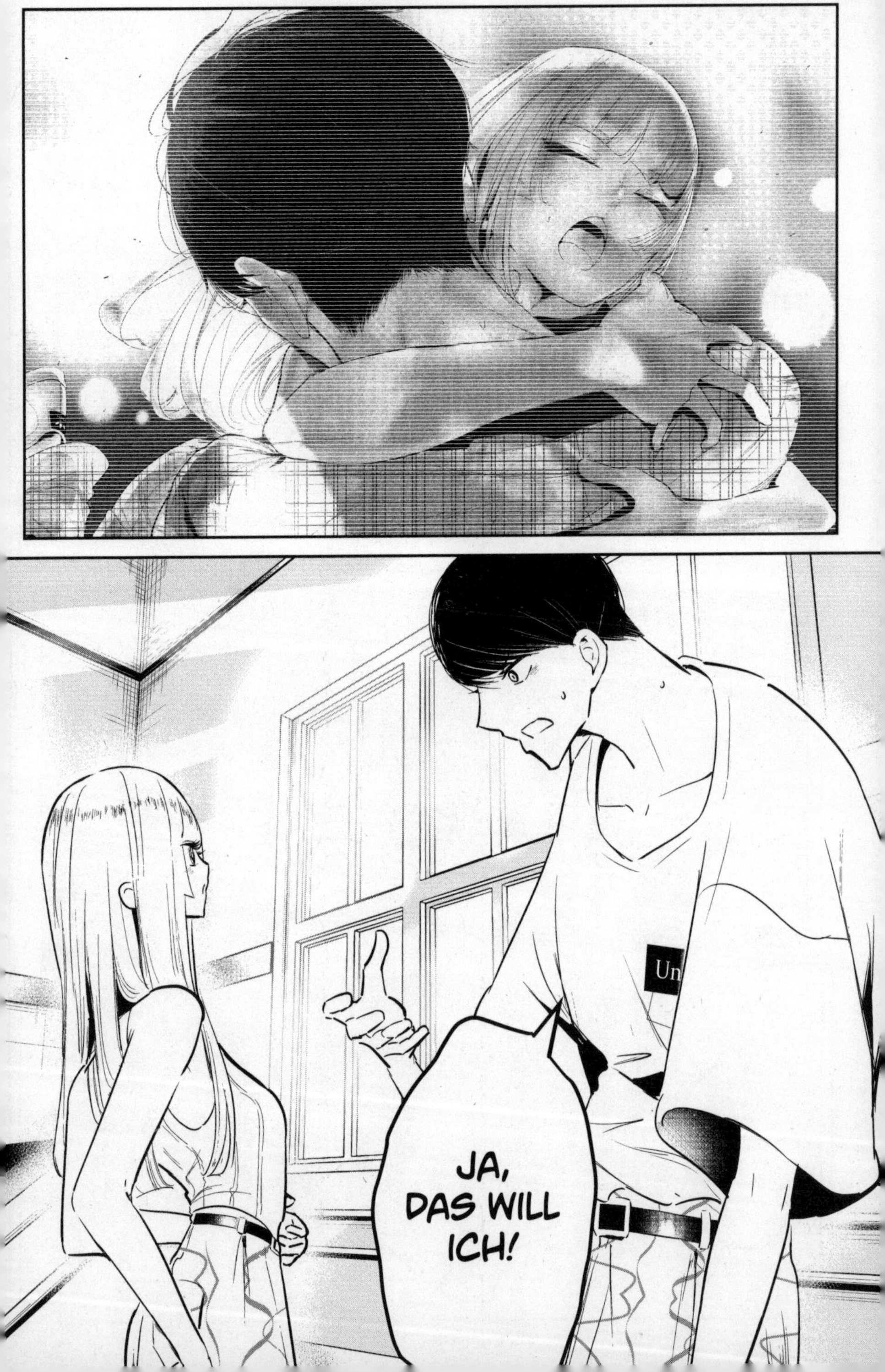
Un
JA, DAS WILL ICH!

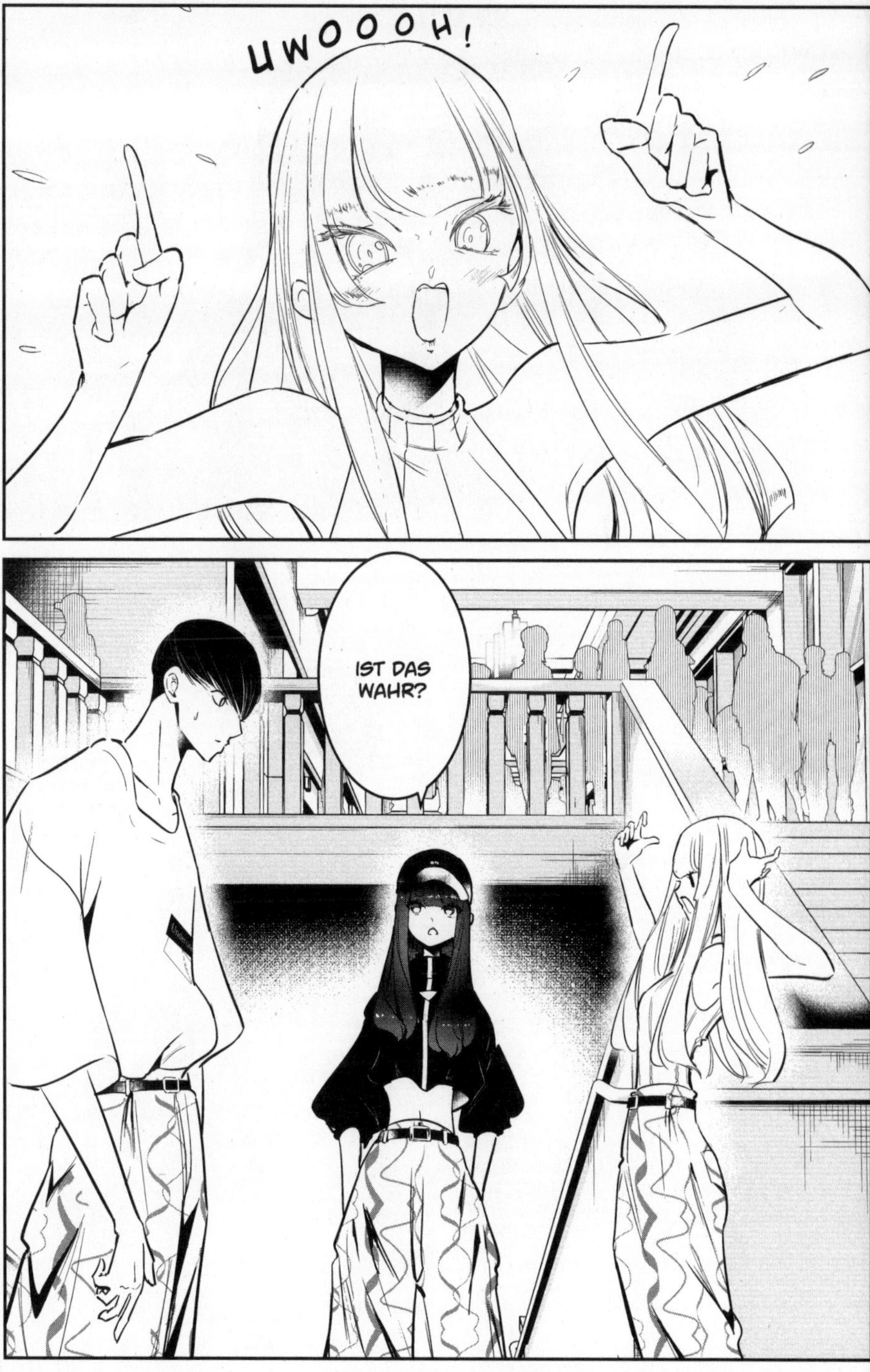
UWOOOH!
IST DAS WAHR?

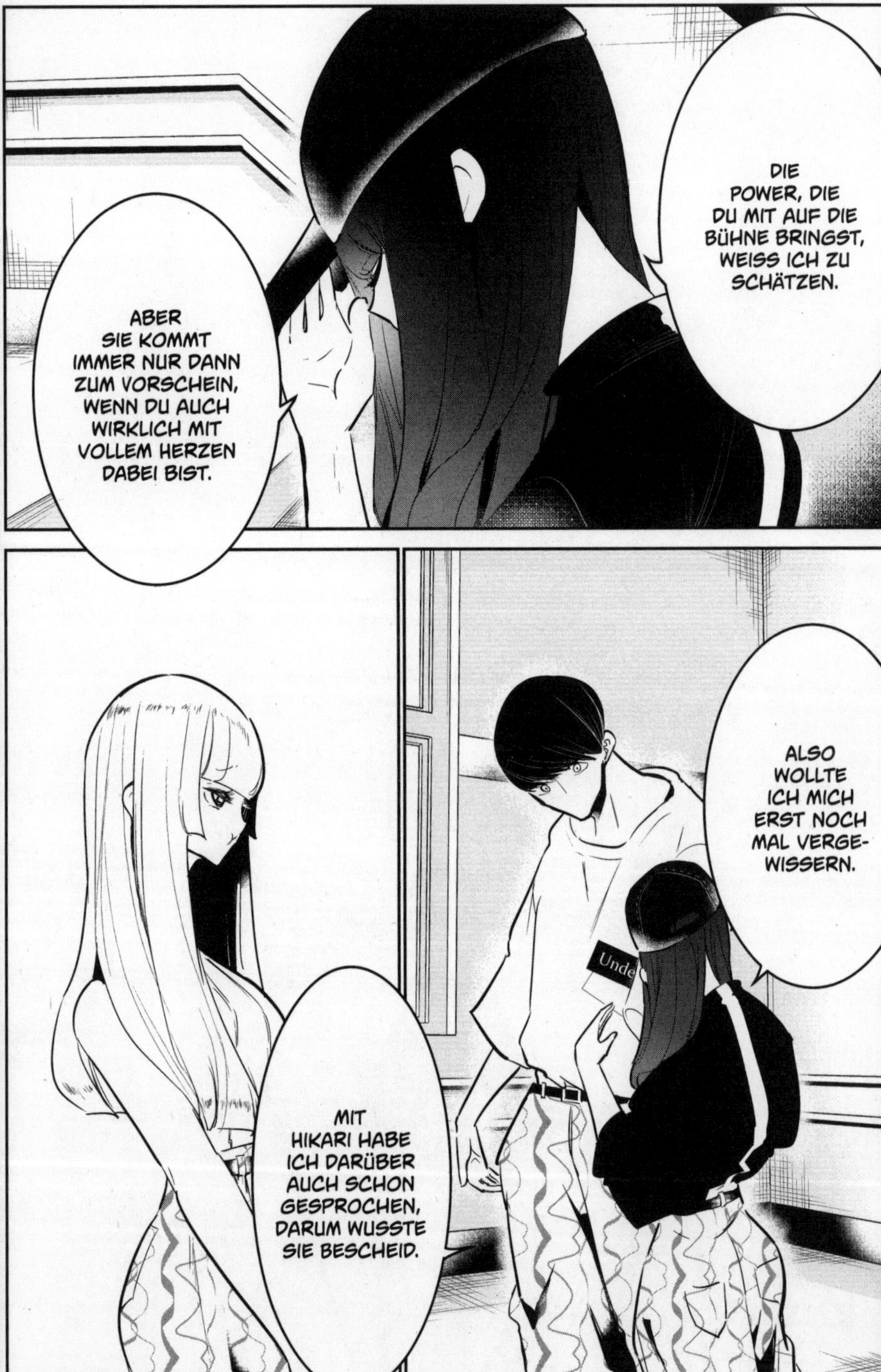
DIE POWER, DIE DU MIT AUF DIE BÜHNE BRINGST, WEISS ICH ZU SCHÄTZEN.
ABER SIE KOMMT IMMER NUR DANN ZUM VORSCHEIN, WENN DU AUCH WIRKLICH MIT VOLLEM HERZEN DABEI BIST.
ALSO WOLLTE ICH MICH ERST NOCH MAL VERGE-WISSERN.
MIT HIKARI HABE ICH DARÜBER AUCH SCHON GESPROCHEN, DARUM WUSSTE SIE BESCHEID.

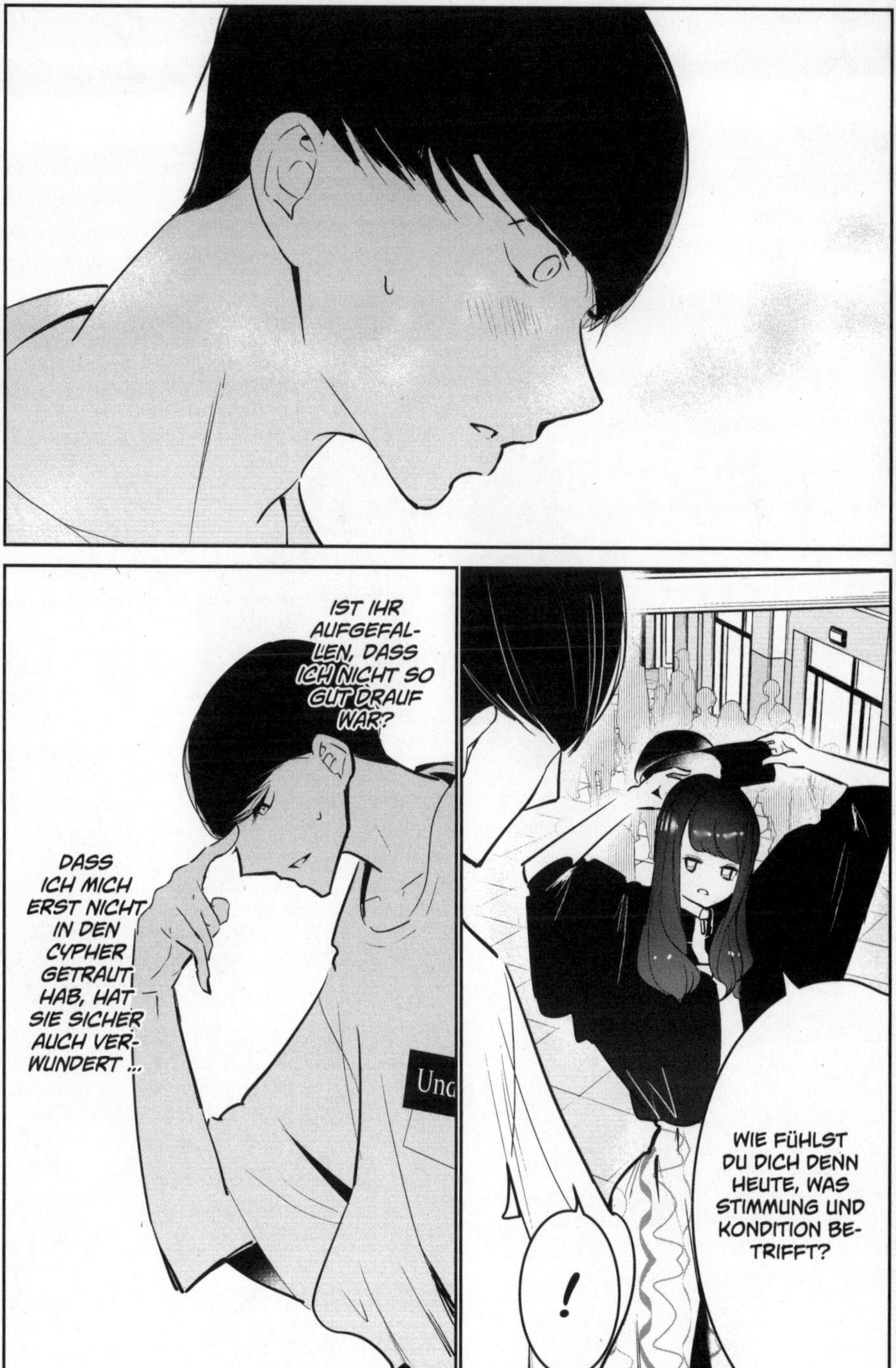
WIE FÜHLST DU DICH DENN HEUTE, WAS STIMMUNG UND KONDITION BETRIFFT?
!
IST IHR AUFGEFALLEN, DASS ICH NICHT SO GUT DRAUF WAR?
DASS ICH MICH ERST NICHT IN DEN CYPHER GETRAUT HAB, HAT SIE SICHER AUCH VERWUNDERT ...

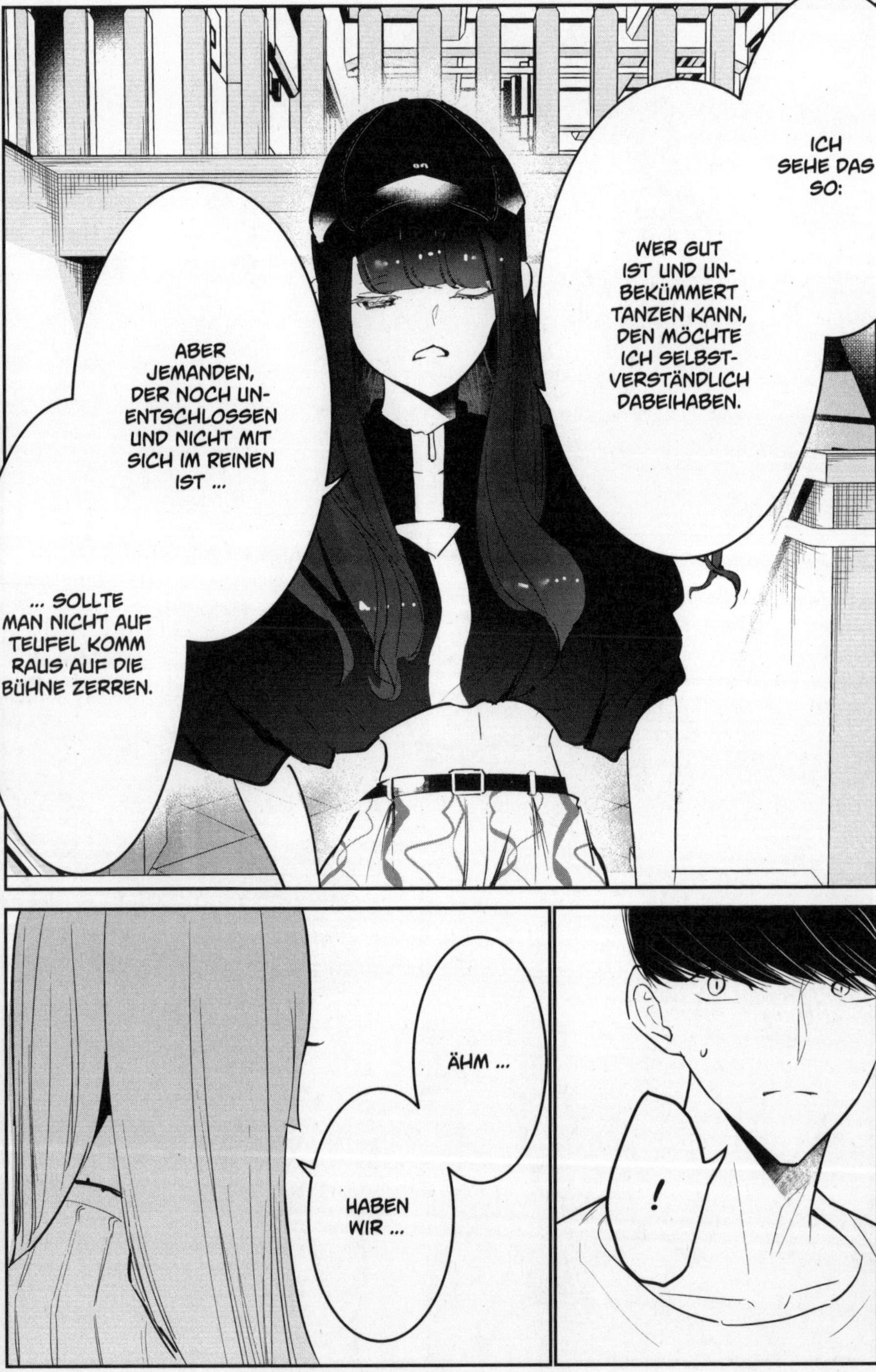
ICH SEHE DAS SO:
WER GUT IST UND UNBEKÜMMERT TANZEN KANN, DEN MÖCHTE ICH SELBSTVERSTÄNDLICH DABEIHABEN.
ABER JEMANDEN, DER NOCH UNENTSCHLOSSEN UND NICHT MIT SICH IM REINEN IST ...
... SOLLTE MAN NICHT AUF TEUFEL KOMM RAUS AUF DIE BÜHNE ZERREN.
!
ÄHM ...
HABEN WIR ...

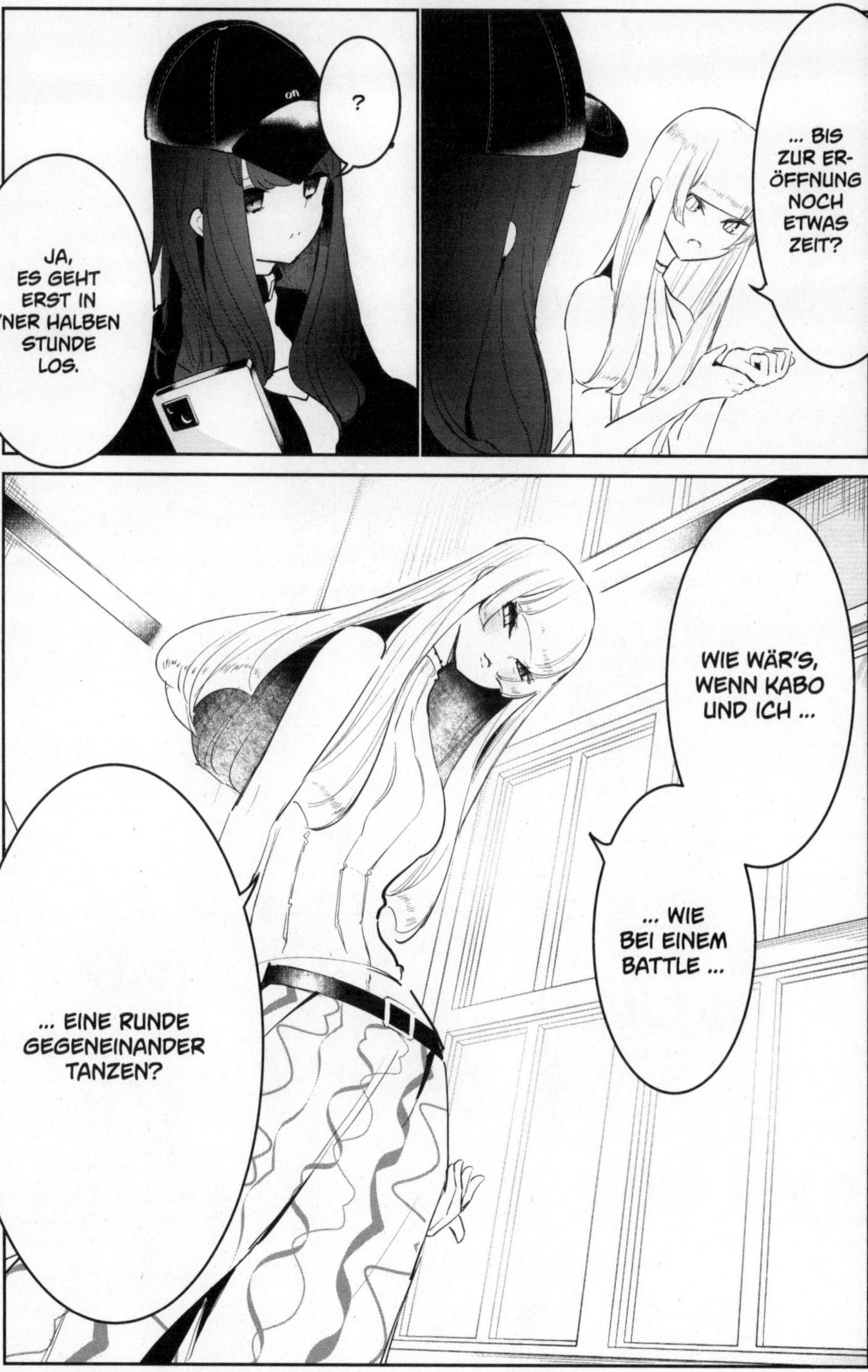

... BIS ZUR ER- ÖFFNUNG NOCH ETWAS ZEIT?
?
JA, ES GEHT ERST IN 'NER HALBEN STUNDE LOS.
WIE WÄR'S, WENN KABO UND ICH ...
... WIE BEI EINEM BATTLE ...
... EINE RUNDE GEGENEINANDER TANZEN?

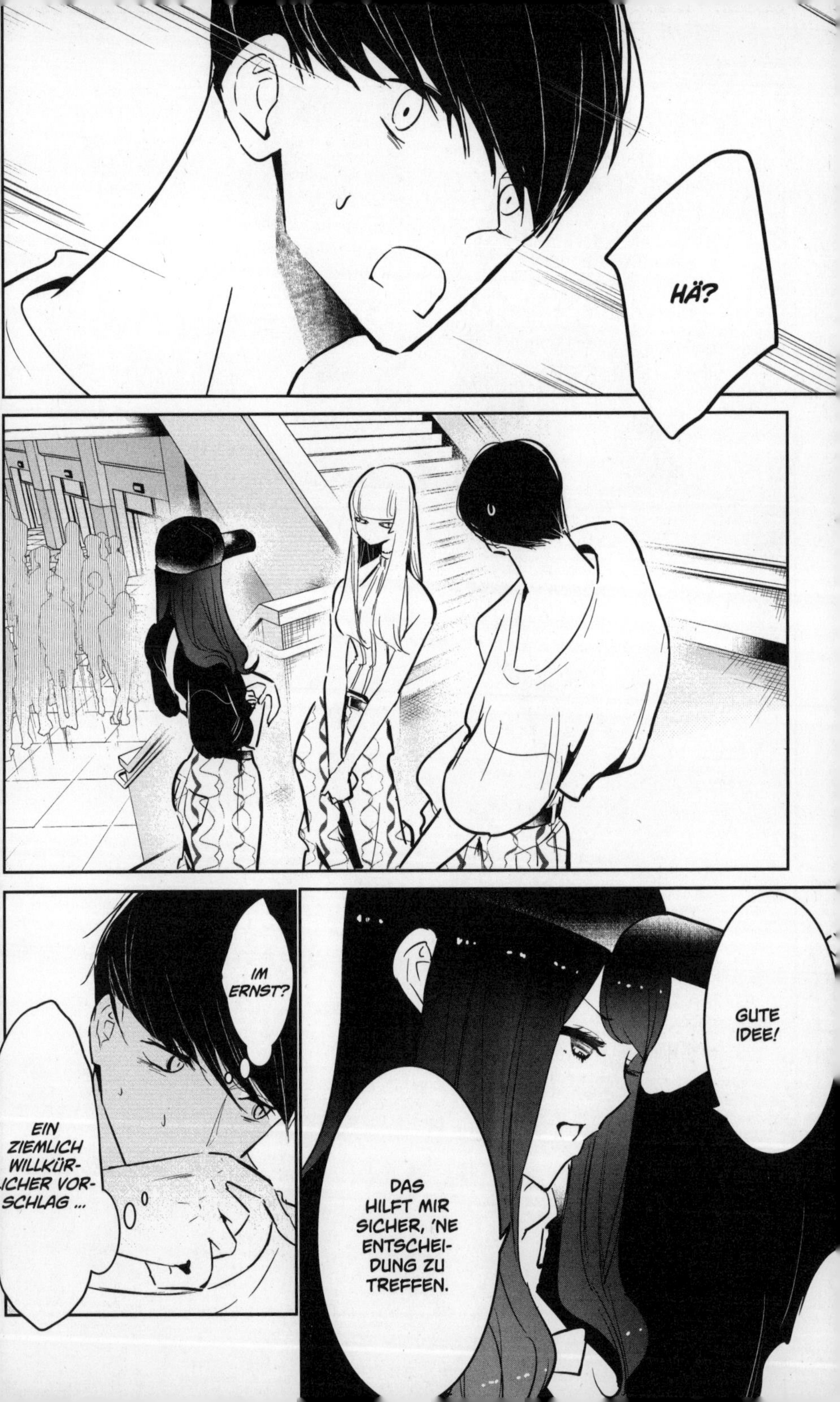
HÄ?
GUTE IDEE!
DAS HILFT MIR SICHER, 'NE ENTSCHEIDUNG ZU TREFFEN.
IM ERNST?
EIN ZIEMLICH WILLKÜRLICHER VORSCHLAG ...

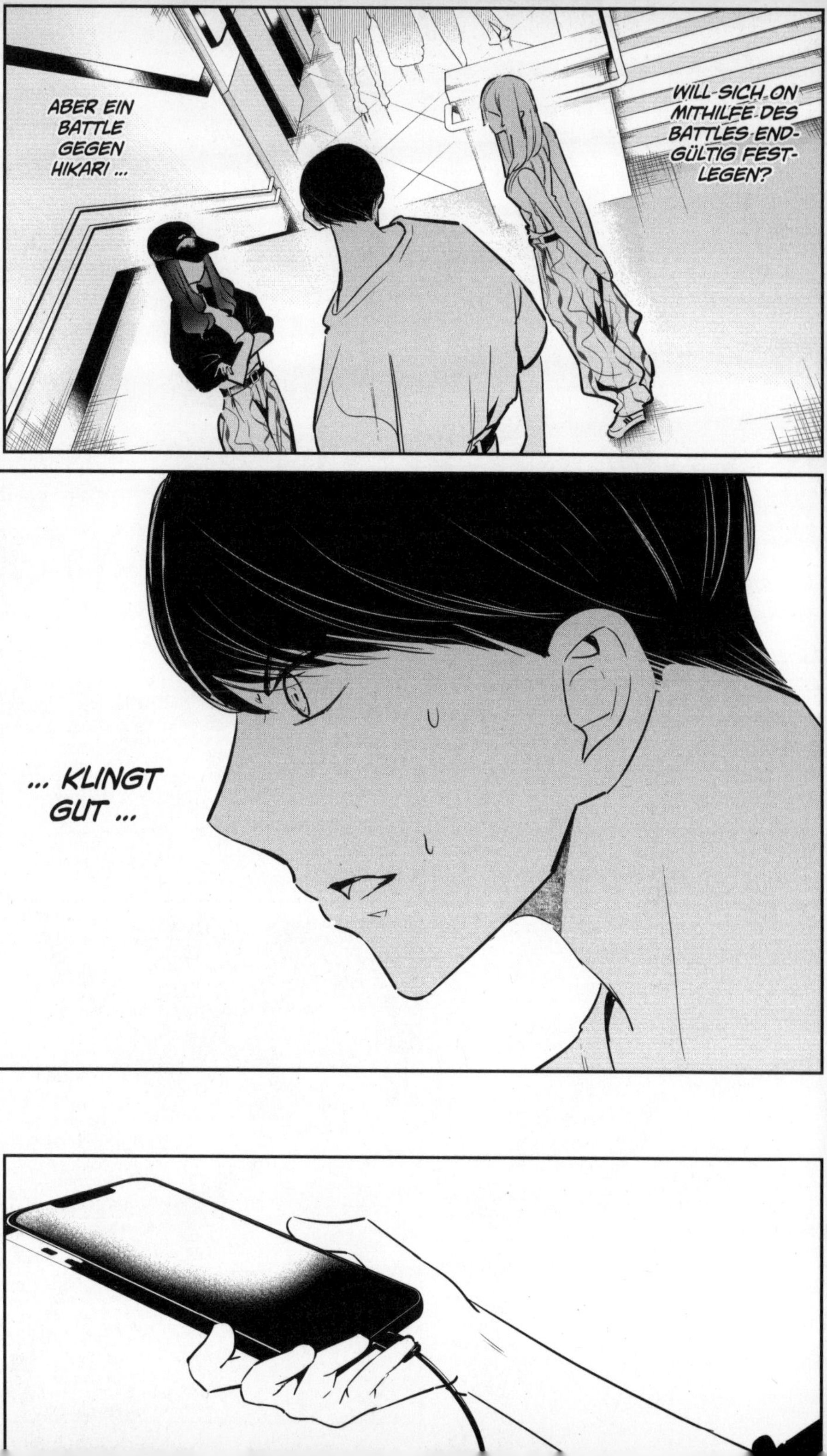
WILL SICH ON MITHILFE DES BATTLES ENDGÜLTIG FESTLEGEN?
ABER EIN BATTLE GEGEN HIKARI ...
... KLINGT GUT ...

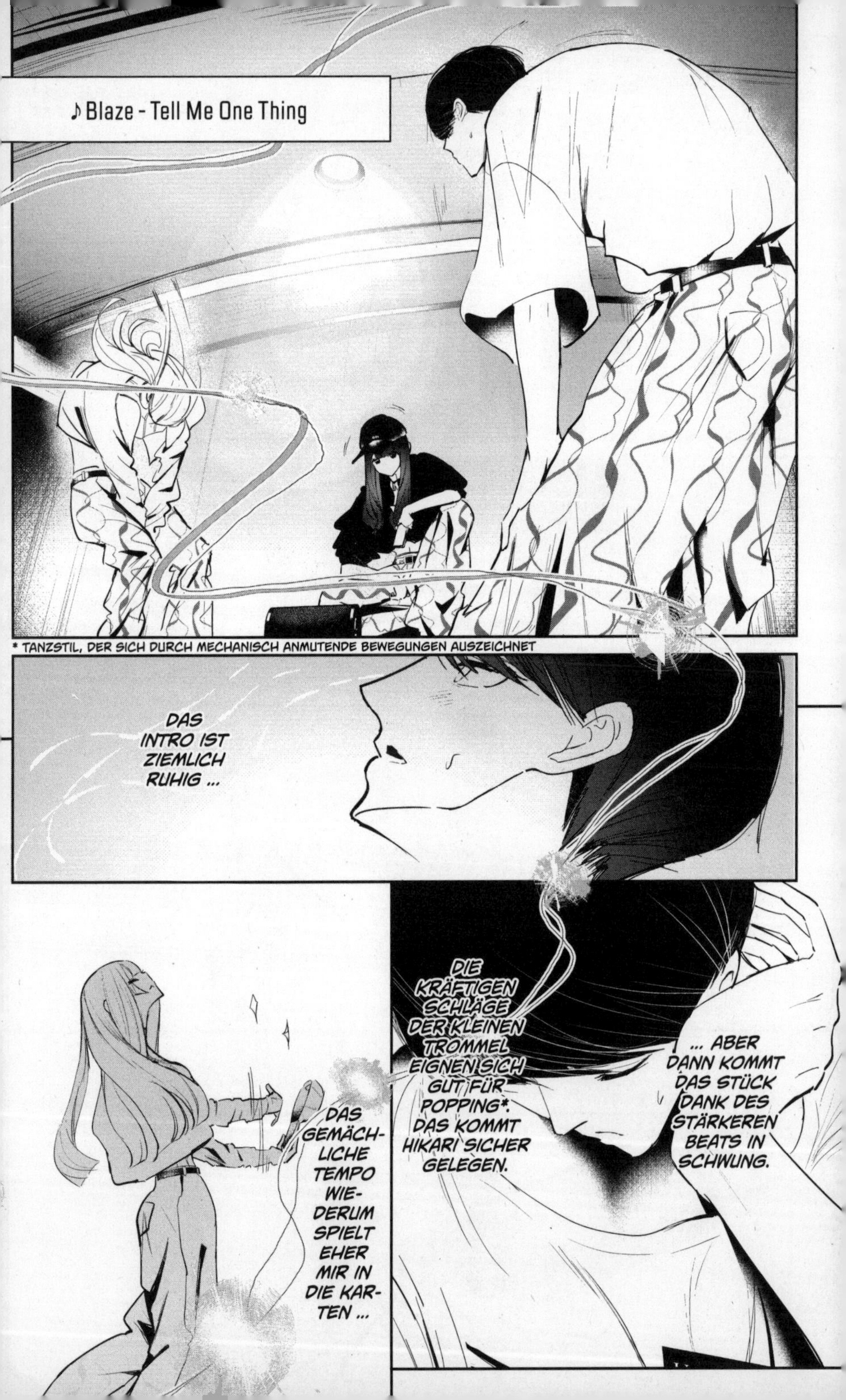

* TANZSTIL, DER SICH DURCH MECHANISCH ANMUTENDE BEWEGUNGEN AUSZEICHNET

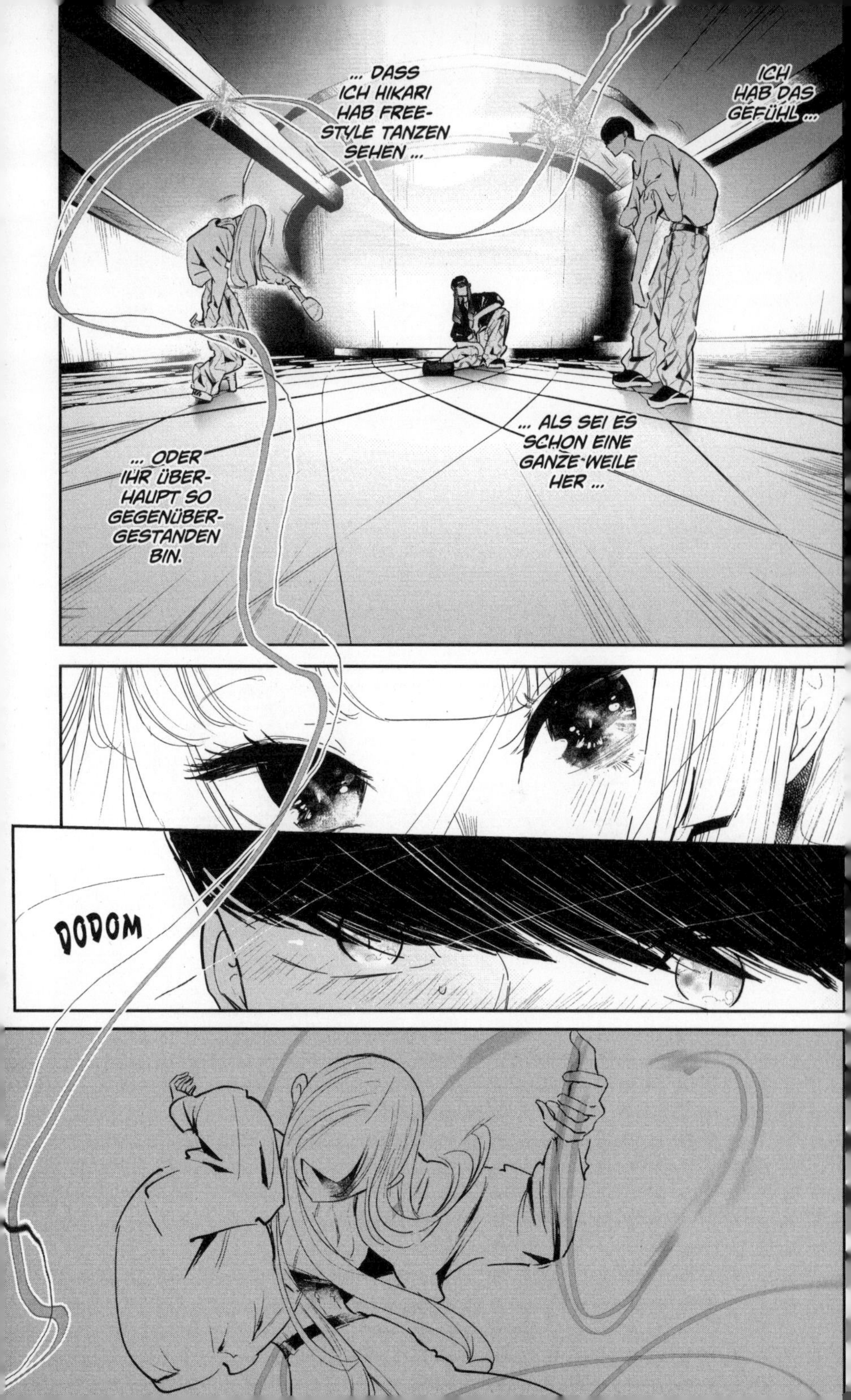
ICH HAB DAS GEFÜHL ...
... DASS ICH HIKARI HAB FREE-STYLE TANZEN SEHEN ...
... ALS SEI ES SCHON EINE GANZE WEILE HER ...
... ODER IHR ÜBER-HAUPT SO GEGENÜBER-GESTANDEN BIN.
DODOM

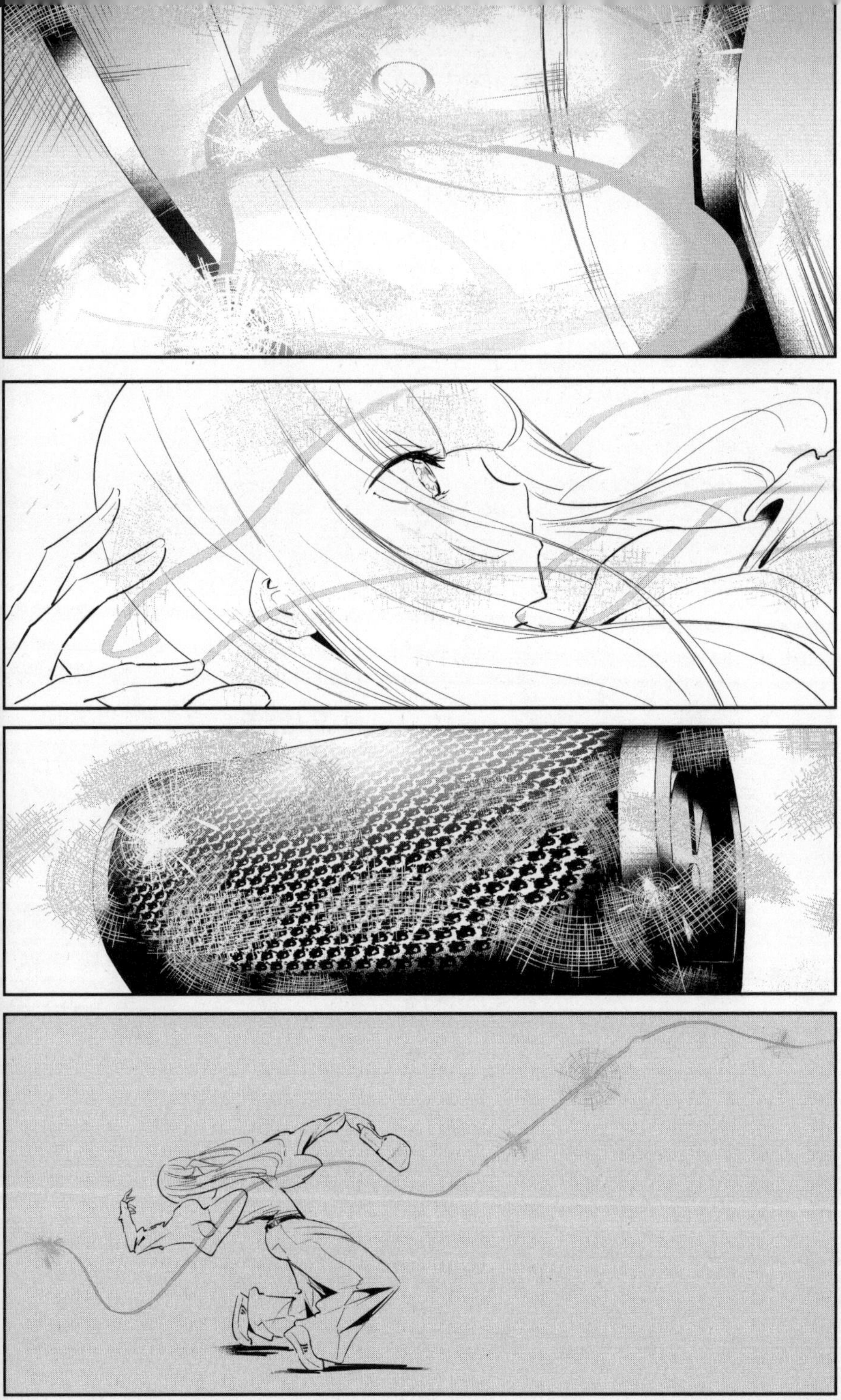

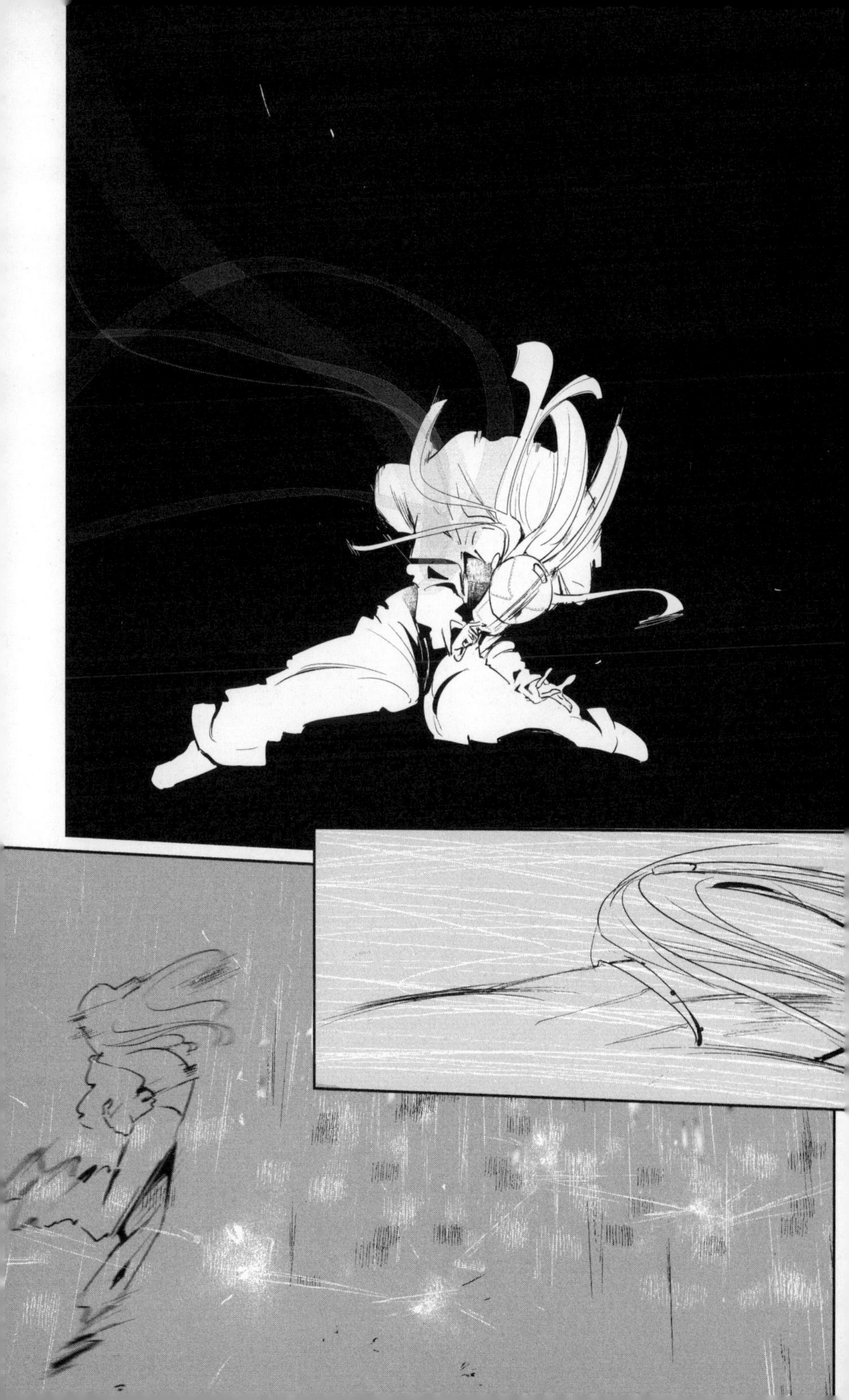

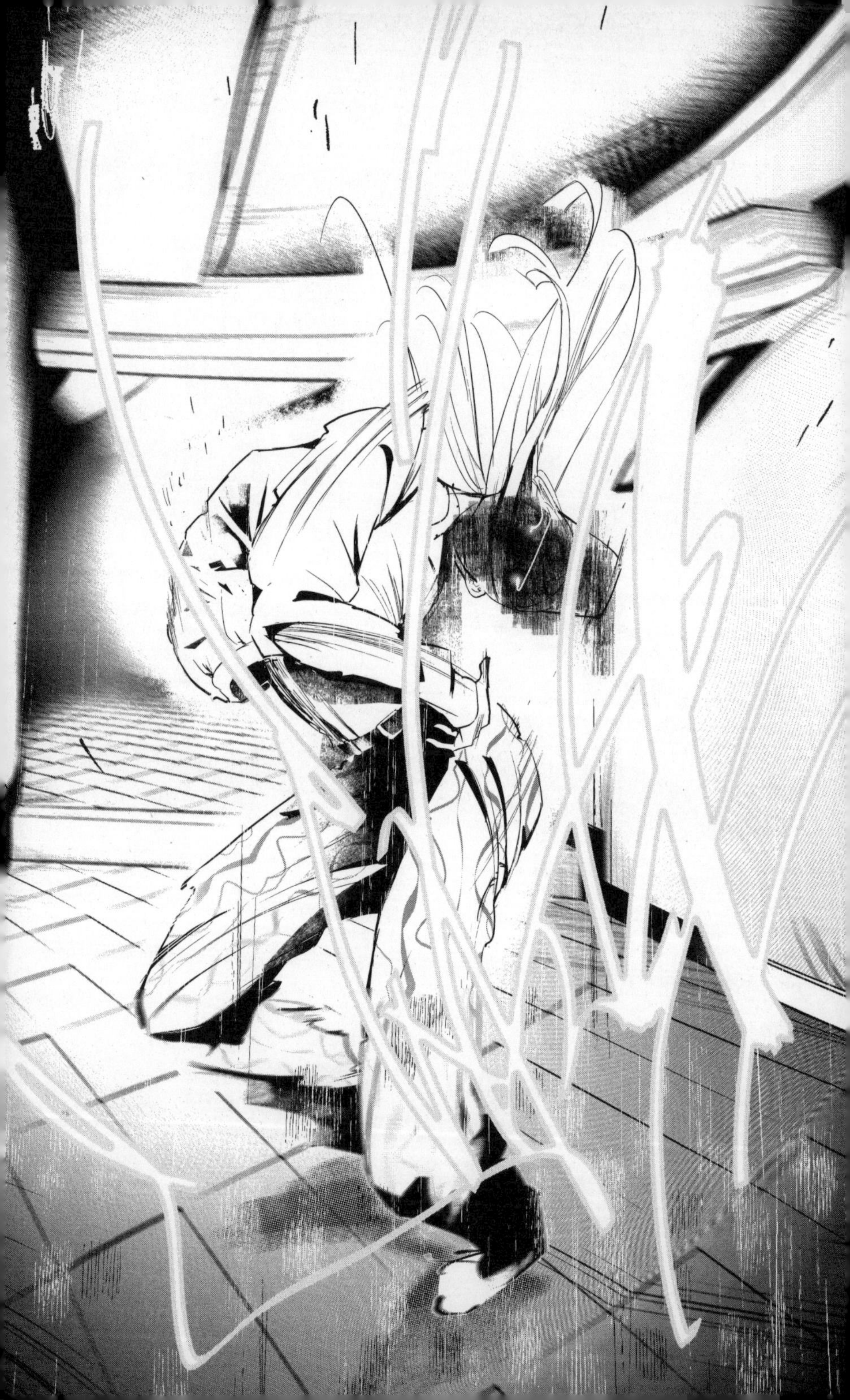

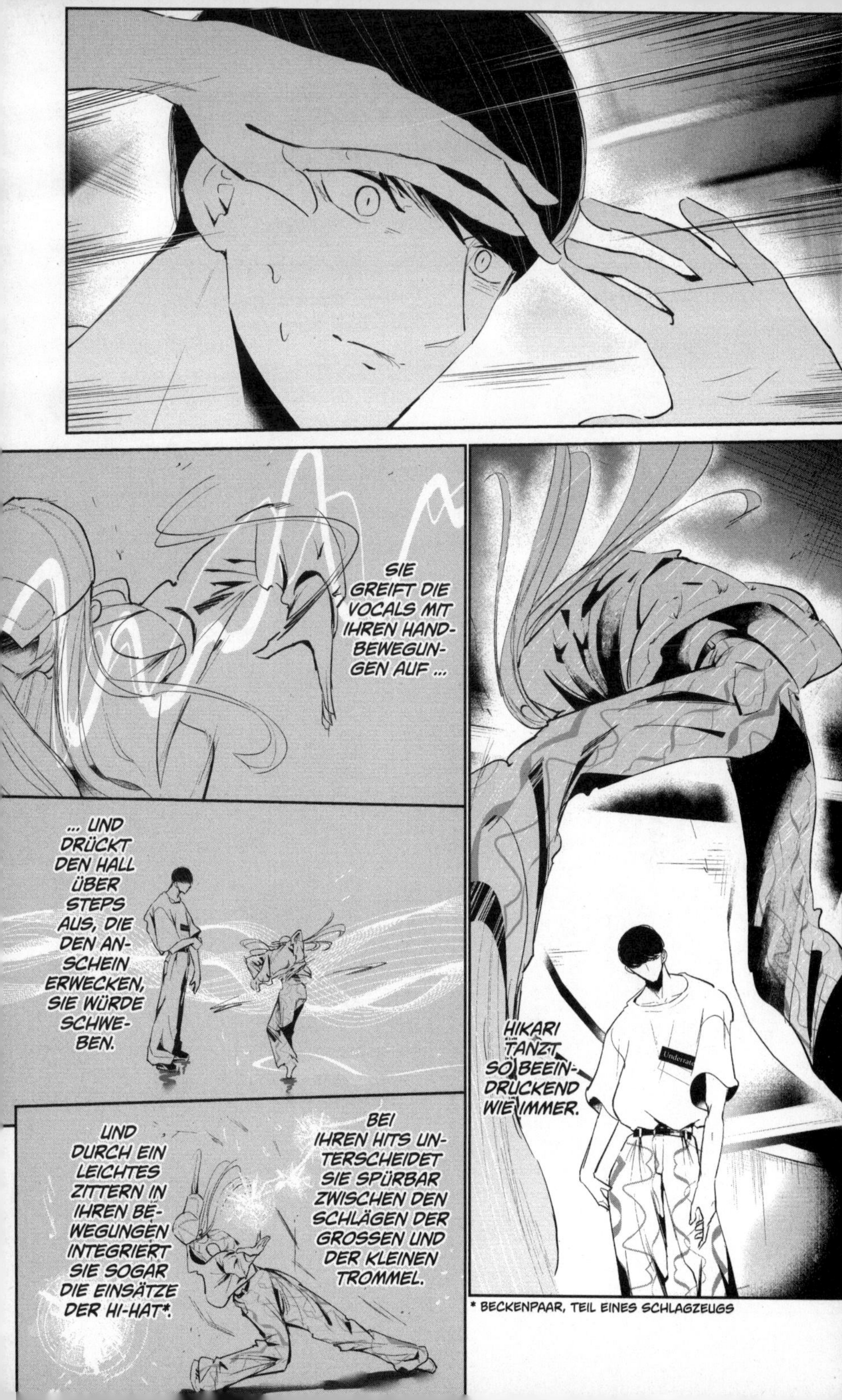

* BECKENPAAR, TEIL EINES SCHLAGZEUGS

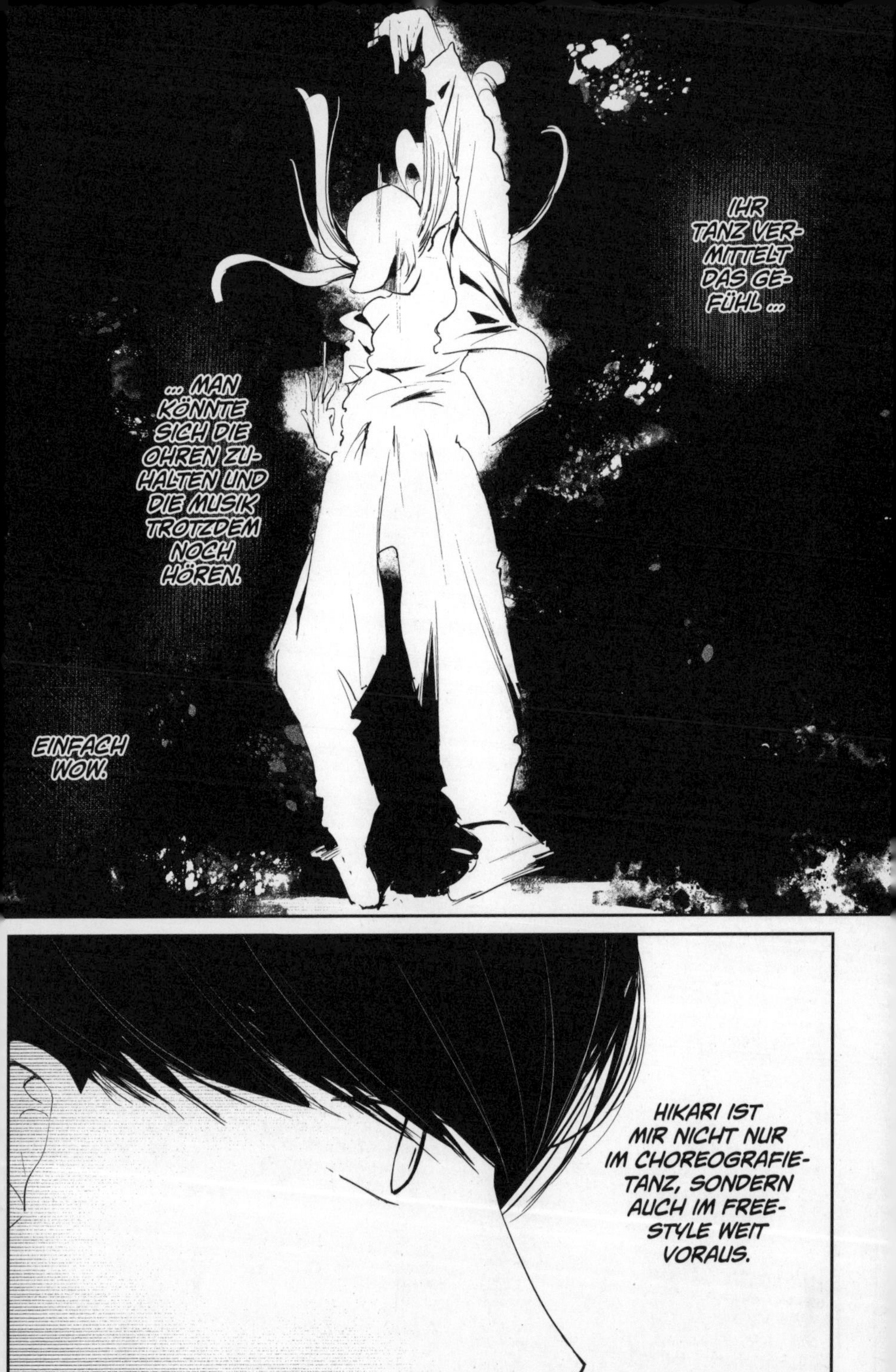
IHR TANZ VERMITTELT DAS GEFÜHL …
… MAN KÖNNTE SICH DIE OHREN ZUHALTEN UND DIE MUSIK TROTZDEM NOCH HÖREN.
EINFACH WOW.
HIKARI IST MIR NICHT NUR IM CHOREOGRAFIETANZ, SONDERN AUCH IM FREESTYLE WEIT VORAUS.

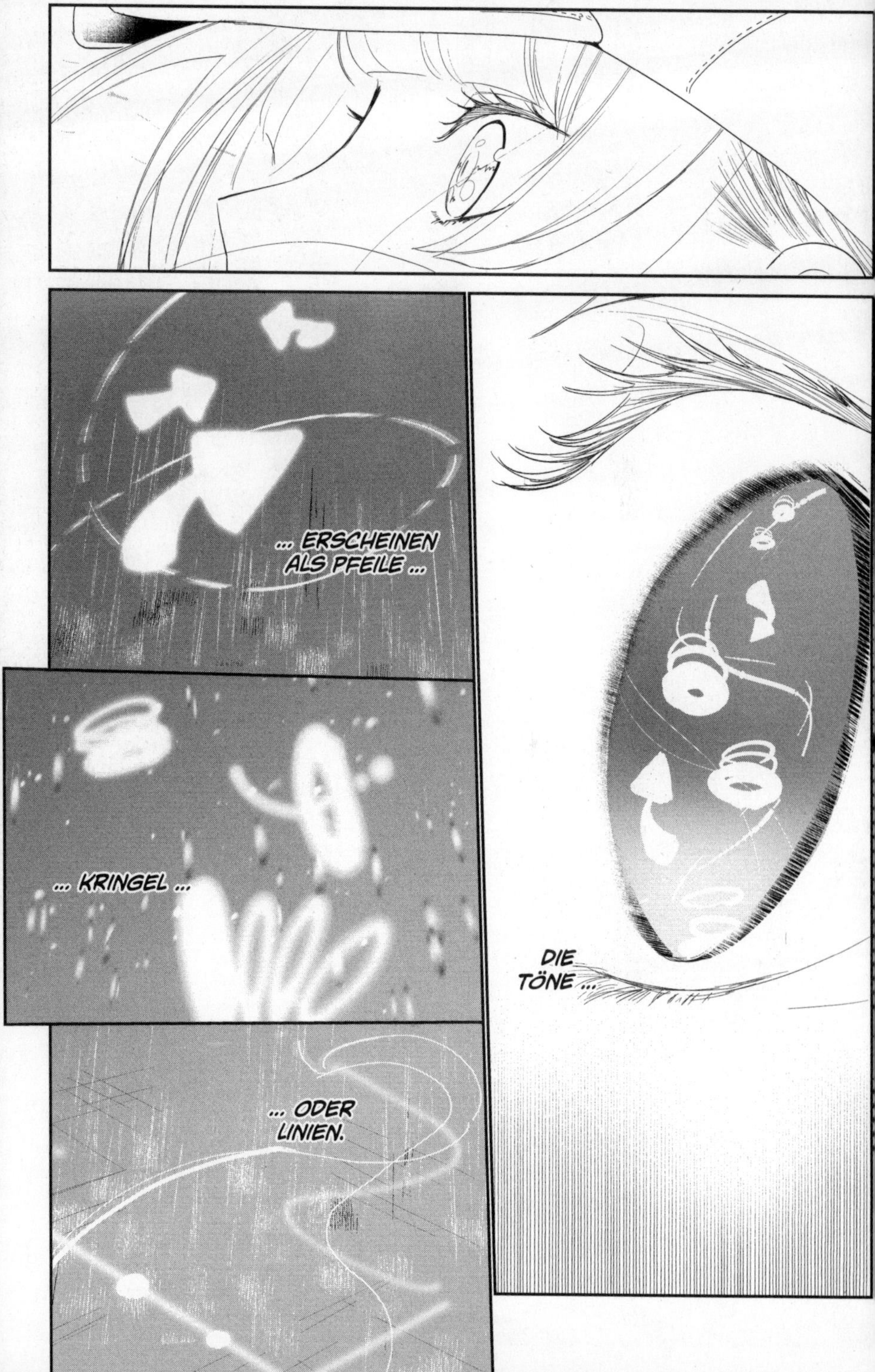
DIE TÖNE ...
... ERSCHEINEN ALS PFEILE ...
... KRINGEL ...
... ODER LINIEN.

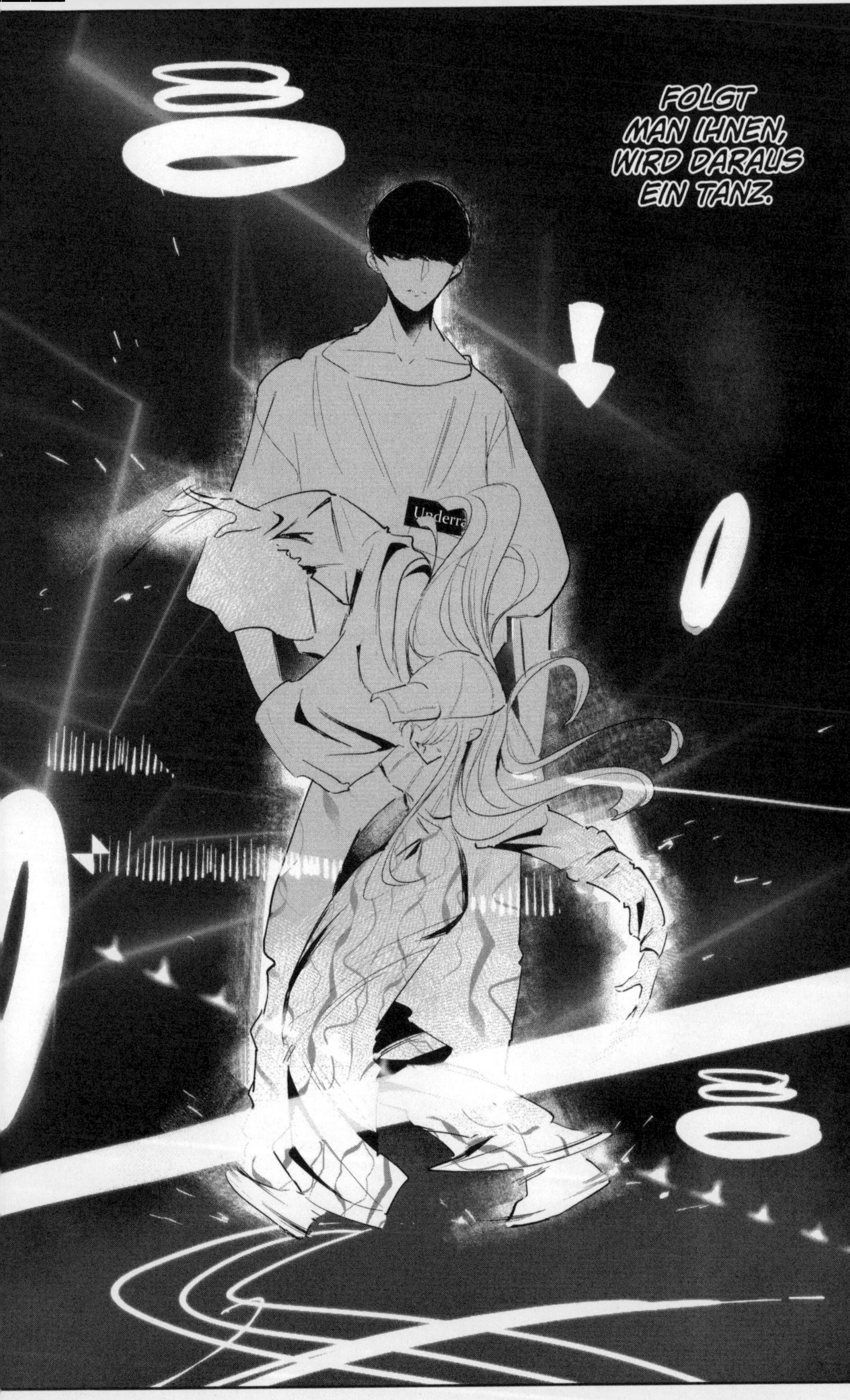
FOLGT MAN IHNEN, WIRD DARAUS EIN TANZ.

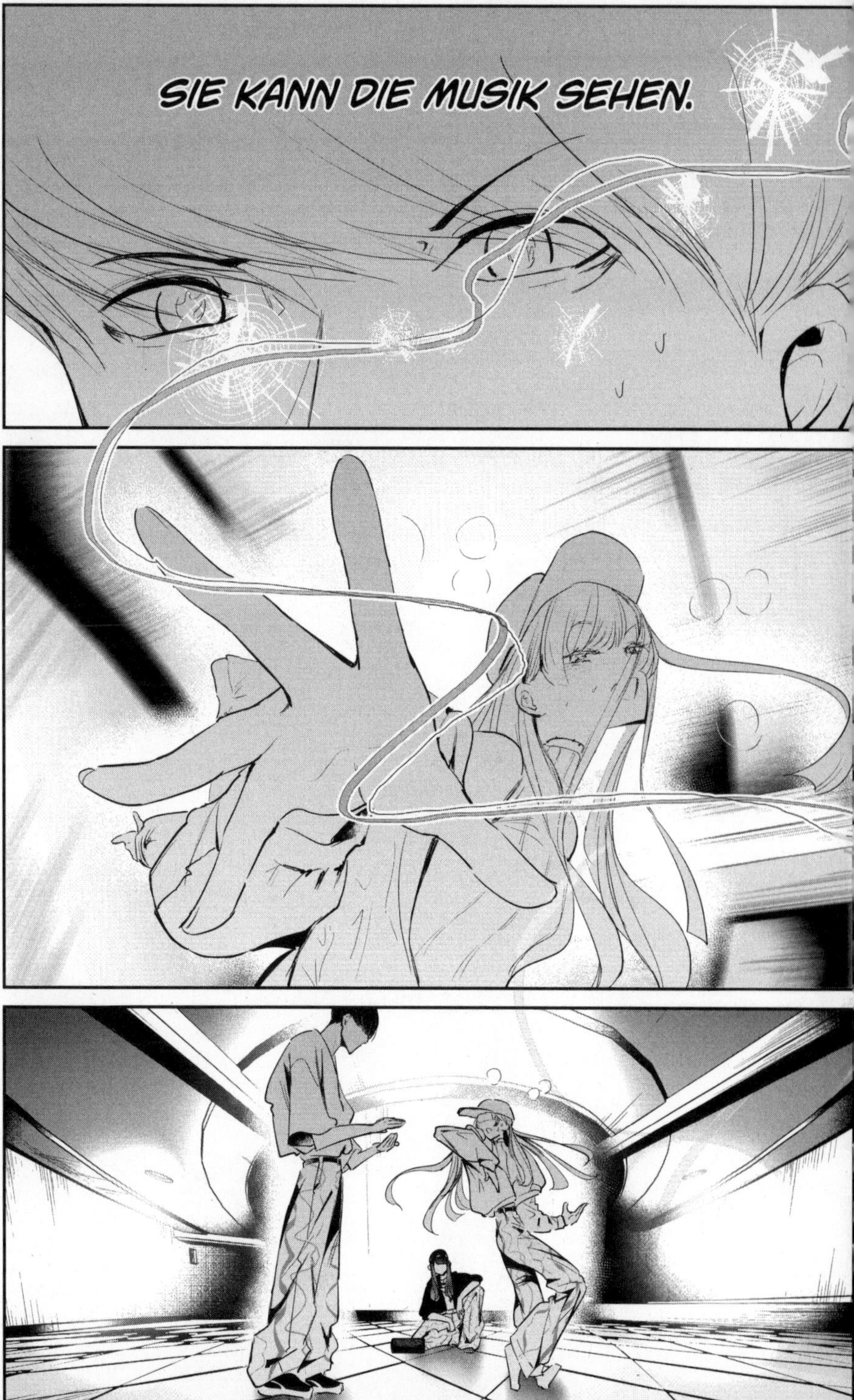
SIE KANN DIE MUSIK SEHEN.

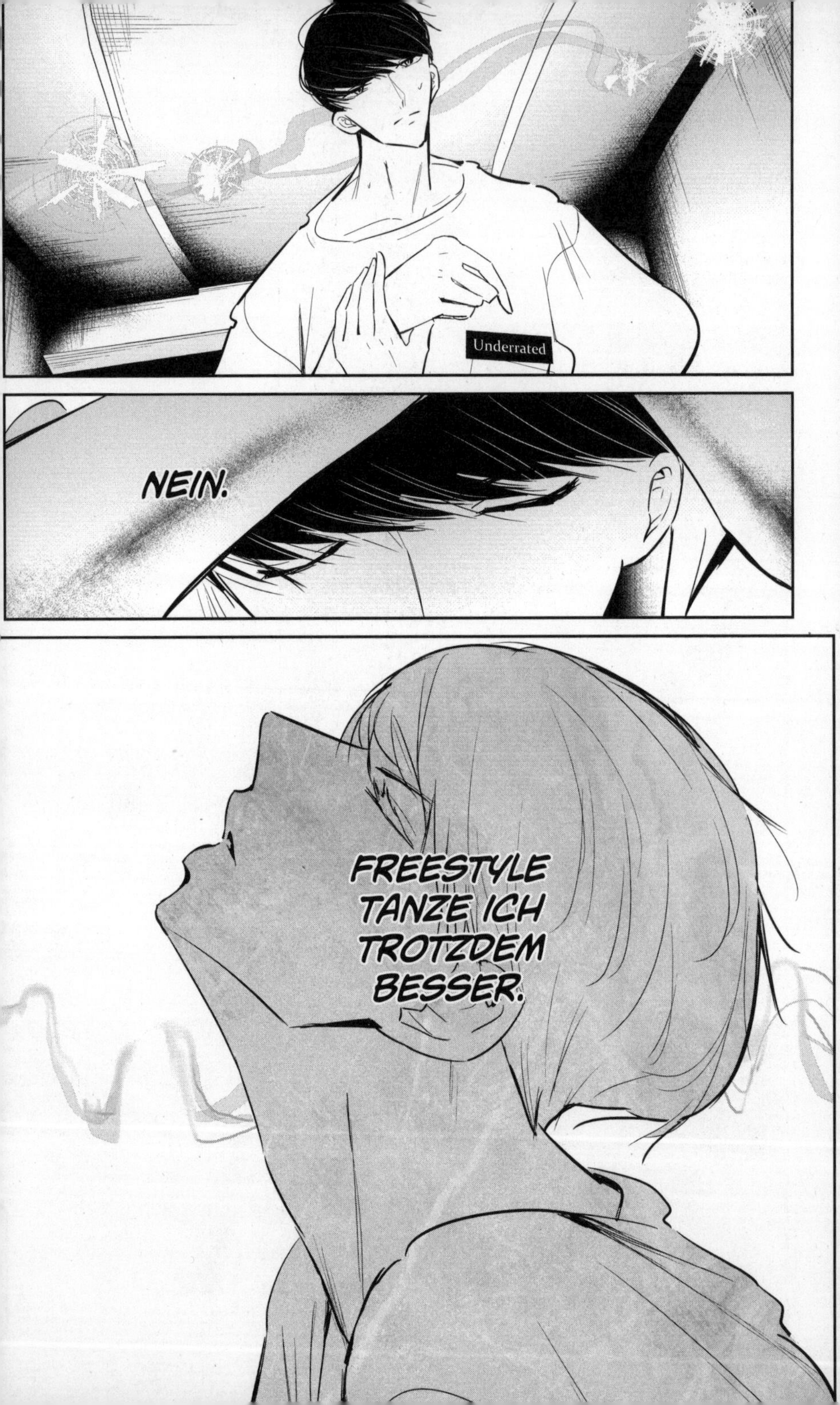
Underrated
NEIN.
FREESTYLE TANZE ICH TROTZDEM BESSER.

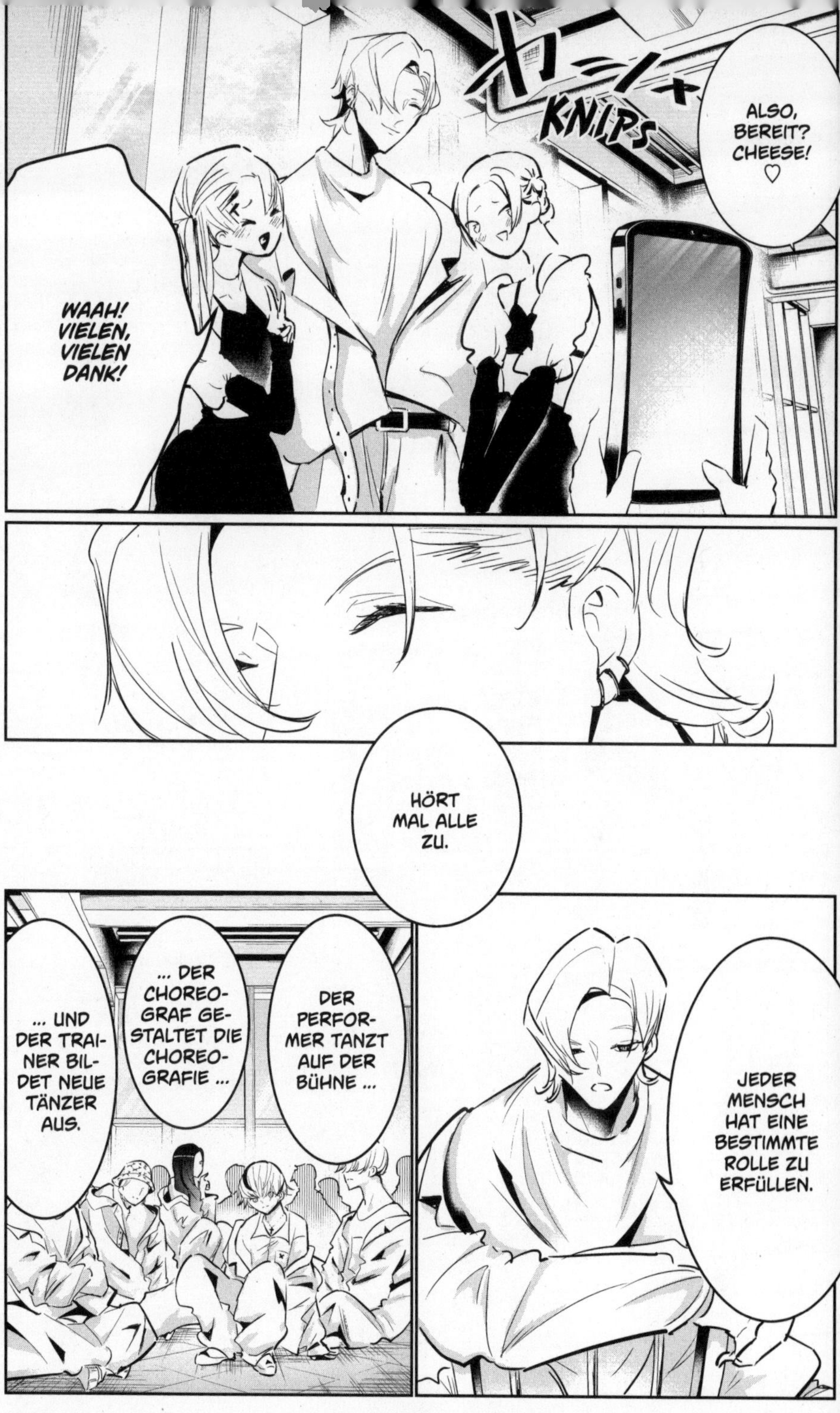
KNIPS
ALSO, BEREIT? CHEESE! ♡
WAAH! VIELEN, VIELEN DANK!
HÖRT MAL ALLE ZU.
JEDER MENSCH HAT EINE BESTIMMTE ROLLE ZU ERFÜLLEN.
DER PERFORMER TANZT AUF DER BÜHNE ...
... DER CHOREOGRAF GESTALTET DIE CHOREOGRAFIE ...
... UND DER TRAINER BILDET NEUE TÄNZER AUS.

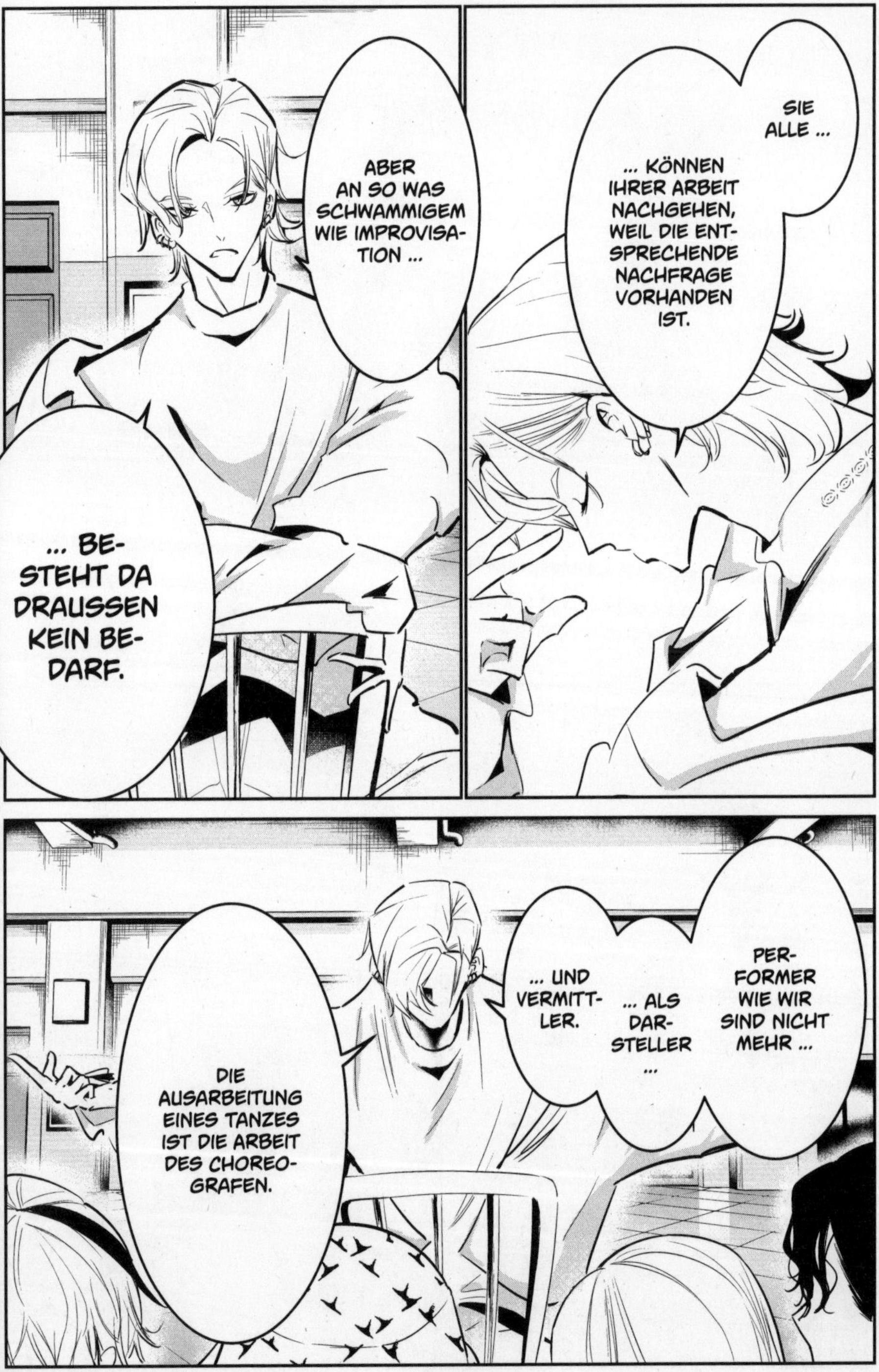
SIE ALLE ...
... KÖNNEN IHRER ARBEIT NACHGEHEN, WEIL DIE ENTSPRECHENDE NACHFRAGE VORHANDEN IST.
ABER AN SO WAS SCHWAMMIGEM WIE IMPROVISATION ...
... BESTEHT DA DRAUSSEN KEIN BEDARF.
PERFORMER WIE WIR SIND NICHT MEHR ...
... ALS DARSTELLER ...
... UND VERMITTLER.
DIE AUSARBEITUNG EINES TANZES IST DIE ARBEIT DES CHOREOGRAFEN.

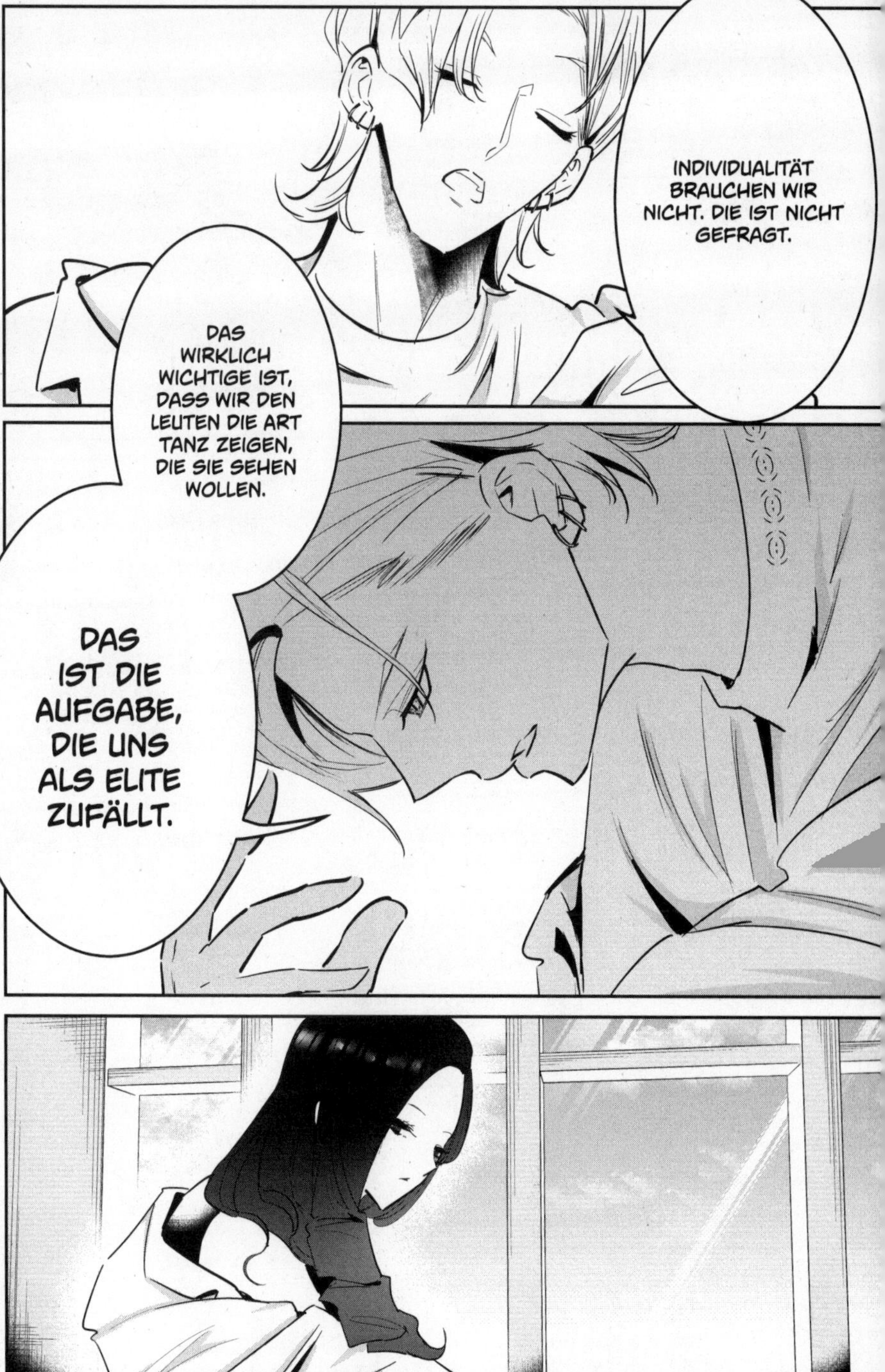
INDIVIDUALITÄT BRAUCHEN WIR NICHT. DIE IST NICHT GEFRAGT.
DAS WIRKLICH WICHTIGE IST, DASS WIR DEN LEUTEN DIE ART TANZ ZEIGEN, DIE SIE SEHEN WOLLEN.
DAS IST DIE AUFGABE, DIE UNS ALS ELITE ZUFÄLLT.

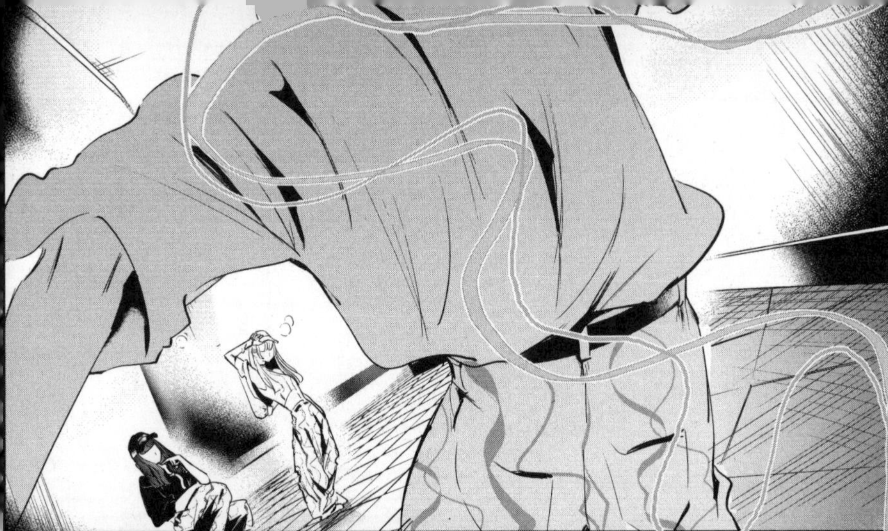

* TANZSTIL MIT AUSLADENDEN BEWEGUNGEN, DIE DER IMITATION EINER COMICFIGUR GLEICHKOMMEN

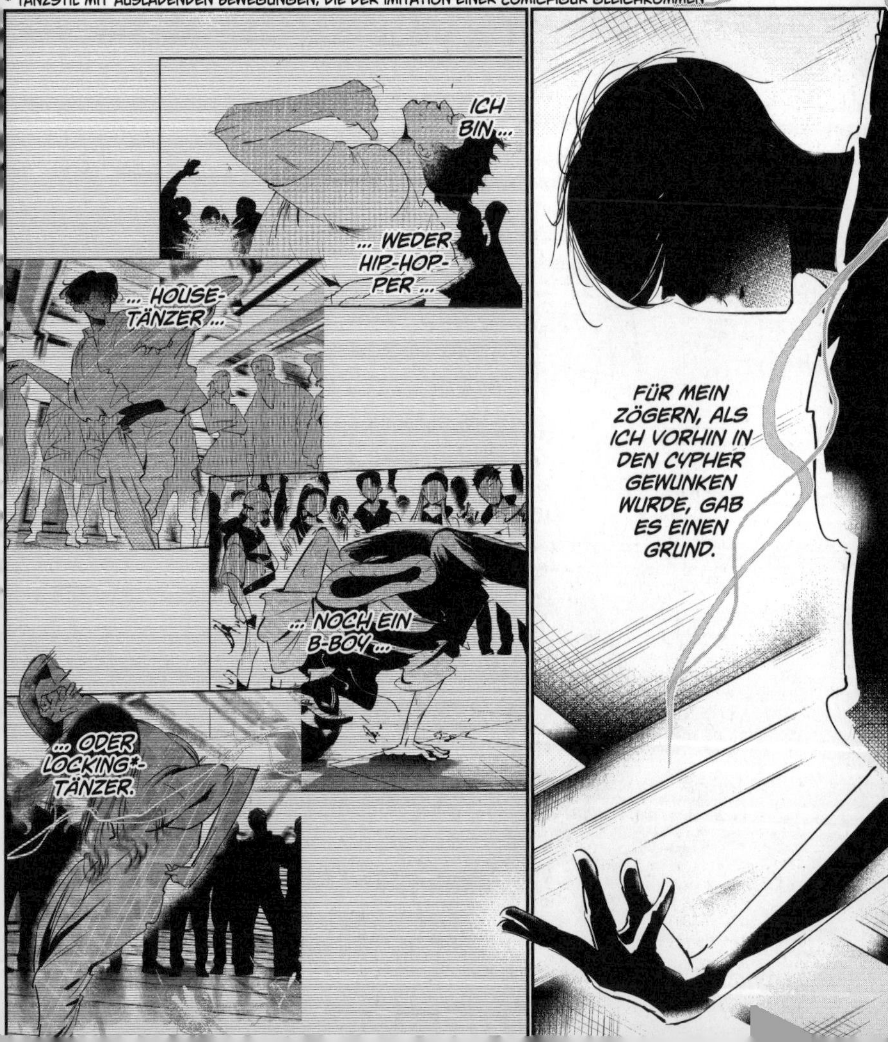

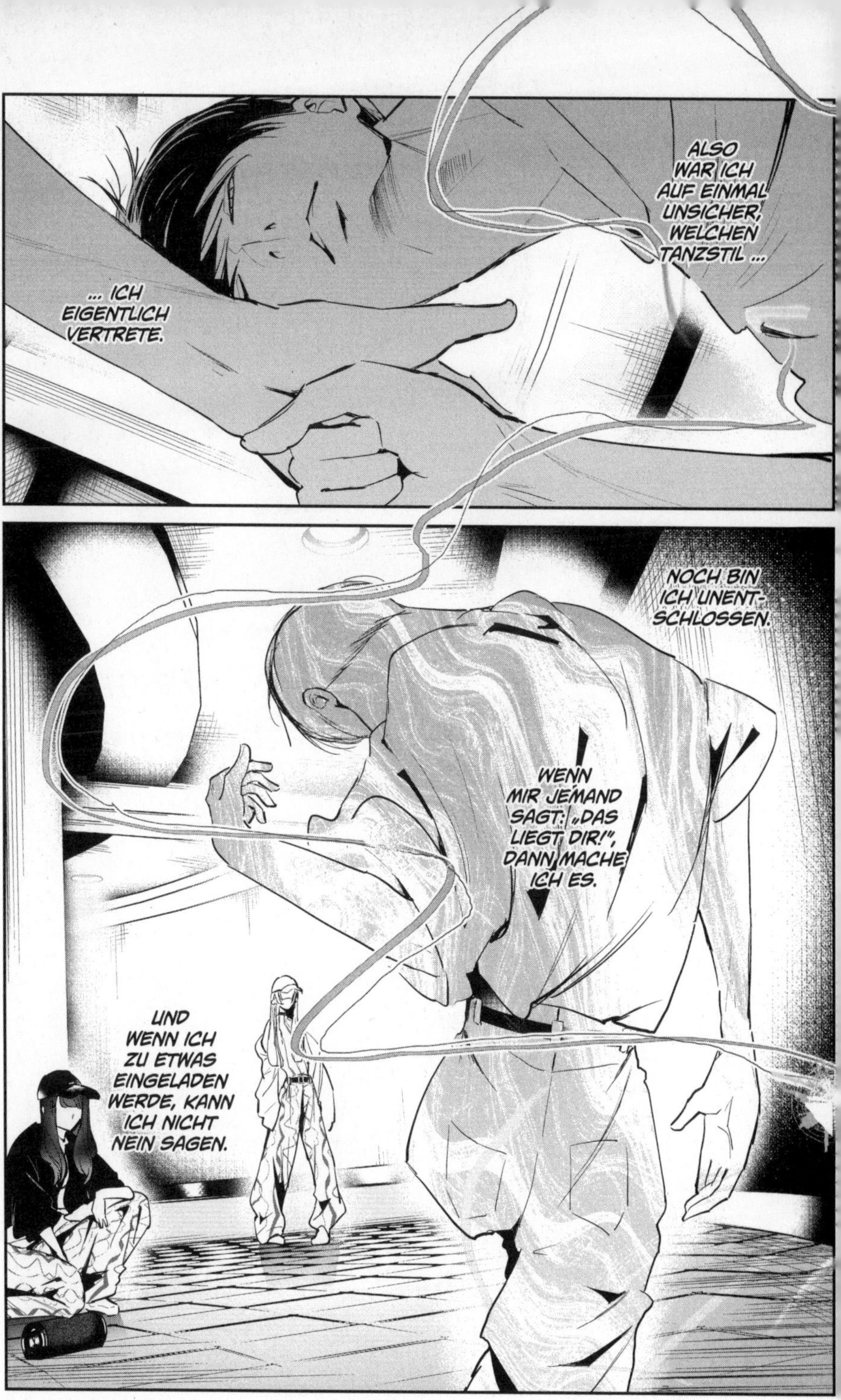
ALSO WAR ICH AUF EINMAL UNSICHER, WELCHEN TANZSTIL ...
... ICH EIGENTLICH VERTRETE.
NOCH BIN ICH UNENT-SCHLOSSEN.
WENN MIR JEMAND SAGT: „DAS LIEGT DIR!", DANN MACHE ICH ES.
UND WENN ICH ZU ETWAS EINGELADEN WERDE, KANN ICH NICHT NEIN SAGEN.

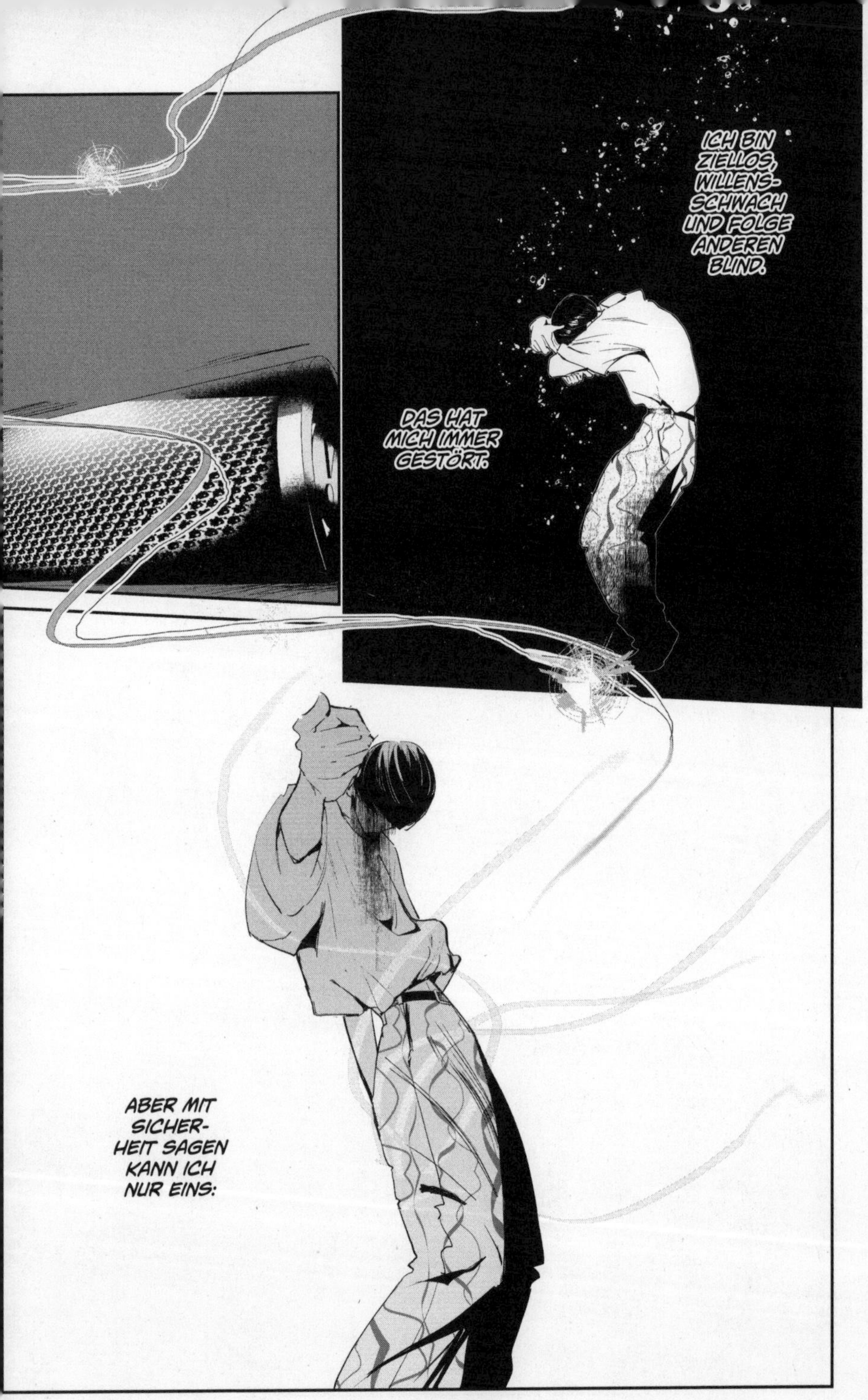
ICH BIN ZIELLOS, WILLENS-SCHWACH UND FOLGE ANDEREN BLIND.
DAS HAT MICH IMMER GESTÖRT.
ABER MIT SICHER-HEIT SAGEN KANN ICH NUR EINS:

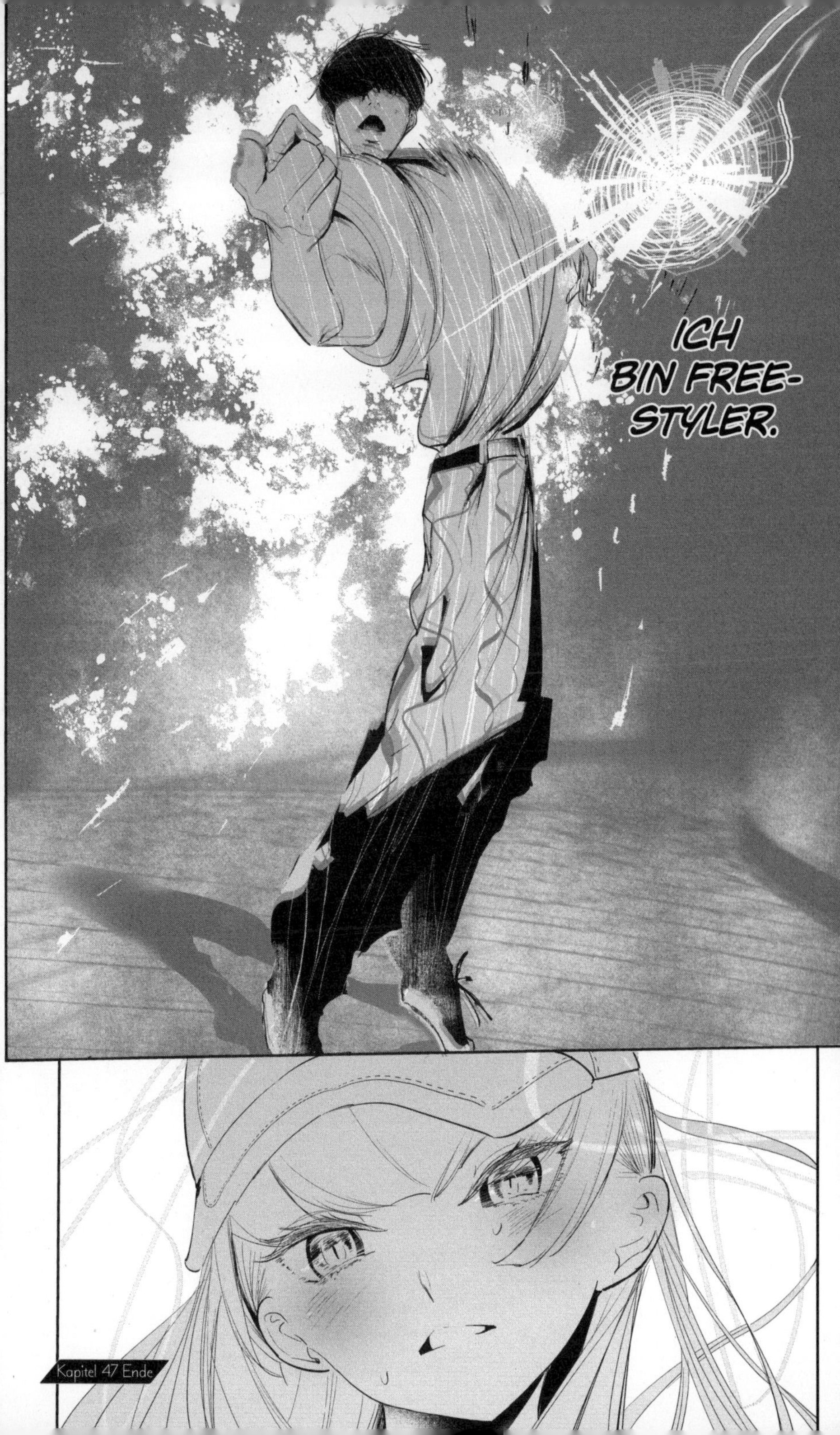
ICH BIN FREE-STYLER.
Kapitel 47 Ende

WANDANCE

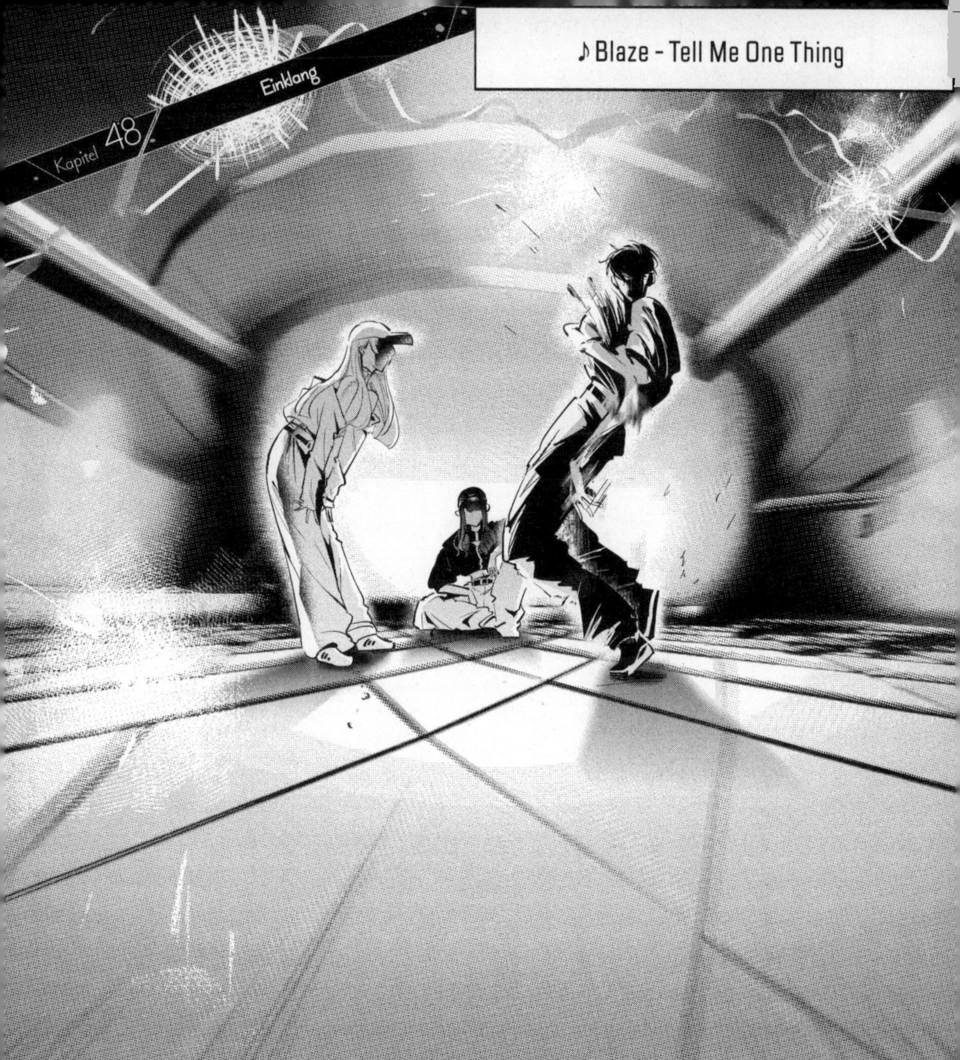
Kapitel 48
Einklang
♪ Blaze - Tell Me One Thing

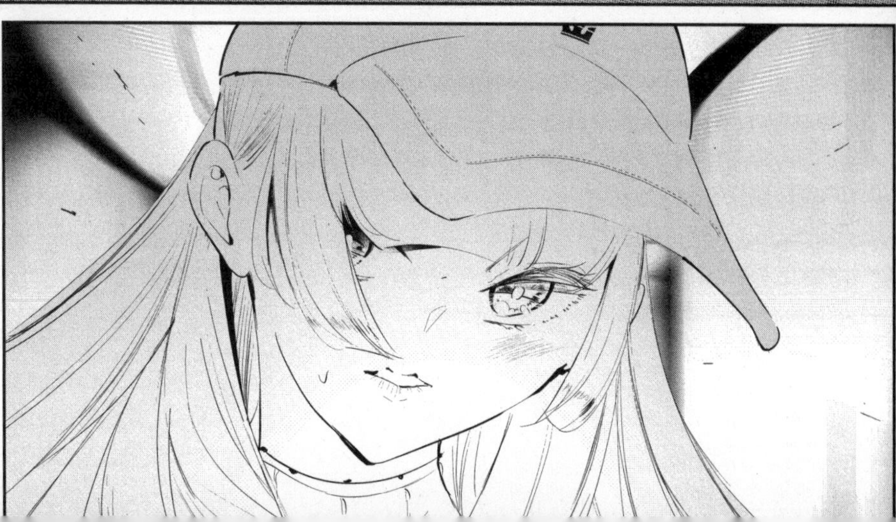

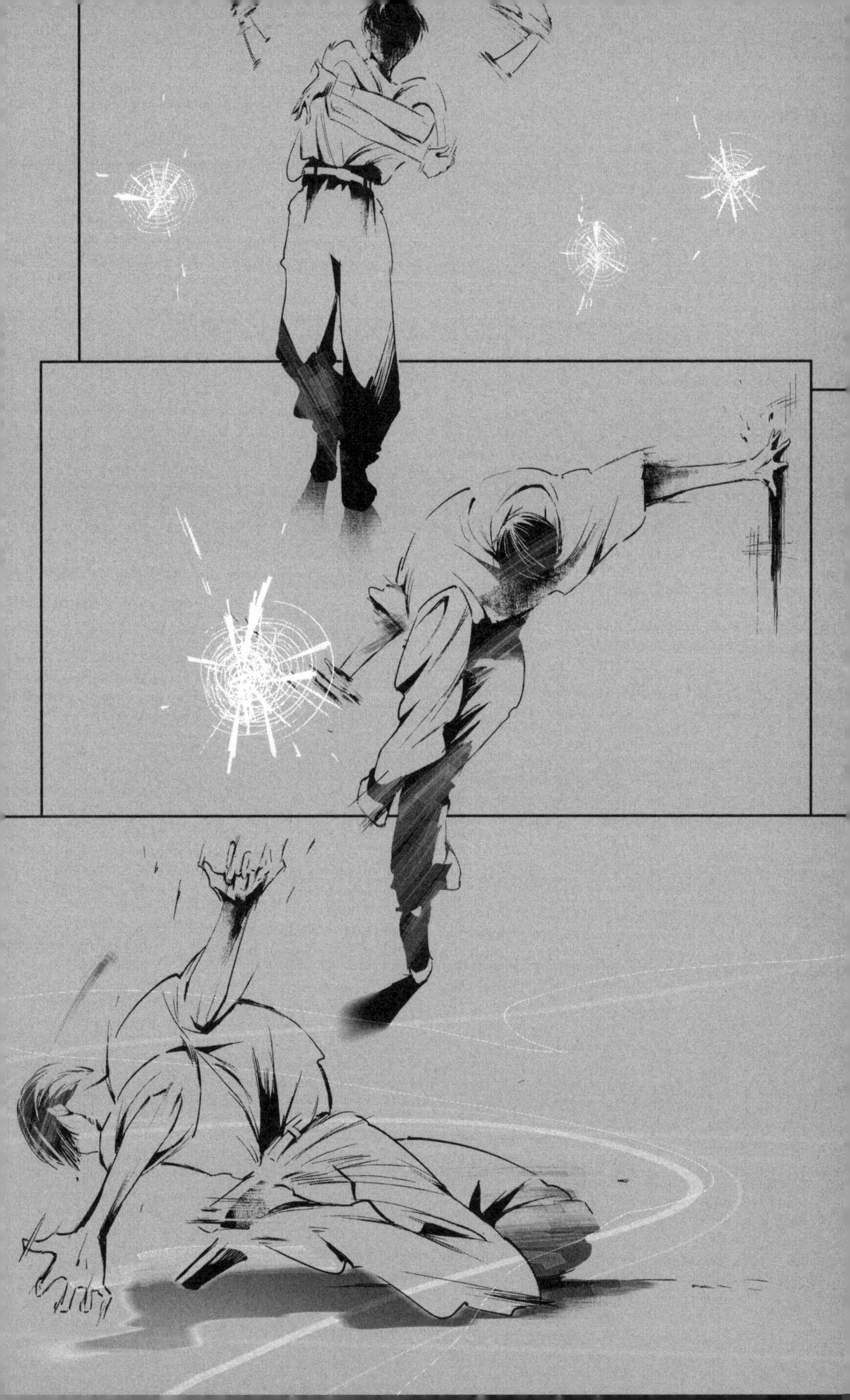

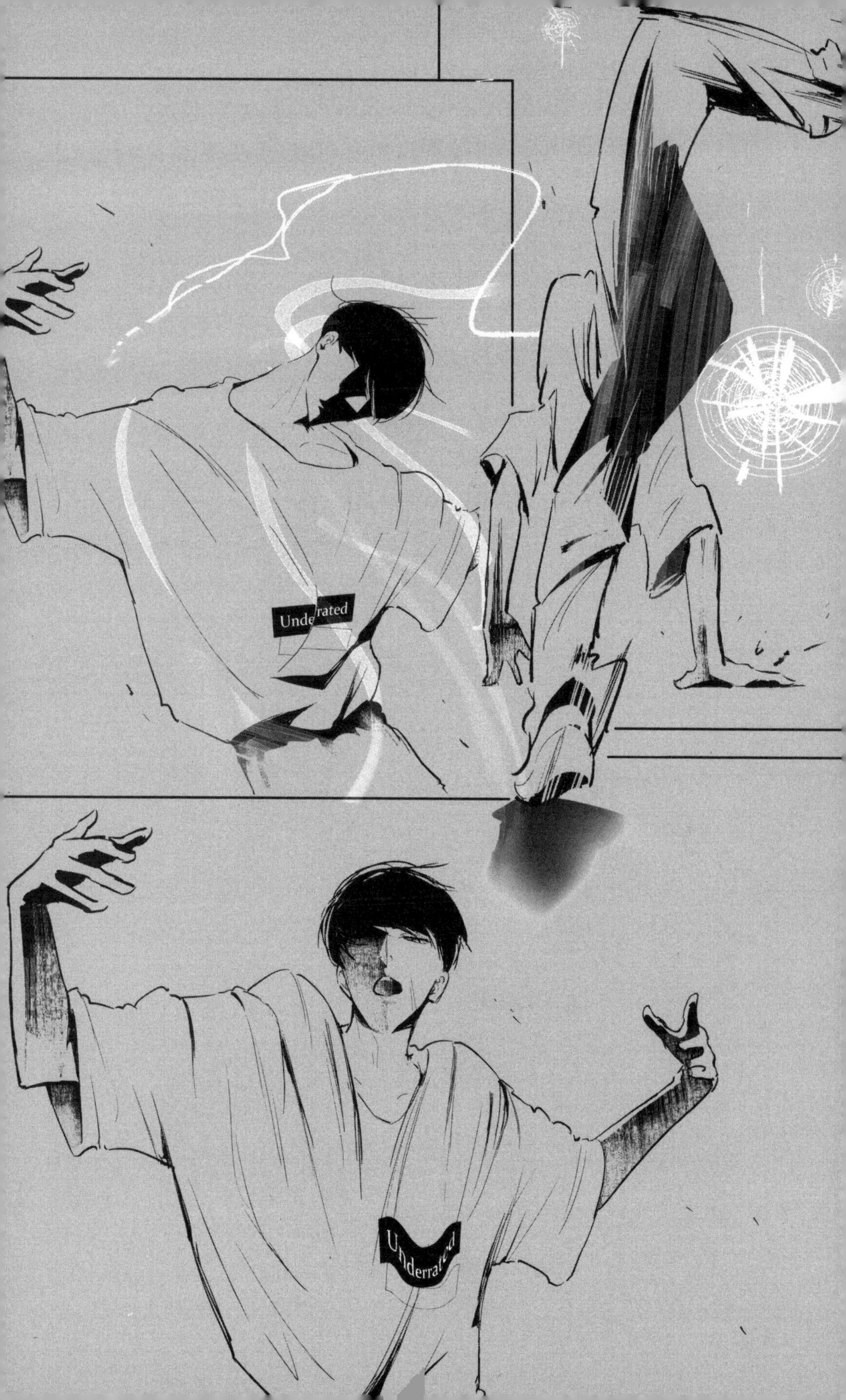
Underrated
Underrated

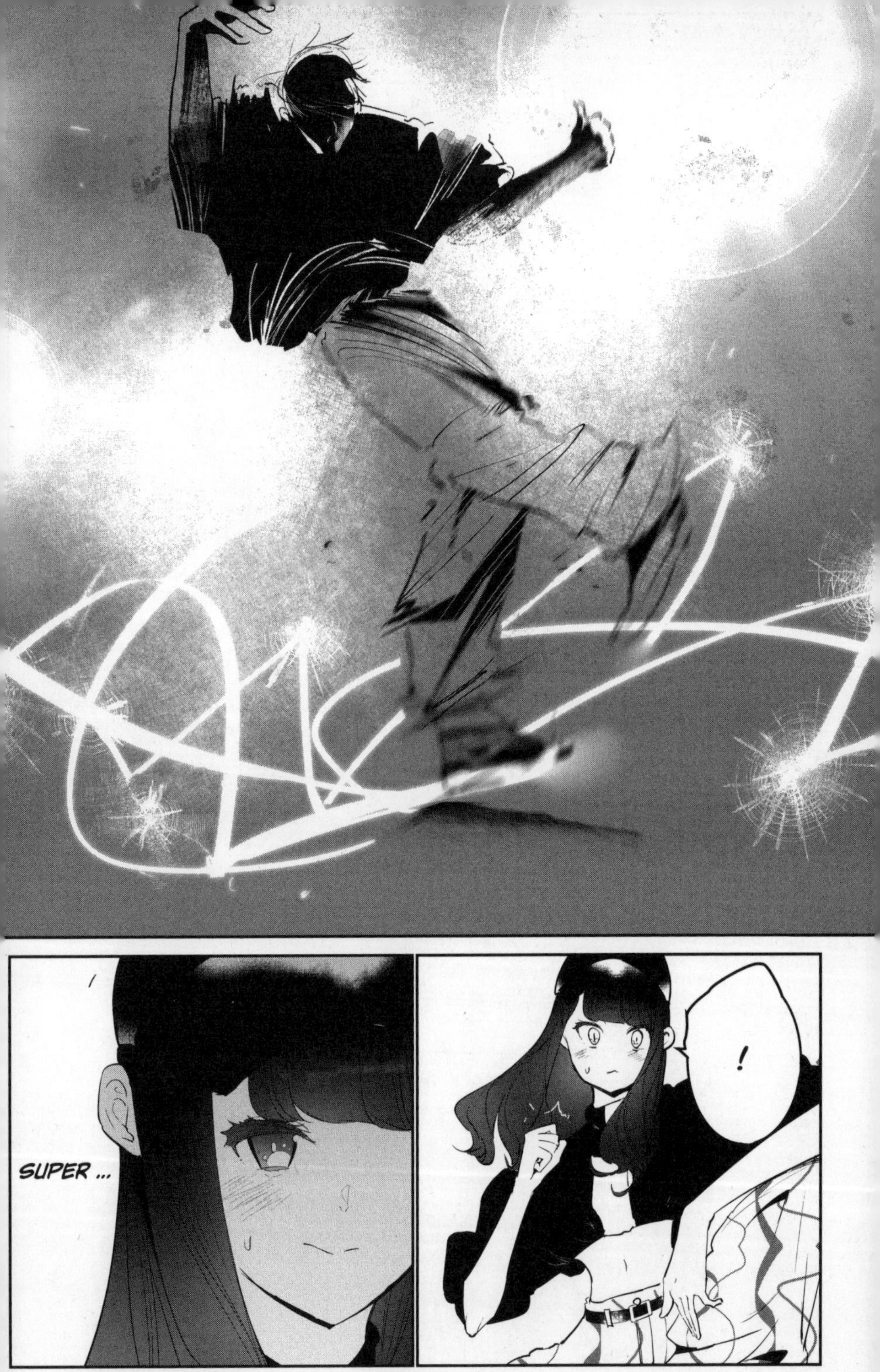

!
SUPER ...

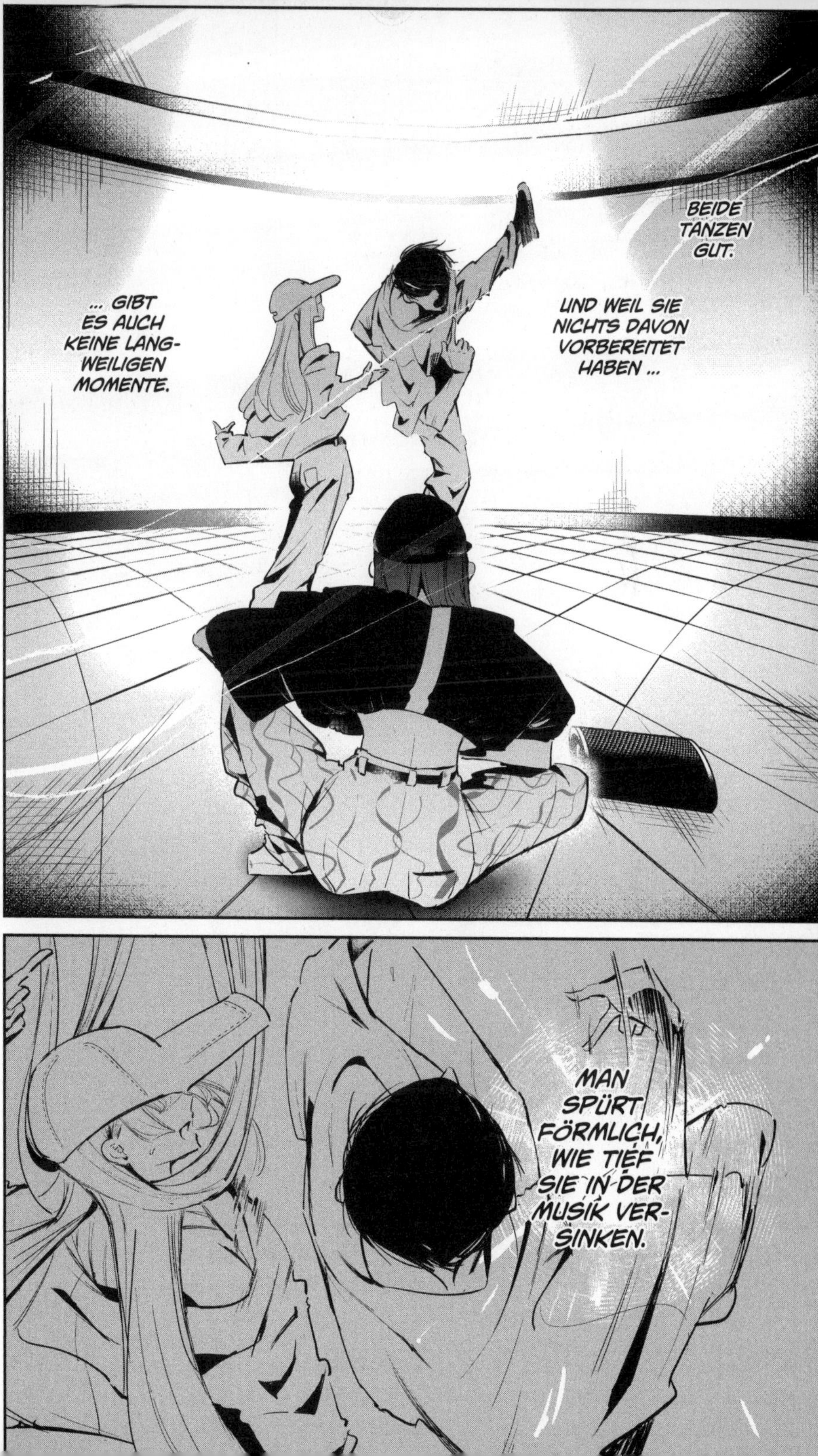
BEIDE TANZEN GUT.
UND WEIL SIE NICHTS DAVON VORBEREITET HABEN ...
... GIBT ES AUCH KEINE LANGWEILIGEN MOMENTE.
MAN SPÜRT FÖRMLICH, WIE TIEF SIE IN DER MUSIK VERSINKEN.

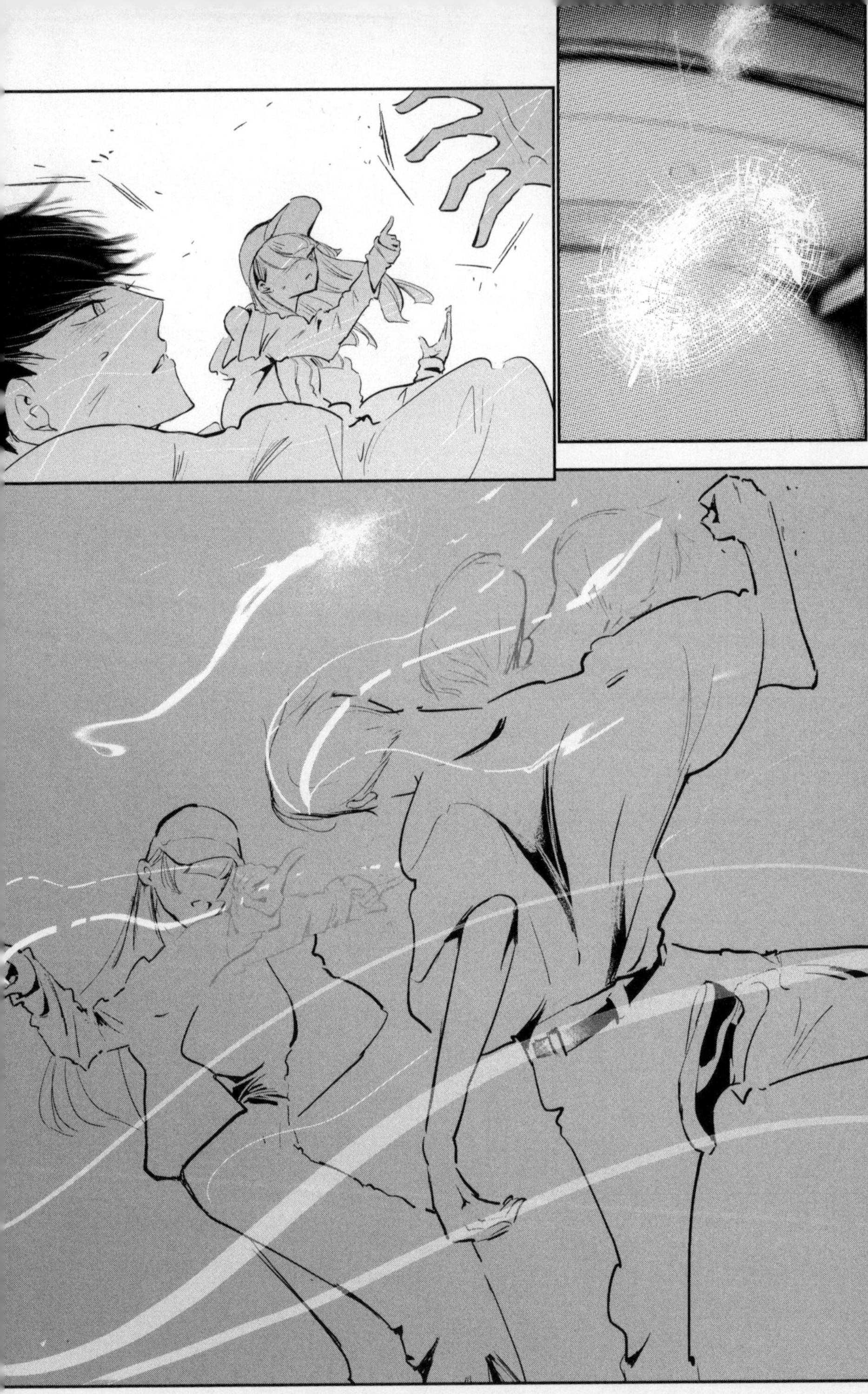

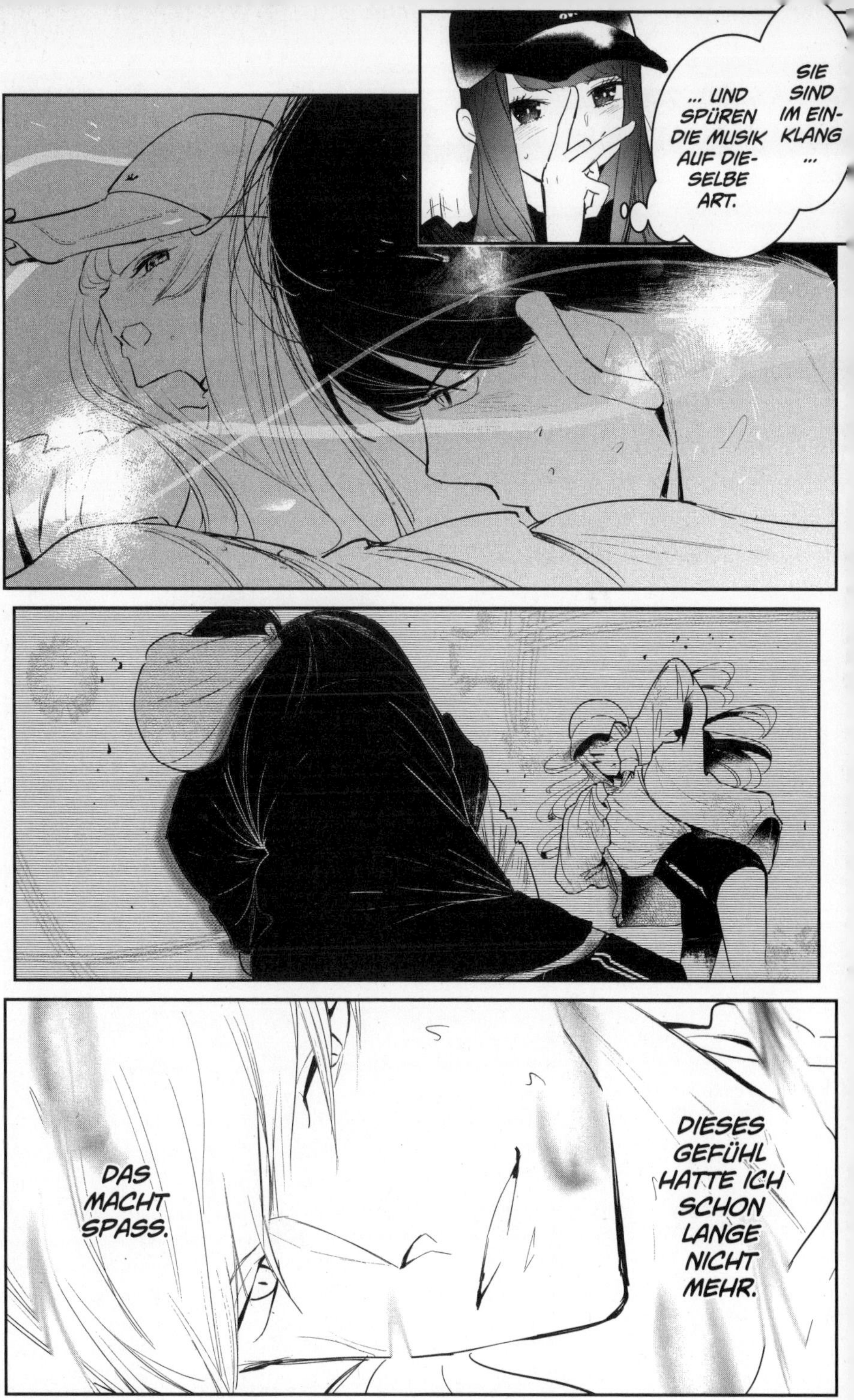
SIE SIND IM EIN-KLANG ...
... UND SPÜREN DIE MUSIK AUF DIE-SELBE ART.
DIESES GEFÜHL HATTE ICH SCHON LANGE NICHT MEHR.
DAS MACHT SPASS.

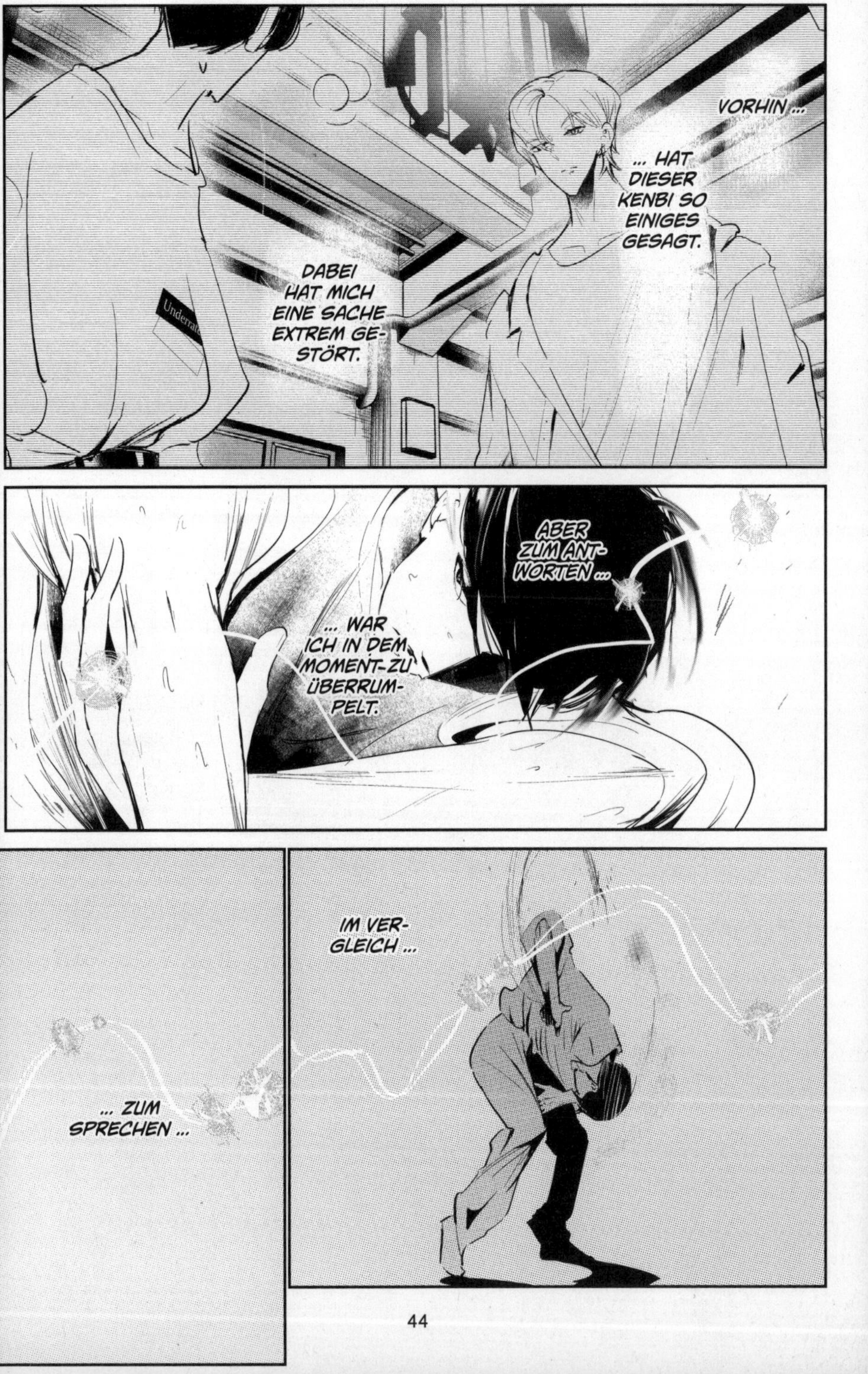
VORHIN ...
... HAT DIESER KENBI SO EINIGES GESAGT.
DABEI HAT MICH EINE SACHE EXTREM GE-STÖRT.
ABER ZUM ANT-WORTEN ...
... WAR ICH IN DEM MOMENT ZU ÜBERRUM-PELT.
IM VER-GLEICH ...
... ZUM SPRECHEN ...

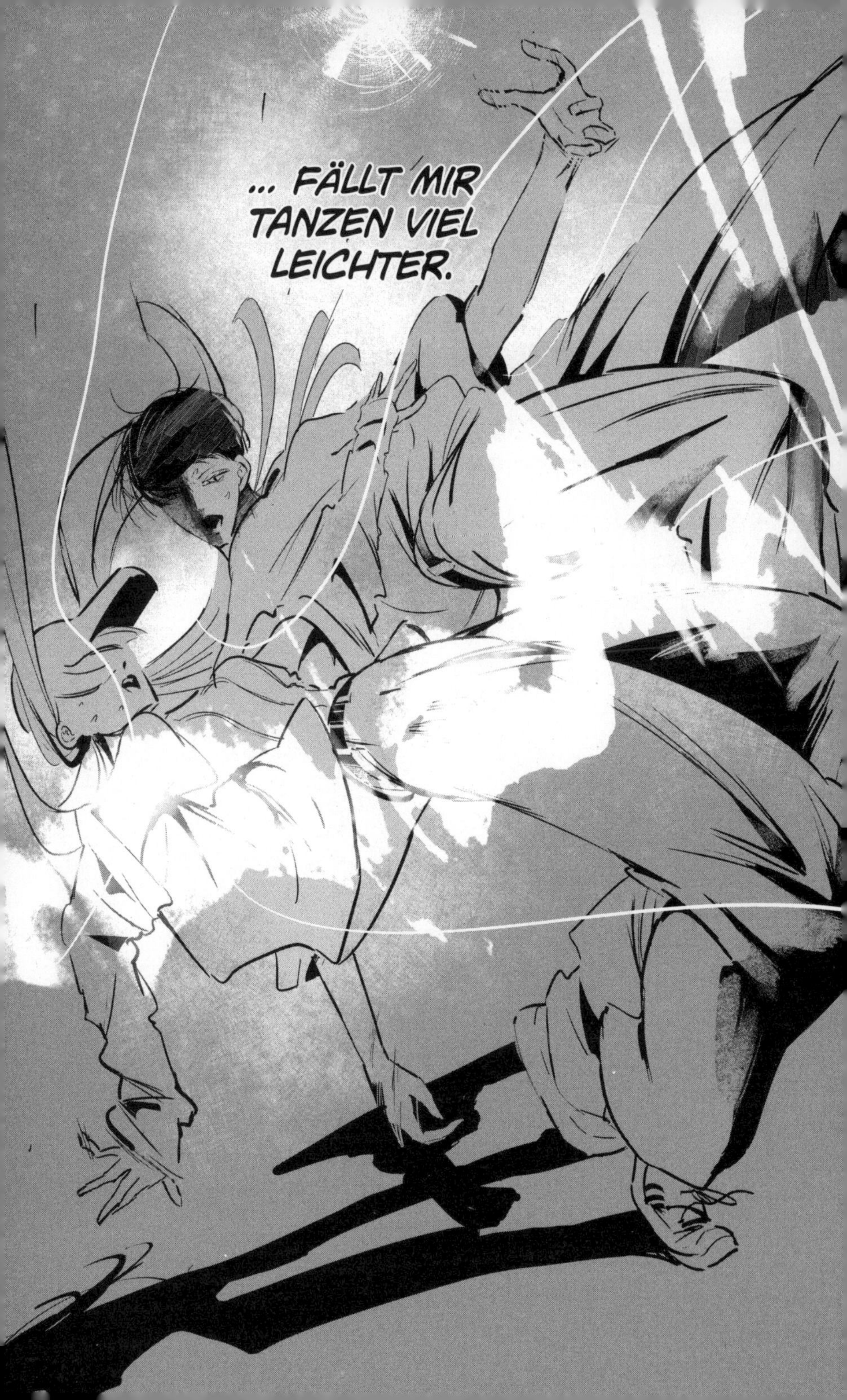
... FÄLLT MIR TANZEN VIEL LEICHTER.

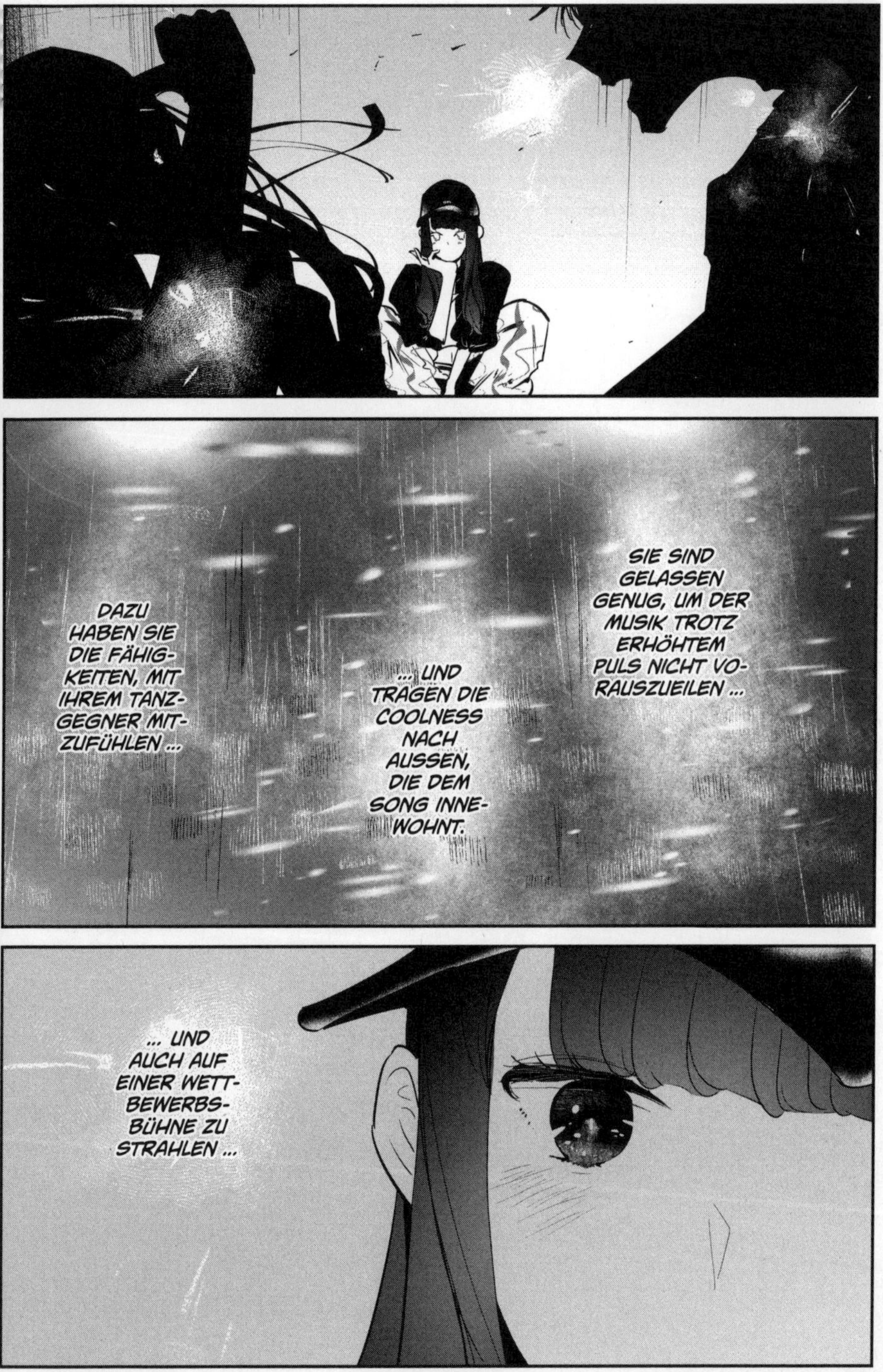
SIE SIND GELASSEN GENUG, UM DER MUSIK TROTZ ERHÖHTEM PULS NICHT VO-RAUSZUEILEN ...
... UND TRAGEN DIE COOLNESS NACH AUSSEN, DIE DEM SONG INNE-WOHNT.
DAZU HABEN SIE DIE FÄHIG-KEITEN, MIT IHREM TANZ-GEGNER MIT-ZUFÜHLEN ...
... UND AUCH AUF EINER WETT-BEWERBS-BÜHNE ZU STRAHLEN ...

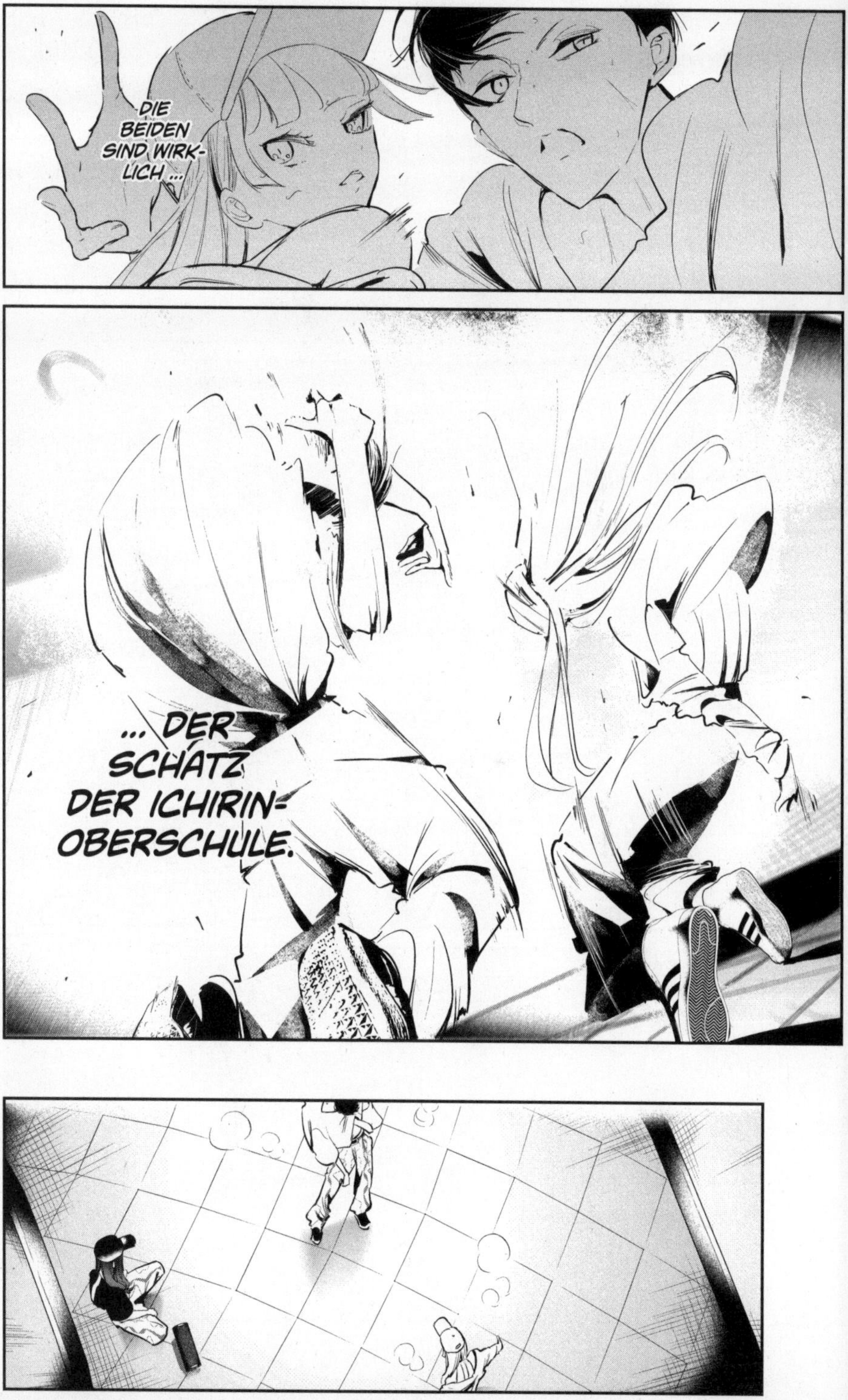
DIE BEIDEN SIND WIRKLICH ...
... DER SCHATZ DER ICHIRIN-OBERSCHULE.

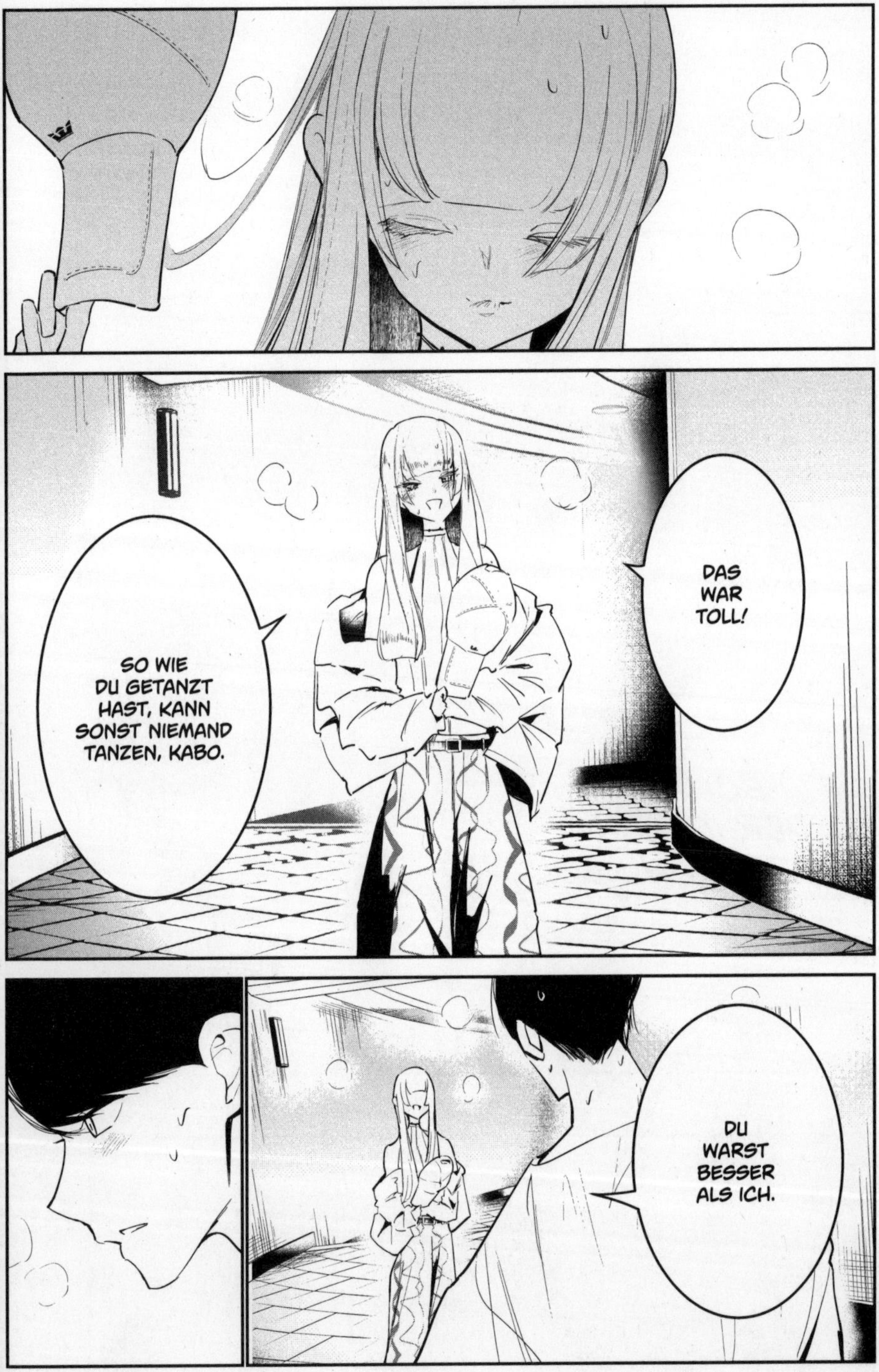
DAS WAR TOLL!
SO WIE DU GETANZT HAST, KANN SONST NIEMAND TANZEN, KABO.
DU WARST BESSER ALS ICH.

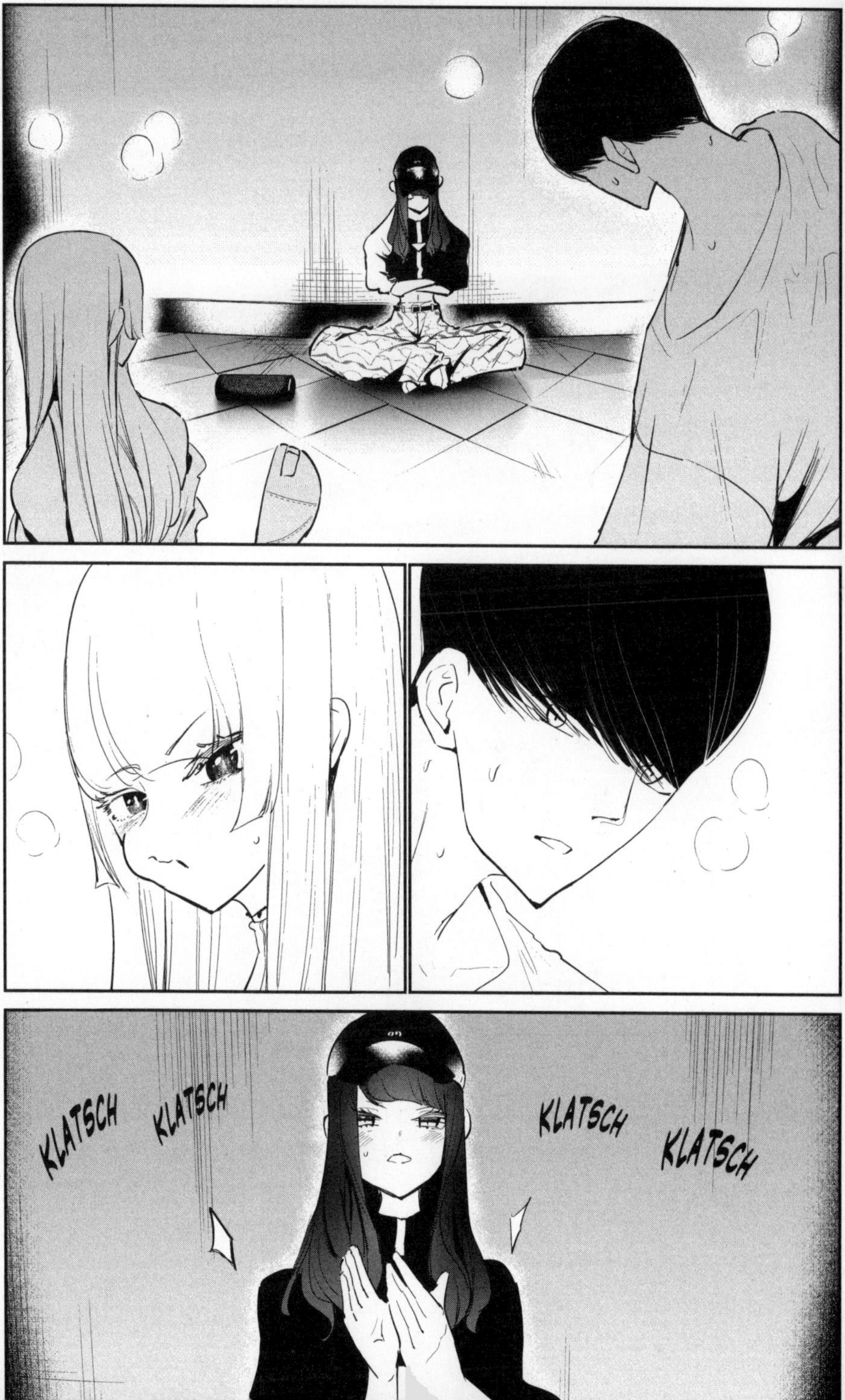
KLATSCH
KLATSCH
KLATSCH
KLATSCH

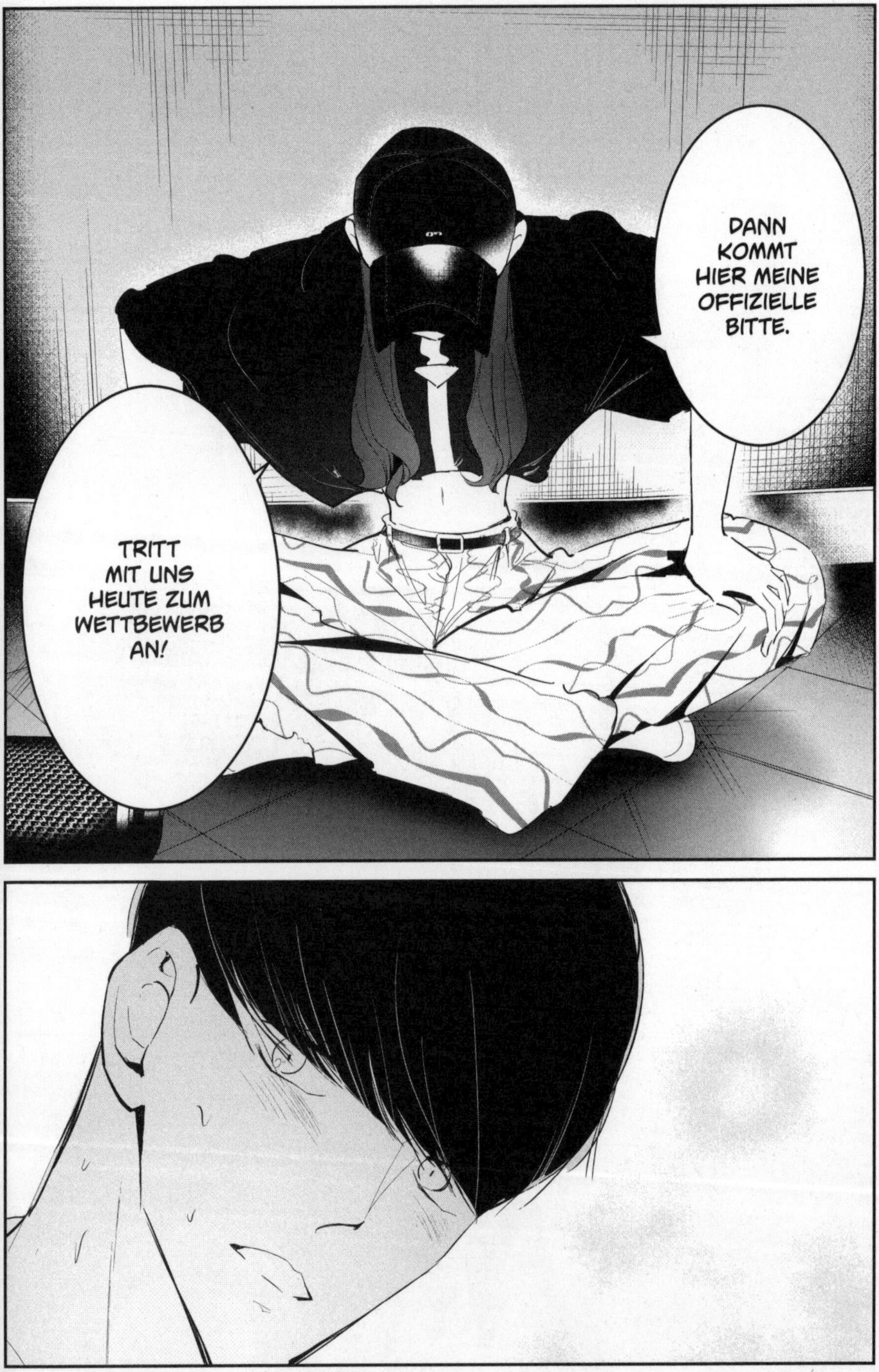
DANN KOMMT HIER MEINE OFFIZIELLE BITTE.
TRITT MIT UNS HEUTE ZUM WETTBEWERB AN!

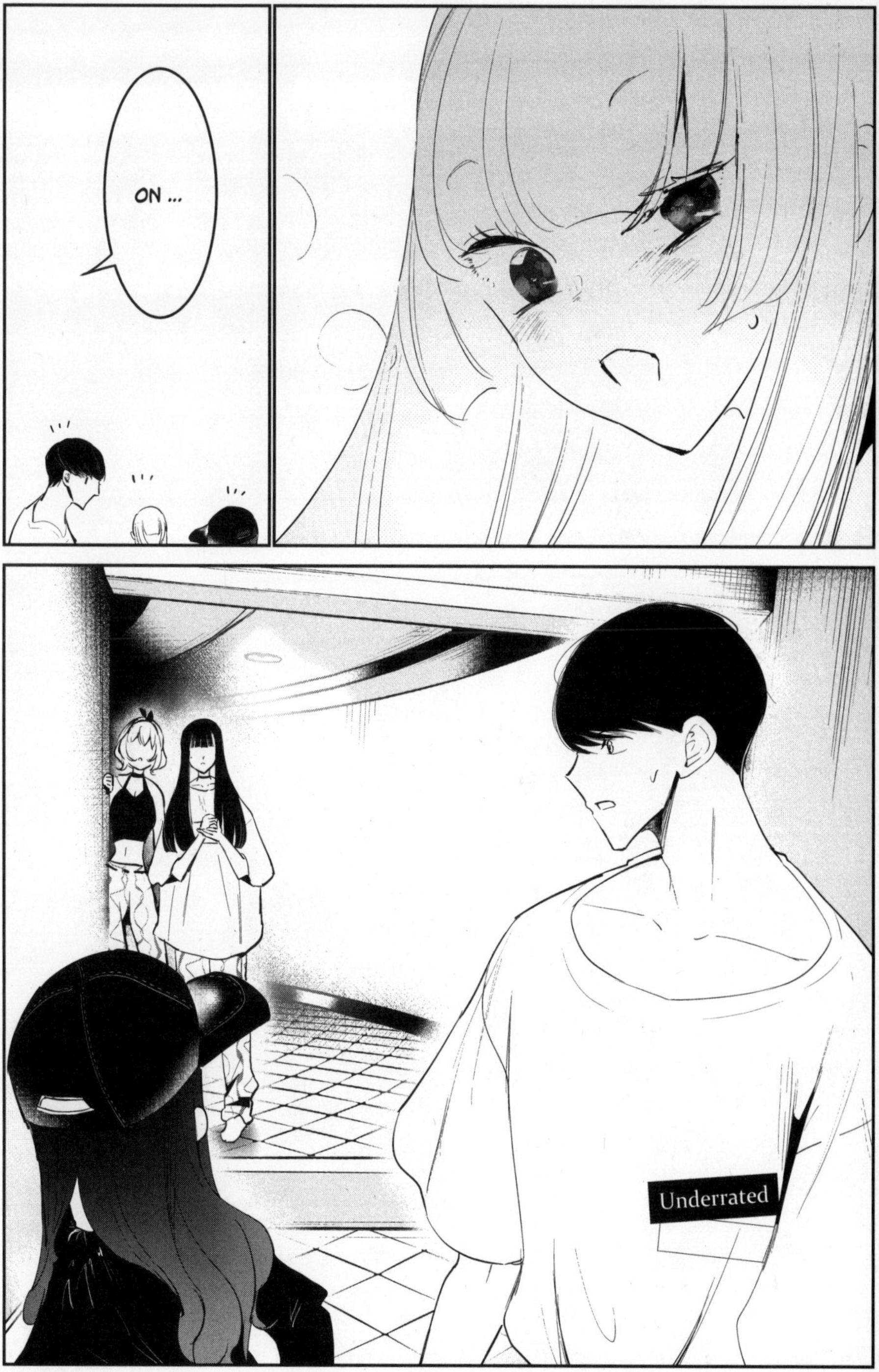
ON ...
Underrated

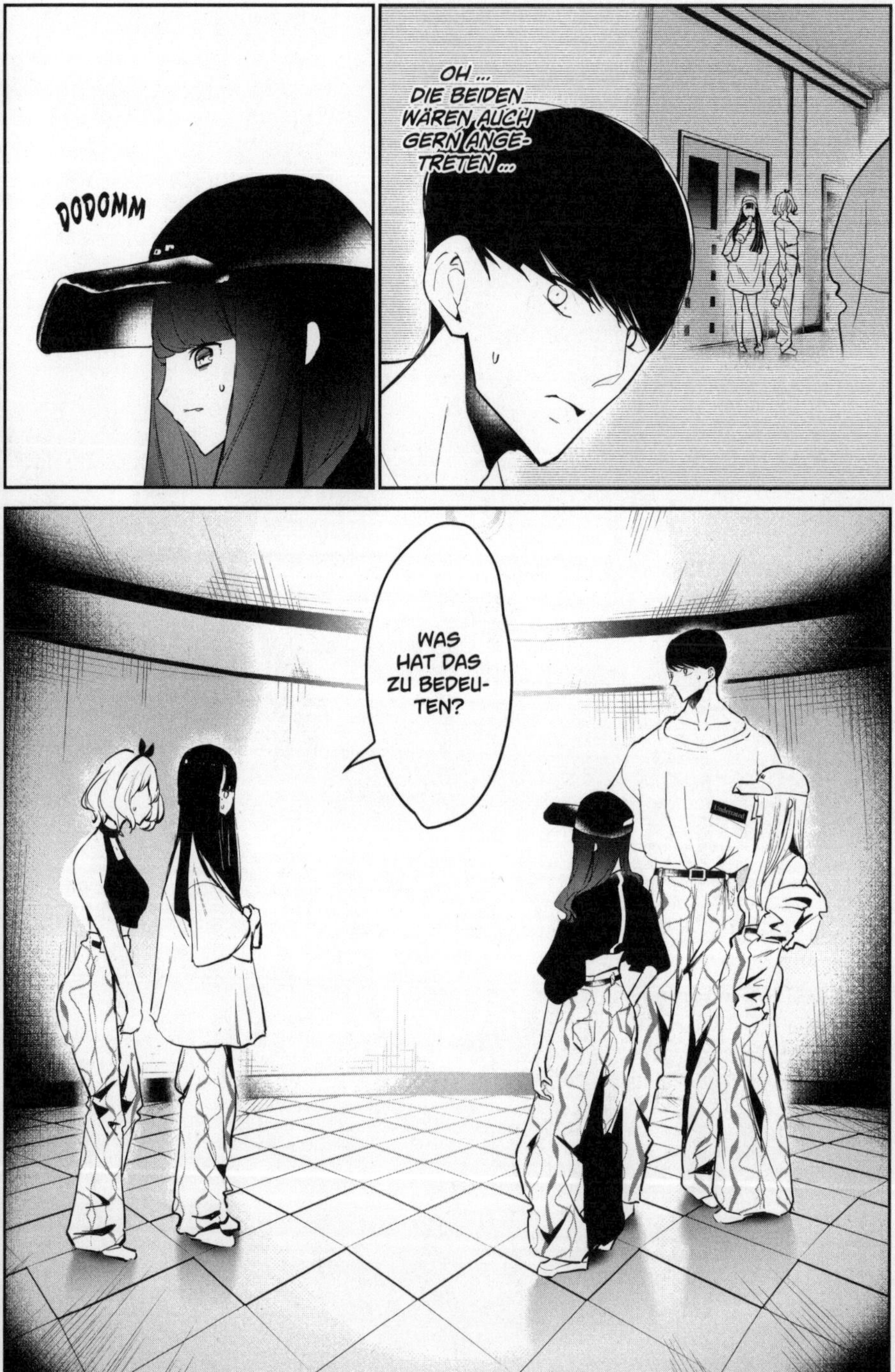
OH ... DIE BEIDEN WÄREN AUCH GERN ANGE-TRETEN ...
DODOMM
WAS HAT DAS ZU BEDEU-TEN?
Underrated

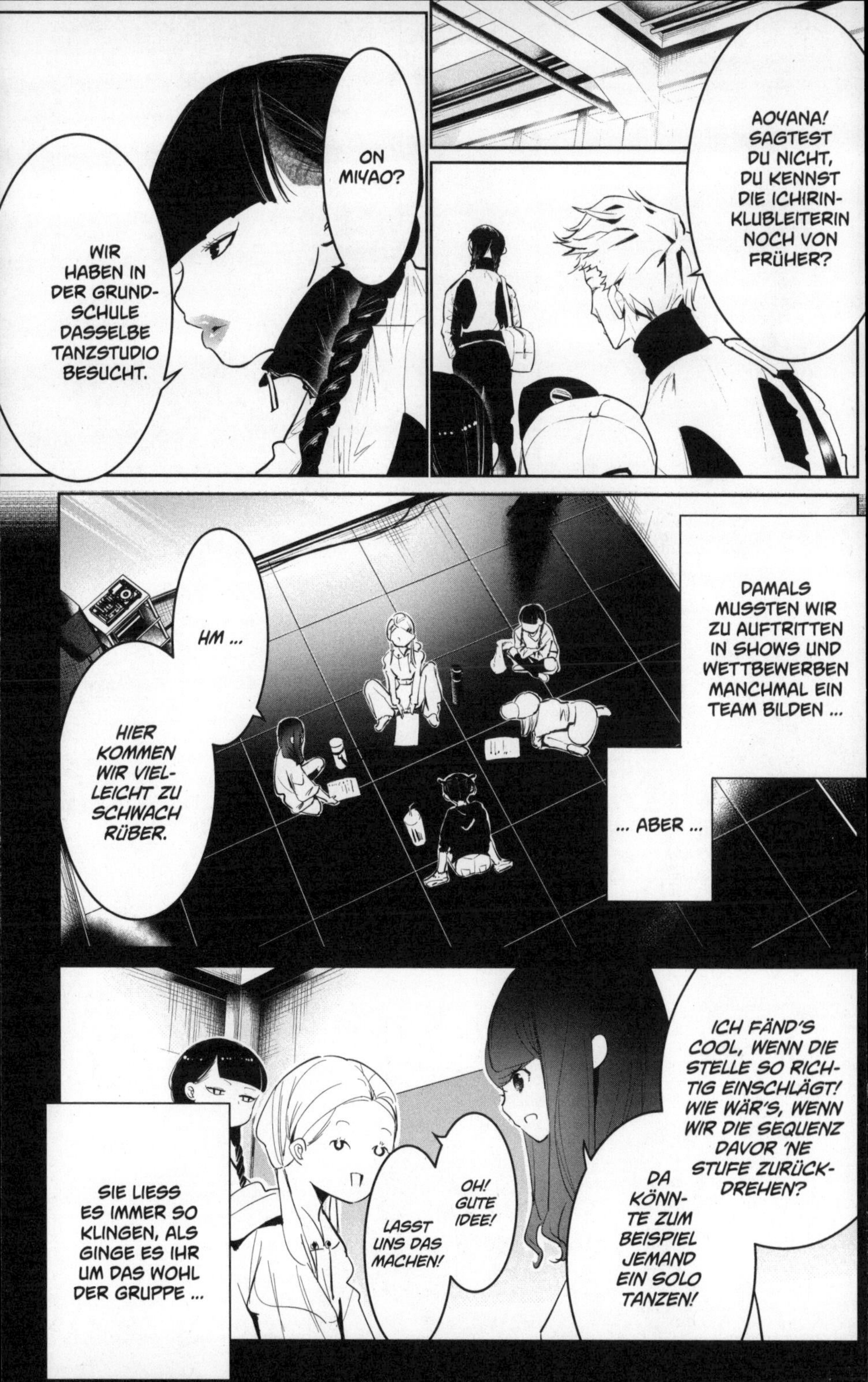
AOYANA! SAGTEST DU NICHT, DU KENNST DIE ICHIRIN-KLUBLEITERIN NOCH VON FRÜHER?
ON MIYAO?
WIR HABEN IN DER GRUNDSCHULE DASSELBE TANZSTUDIO BESUCHT.
DAMALS MUSSTEN WIR ZU AUFTRITTEN IN SHOWS UND WETTBEWERBEN MANCHMAL EIN TEAM BILDEN ...
HM ...
HIER KOMMEN WIR VIELLEICHT ZU SCHWACH RÜBER.
... ABER ...
ICH FÄND'S COOL, WENN DIE STELLE SO RICHTIG EINSCHLÄGT! WIE WÄR'S, WENN WIR DIE SEQUENZ DAVOR 'NE STUFE ZURÜCKDREHEN?
DA KÖNNTE ZUM BEISPIEL JEMAND EIN SOLO TANZEN!
OH! GUTE IDEE!
LASST UNS DAS MACHEN!
SIE LIESS ES IMMER SO KLINGEN, ALS GINGE ES IHR UM DAS WOHL DER GRUPPE ...

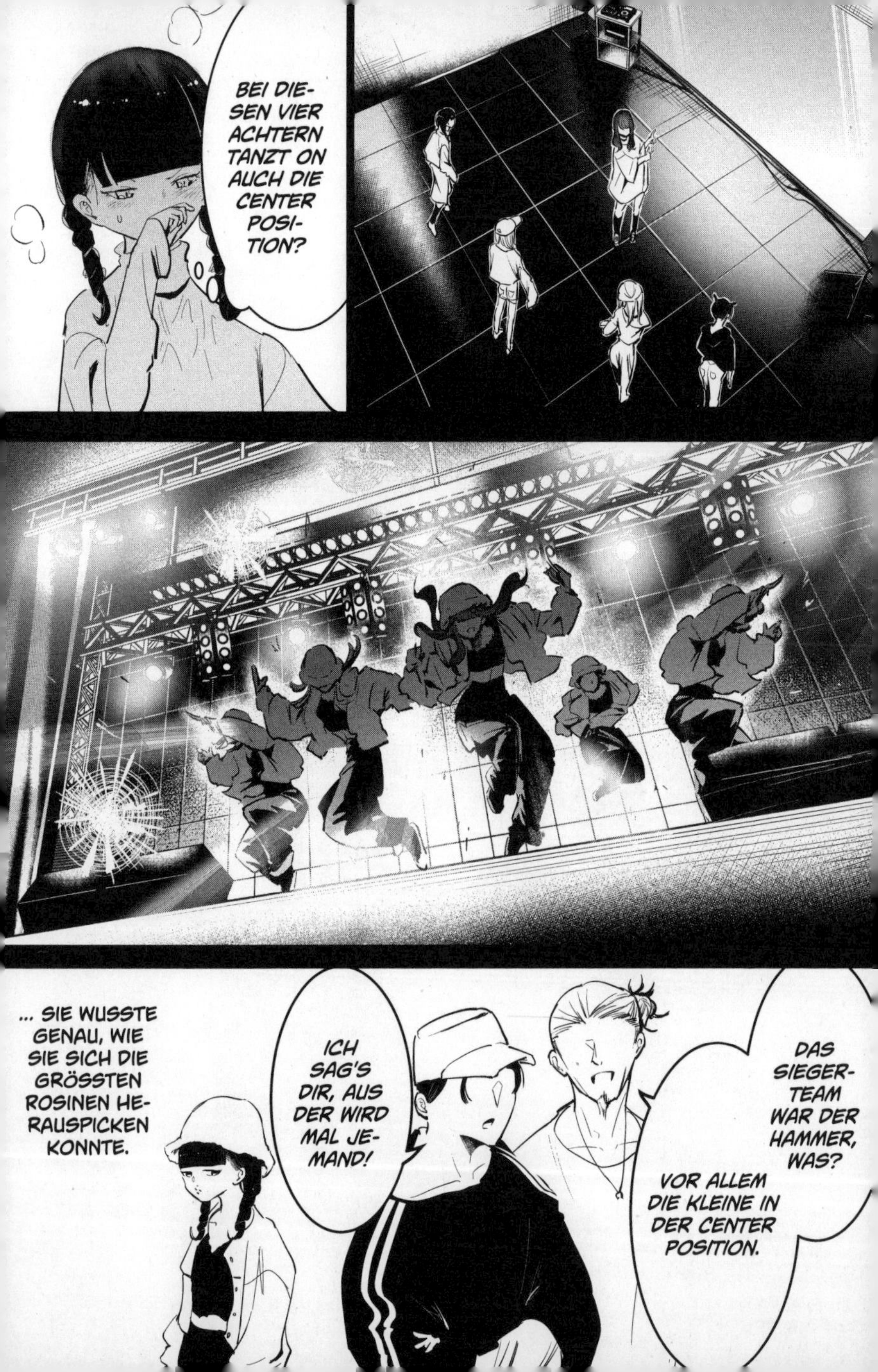
BEI DIESEN VIER ACHTERN TANZT ON AUCH DIE CENTER POSITION?
DAS SIEGERTEAM WAR DER HAMMER, WAS?
VOR ALLEM DIE KLEINE IN DER CENTER POSITION.
ICH SAG'S DIR, AUS DER WIRD MAL JEMAND!
... SIE WUSSTE GENAU, WIE SIE SICH DIE GRÖSSTEN ROSINEN HERAUSPICKEN KONNTE.

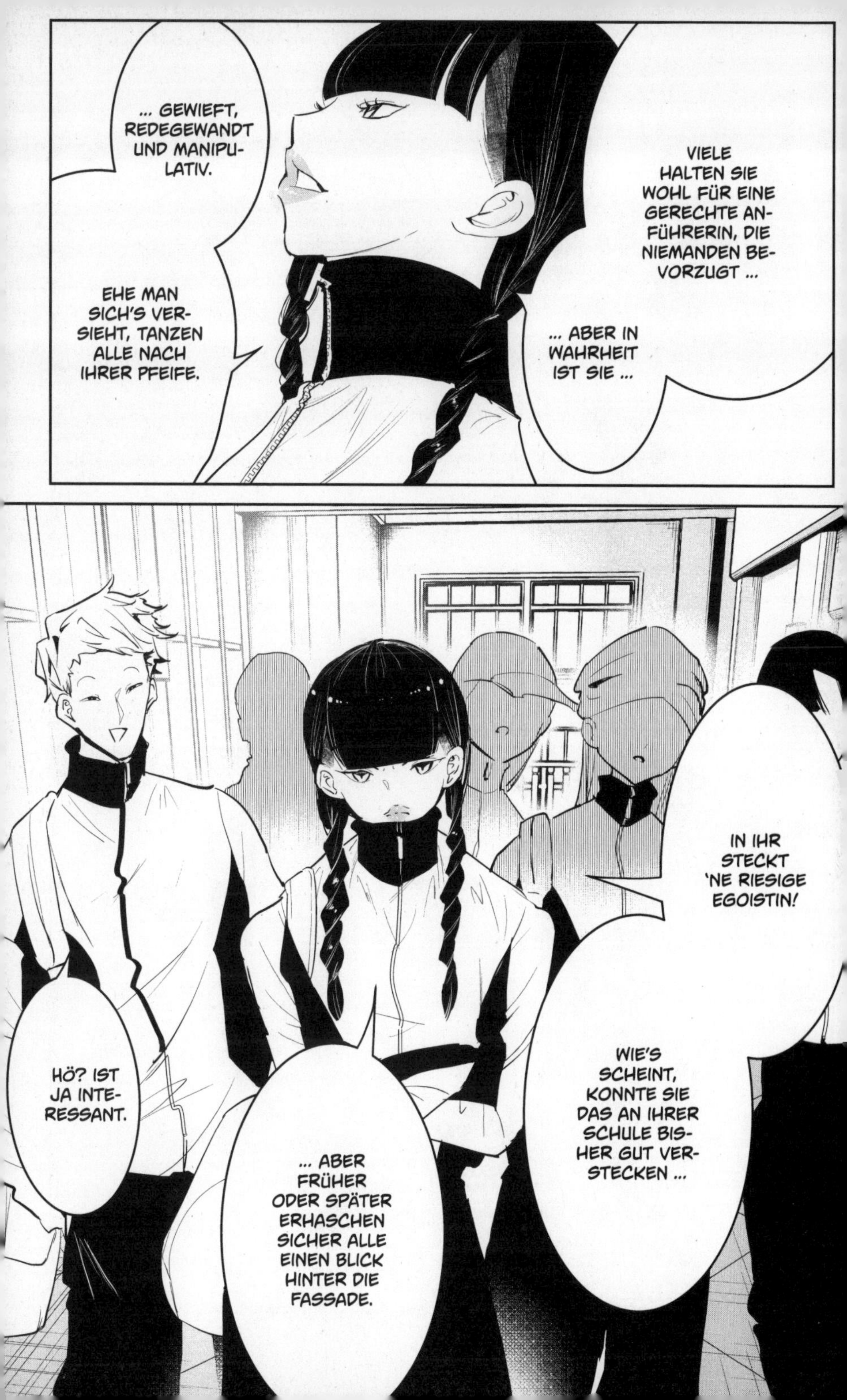
VIELE HALTEN SIE WOHL FÜR EINE GERECHTE ANFÜHRERIN, DIE NIEMANDEN BEVORZUGT ...
... ABER IN WAHRHEIT IST SIE ...
... GEWIEFT, REDEGEWANDT UND MANIPULATIV.
EHE MAN SICH'S VERSIEHT, TANZEN ALLE NACH IHRER PFEIFE.
IN IHR STECKT 'NE RIESIGE EGOISTIN!
WIE'S SCHEINT, KONNTE SIE DAS AN IHRER SCHULE BISHER GUT VERSTECKEN ...
... ABER FRÜHER ODER SPÄTER ERHASCHEN SICHER ALLE EINEN BLICK HINTER DIE FASSADE.
HÖ? IST JA INTERESSANT.

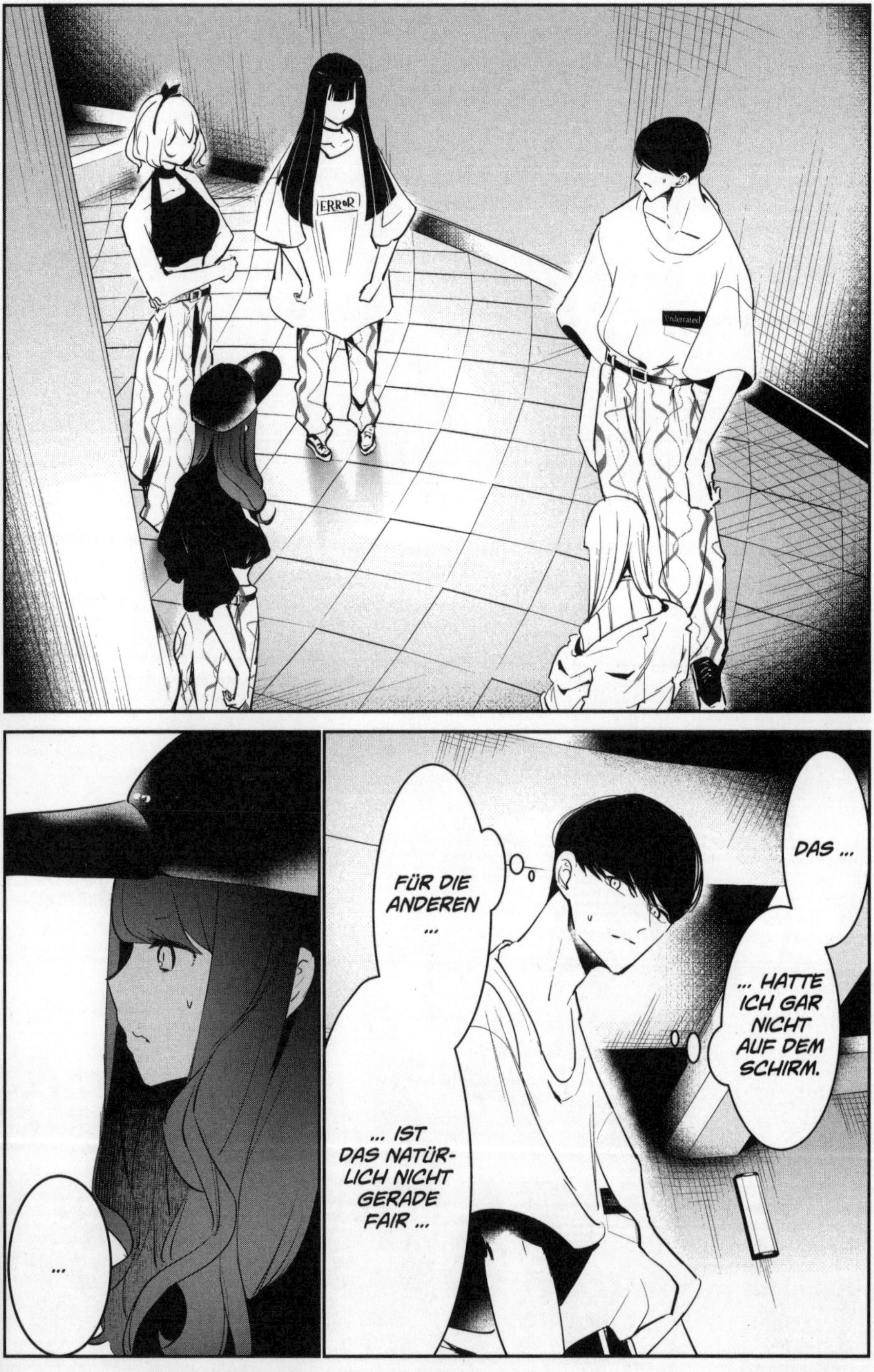
ERROR
Underrated
DAS ...
... HATTE ICH GAR NICHT AUF DEM SCHIRM.
FÜR DIE ANDEREN ...
... IST DAS NATÜRLICH NICHT GERADE FAIR ...
...

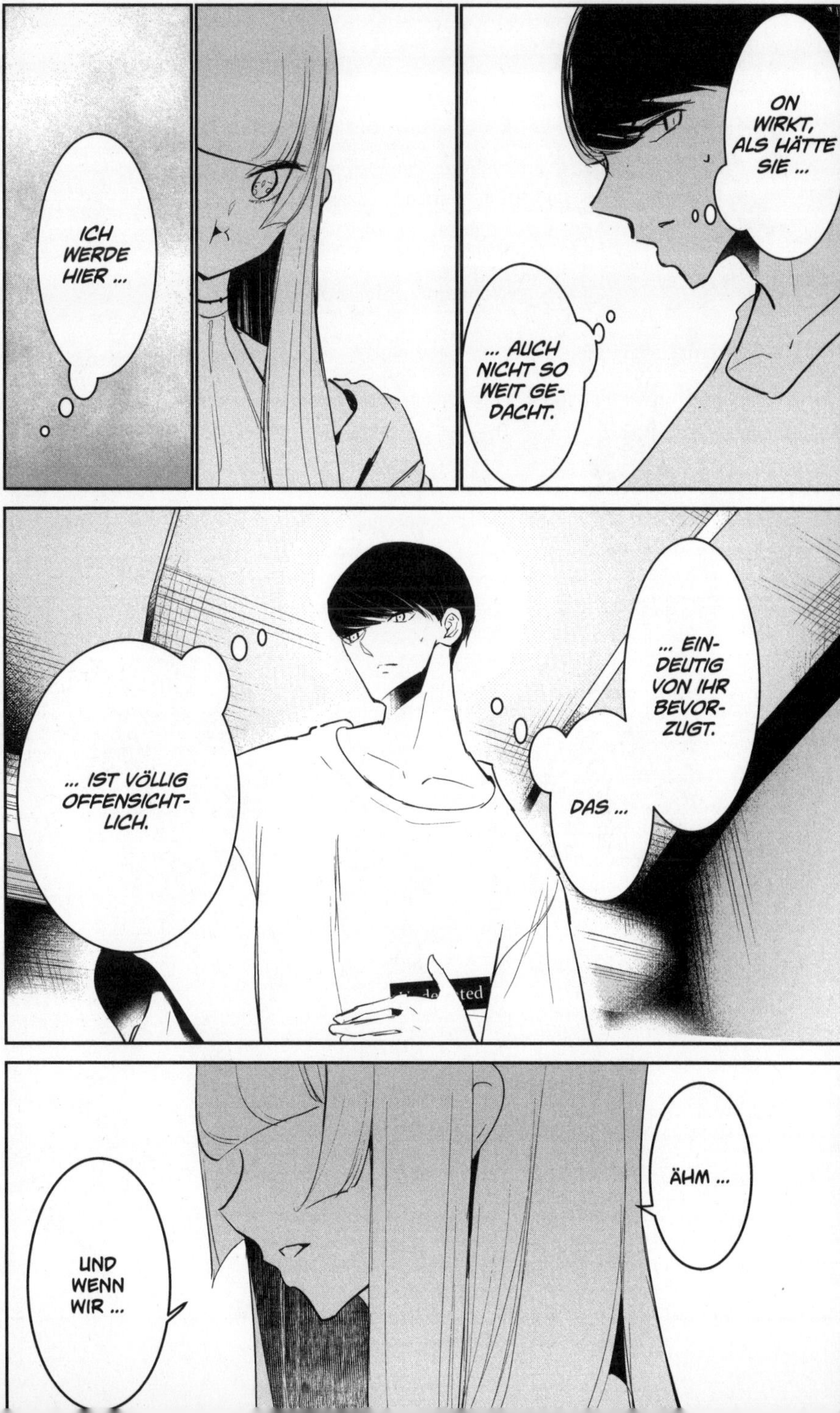
ON WIRKT, ALS HÄTTE SIE ...
... AUCH NICHT SO WEIT GE-DACHT.
ICH WERDE HIER ...
DAS ...
... EIN-DEUTIG VON IHR BEVOR-ZUGT.
... IST VÖLLIG OFFENSICHT-LICH.
ÄHM ...
UND WENN WIR ...

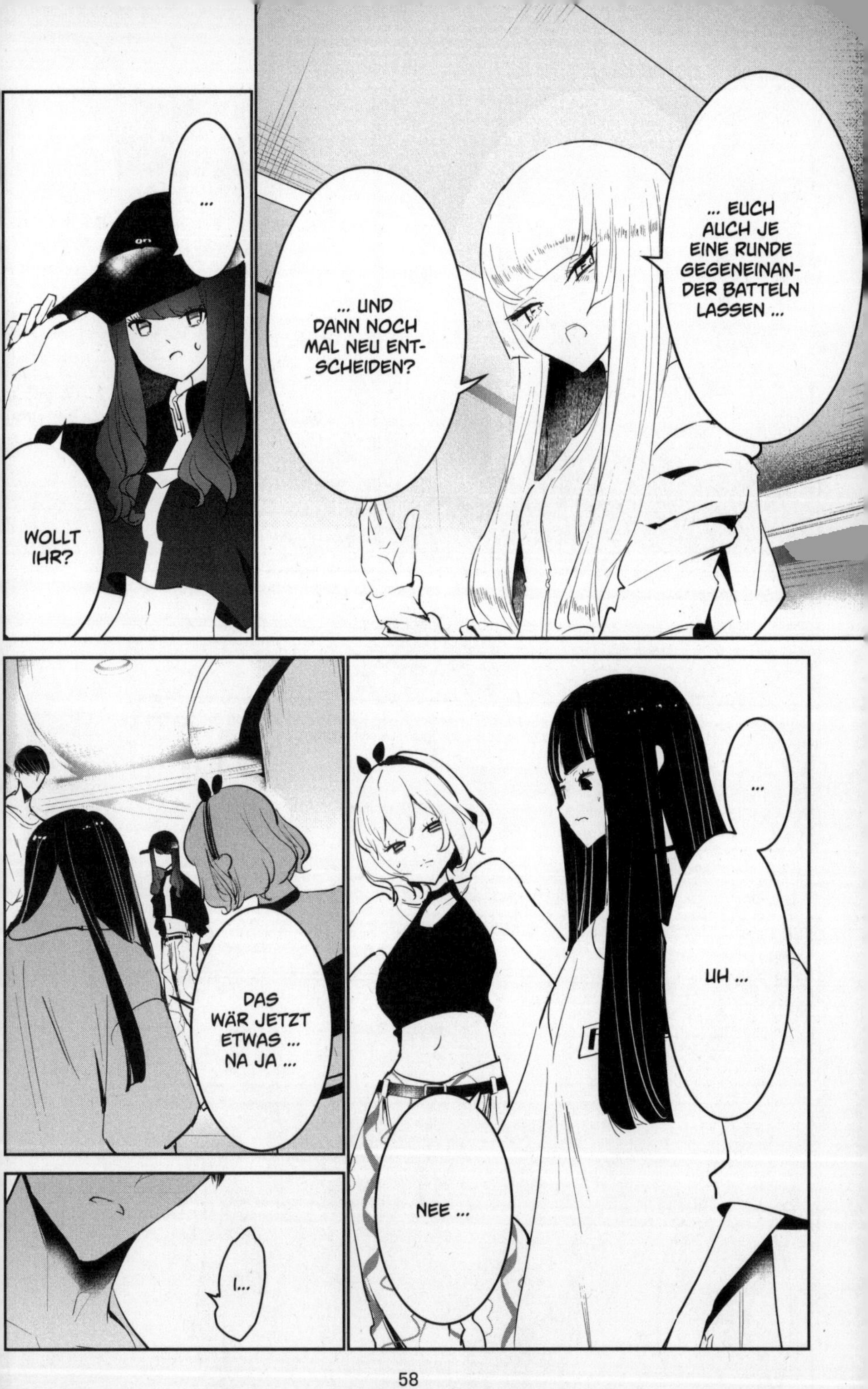
... EUCH AUCH JE EINE RUNDE GEGENEINANDER BATTELN LASSEN ...
... UND DANN NOCH MAL NEU ENTSCHEIDEN?
...
WOLLT IHR?
...
UH ...
NEE ...
DAS WÄR JETZT ETWAS ... NA JA ...
I...

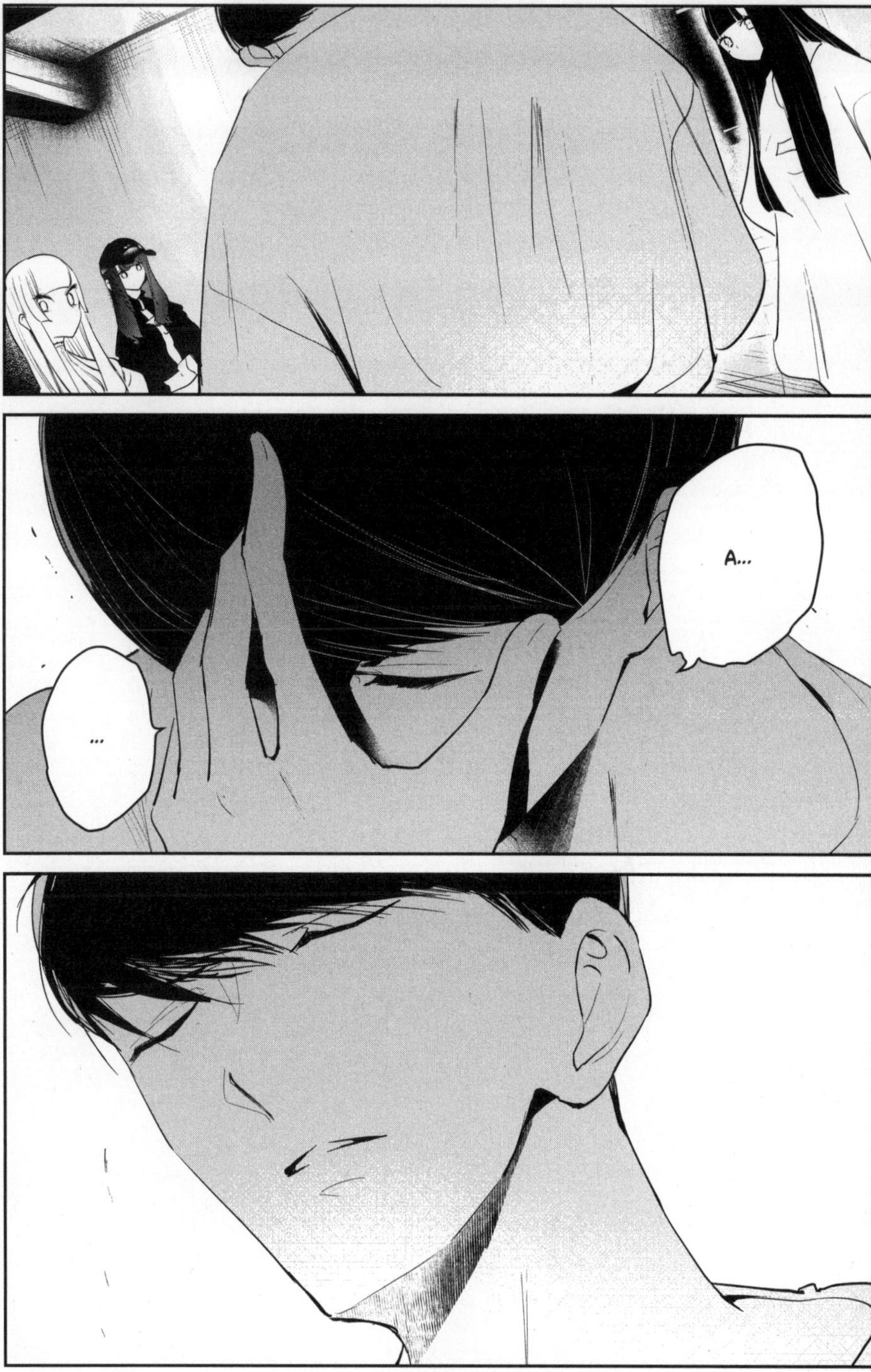
A...
...

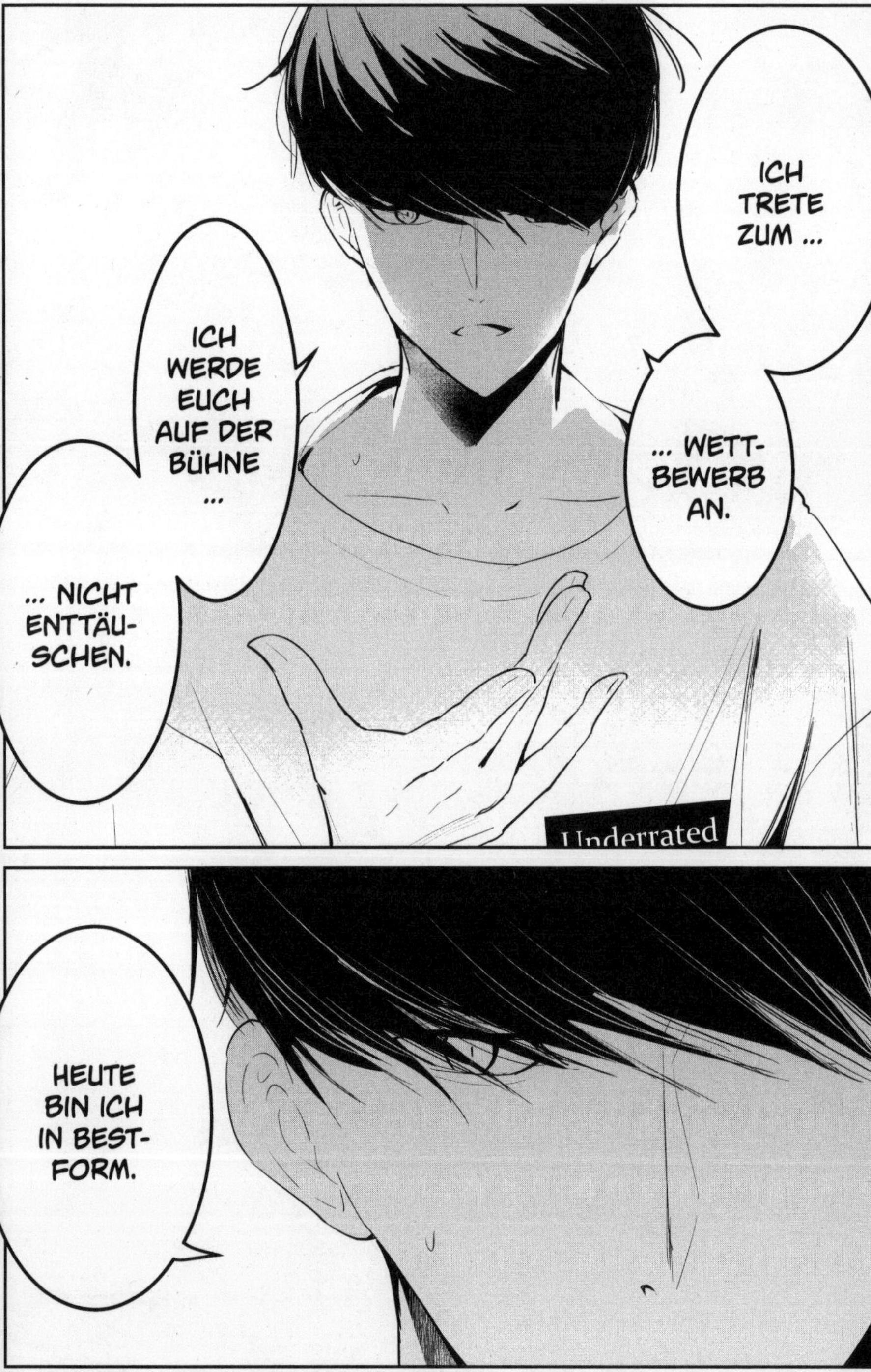
ICH TRETE ZUM ...
... WETTBEWERB AN.
ICH WERDE EUCH AUF DER BÜHNE ...
... NICHT ENTTÄUSCHEN.
Underrated
HEUTE BIN ICH IN BESTFORM.

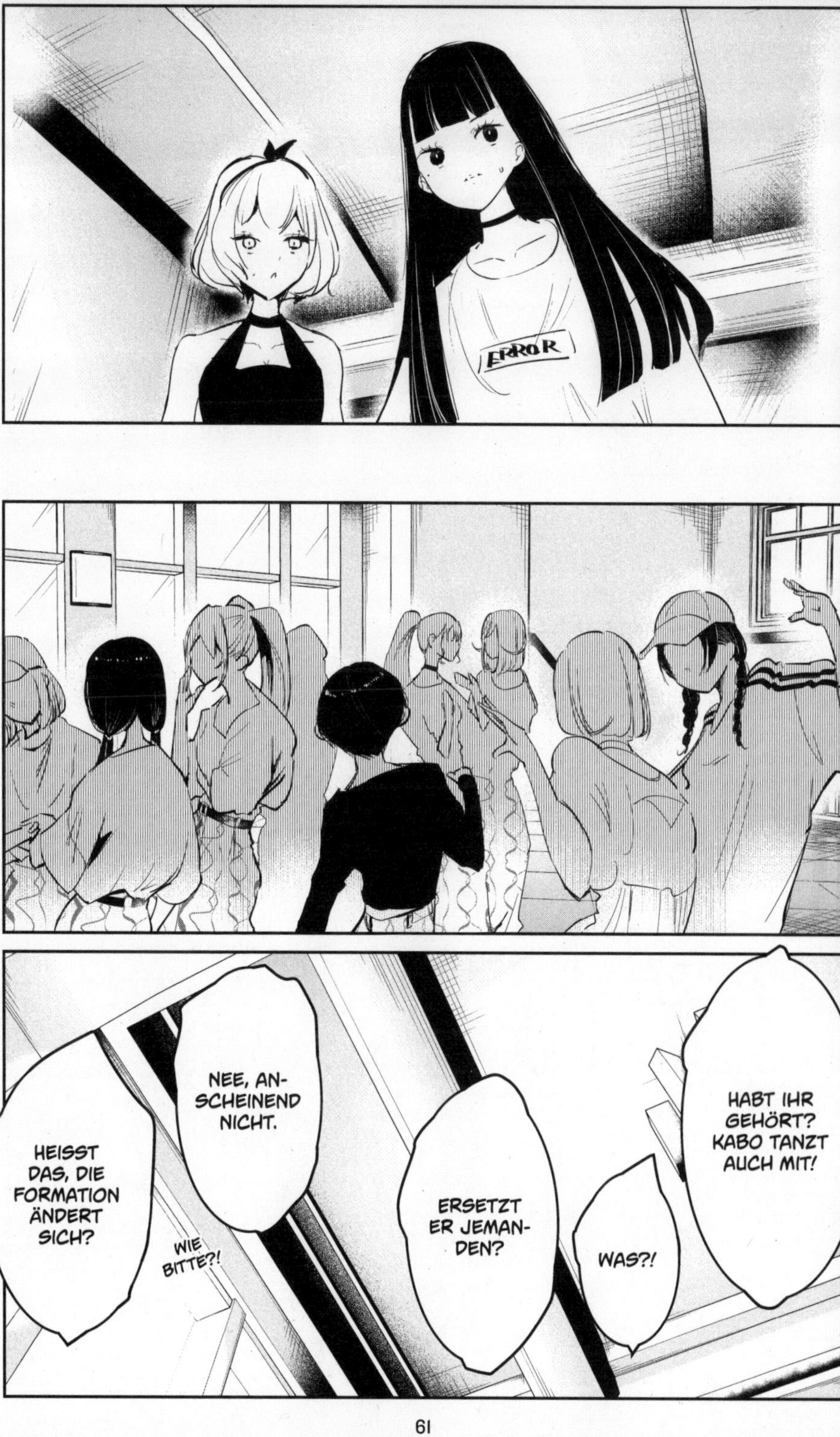

ERROR
HABT IHR GEHÖRT? KABO TANZT AUCH MIT!
WAS?!
ERSETZT ER JEMANDEN?
NEE, ANSCHEINEND NICHT.
WIE BITTE?!
HEISST DAS, DIE FORMATION ÄNDERT SICH?

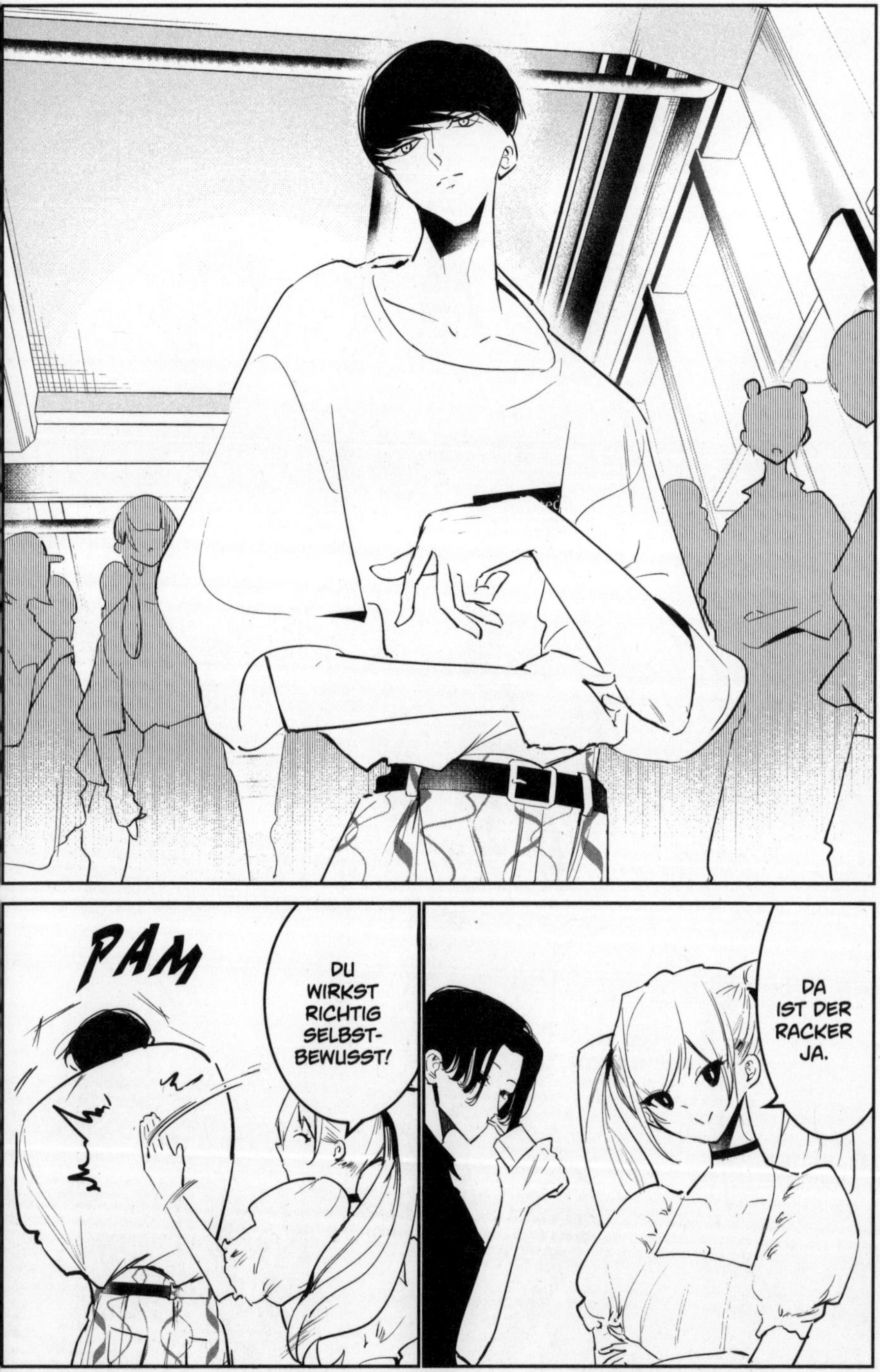
DA IST DER RACKER JA.
PAM
DU WIRKST RICHTIG SELBST-BEWUSST!

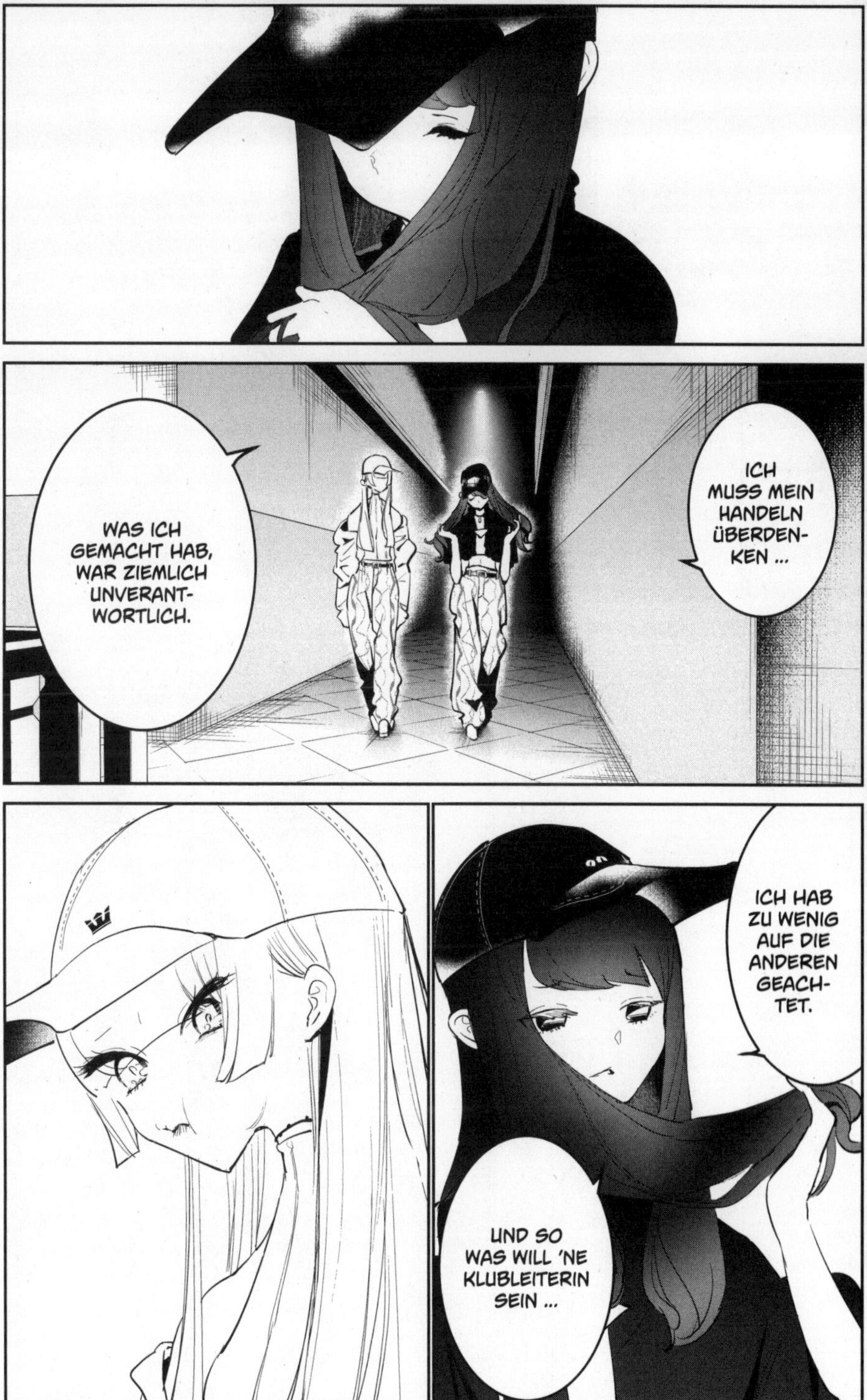
WAS ICH GEMACHT HAB, WAR ZIEMLICH UNVERANT-WORTLICH.
ICH MUSS MEIN HANDELN ÜBERDEN-KEN ...
ICH HAB ZU WENIG AUF DIE ANDEREN GEACH-TET.
UND SO WAS WILL 'NE KLUBLEITERIN SEIN ...

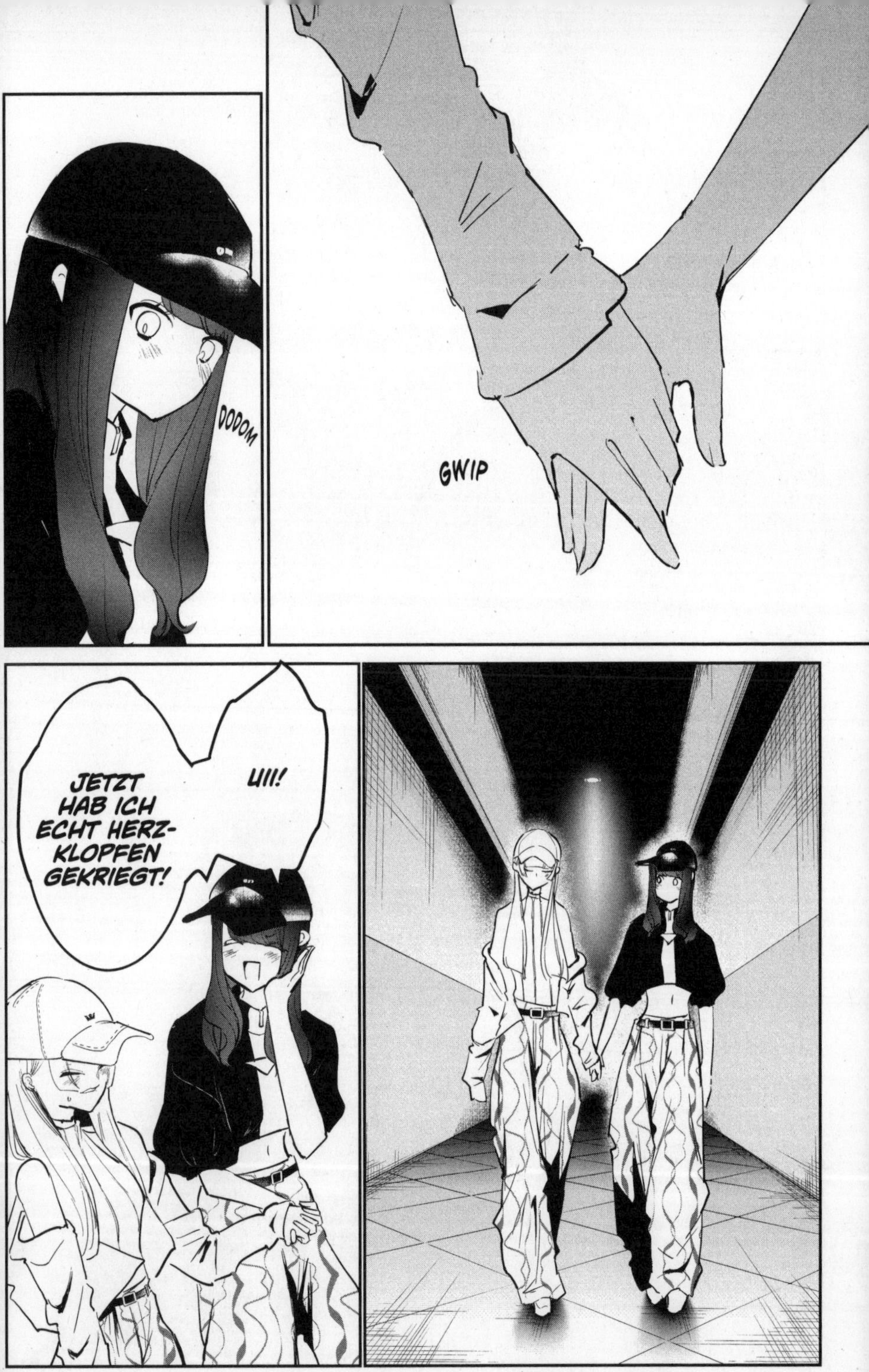
GWIP
DODOM
UII!
JETZT HAB ICH ECHT HERZ-KLOPFEN GEKRIEGT!

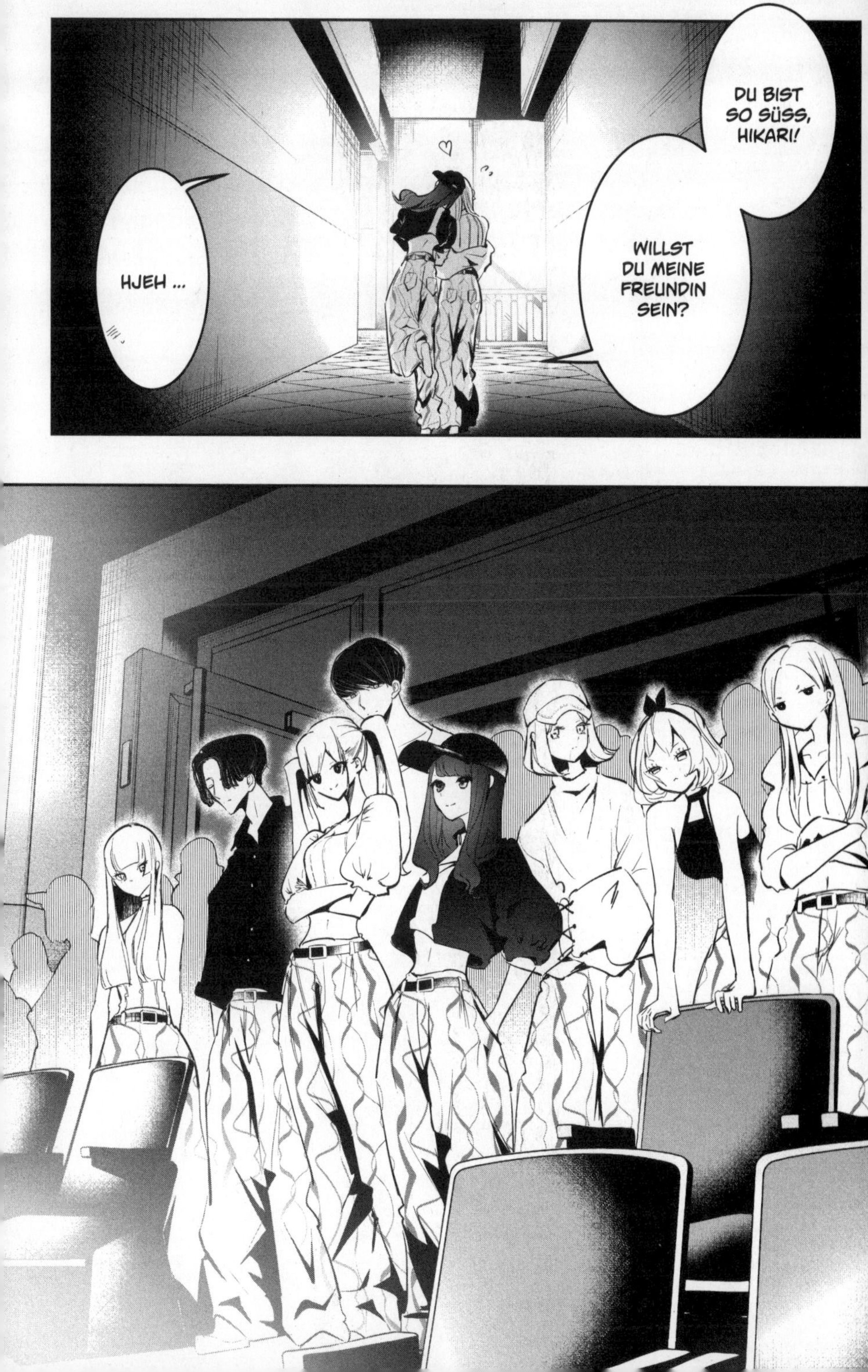
DU BIST SO SÜSS, HIKARI!
WILLST DU MEINE FREUNDIN SEIN?
HJEH ...

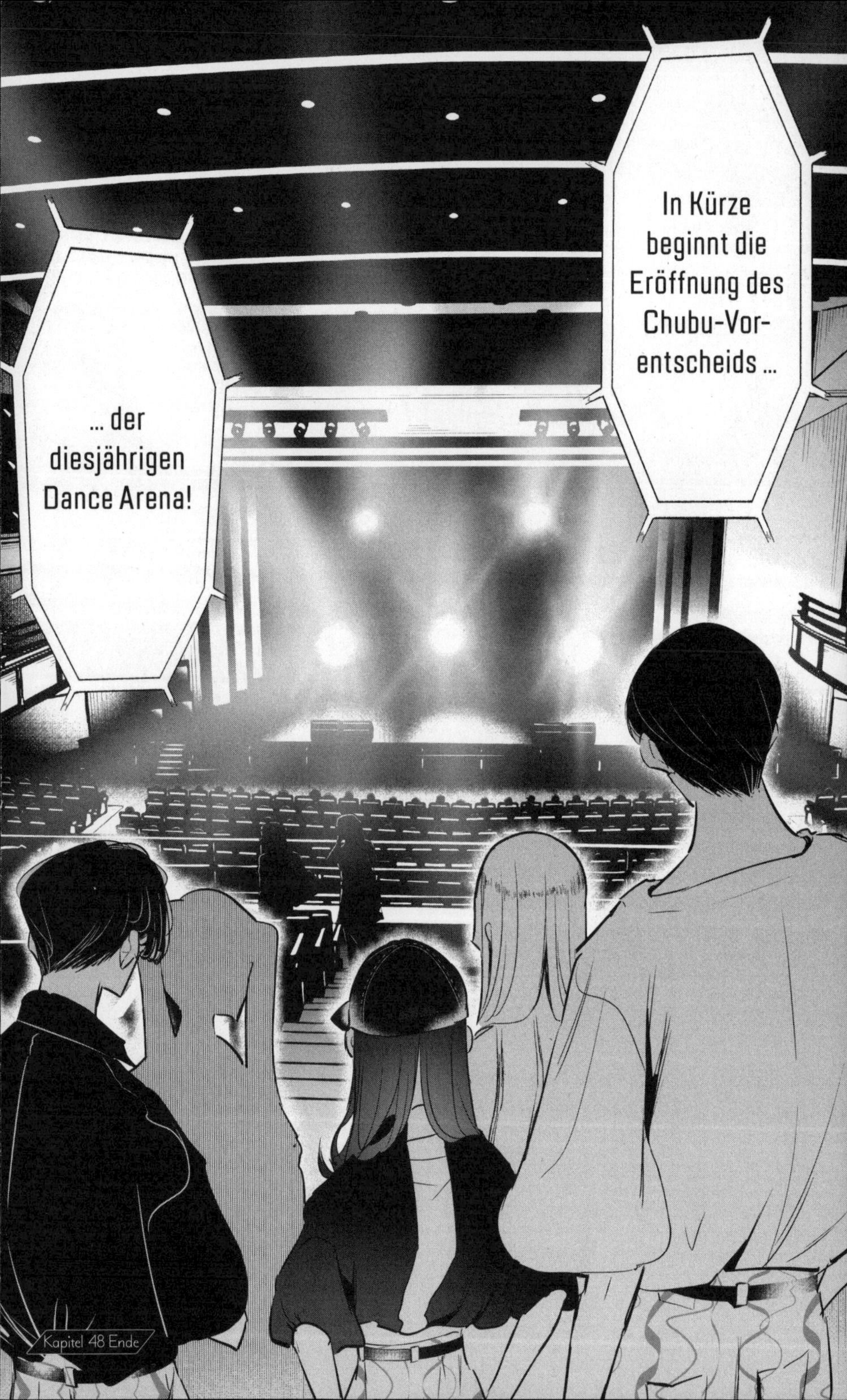
In Kürze beginnt die Eröffnung des Chubu-Vorentscheids ...
... der diesjährigen Dance Arena!
Kapitel 48 Ende

WANDANCE

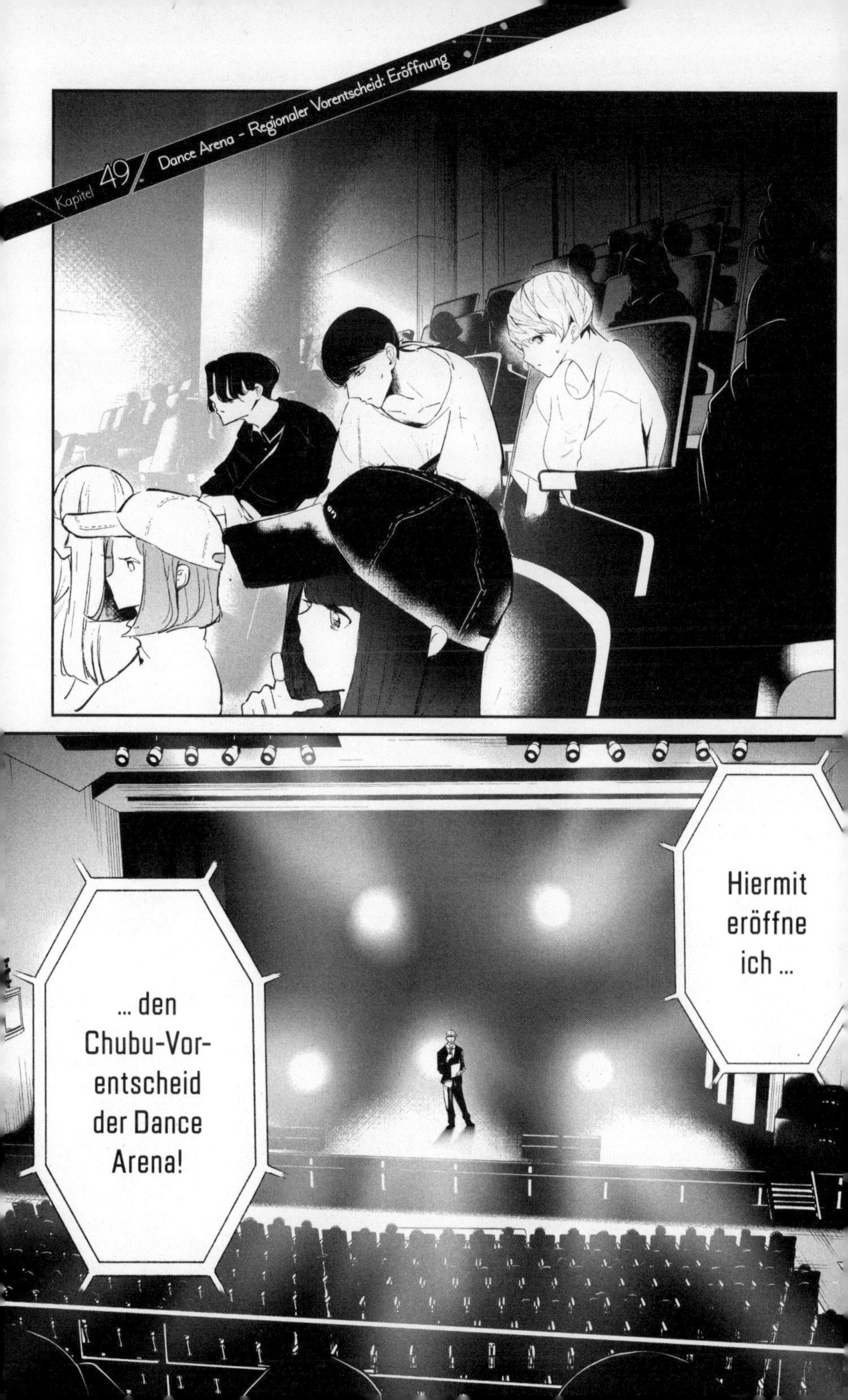
Kapitel 49
Dance Arena – Regionaler Vorentscheid: Eröffnung
Hiermit eröffne ich …
… den Chubu-Vor-entscheid der Dance Arena!

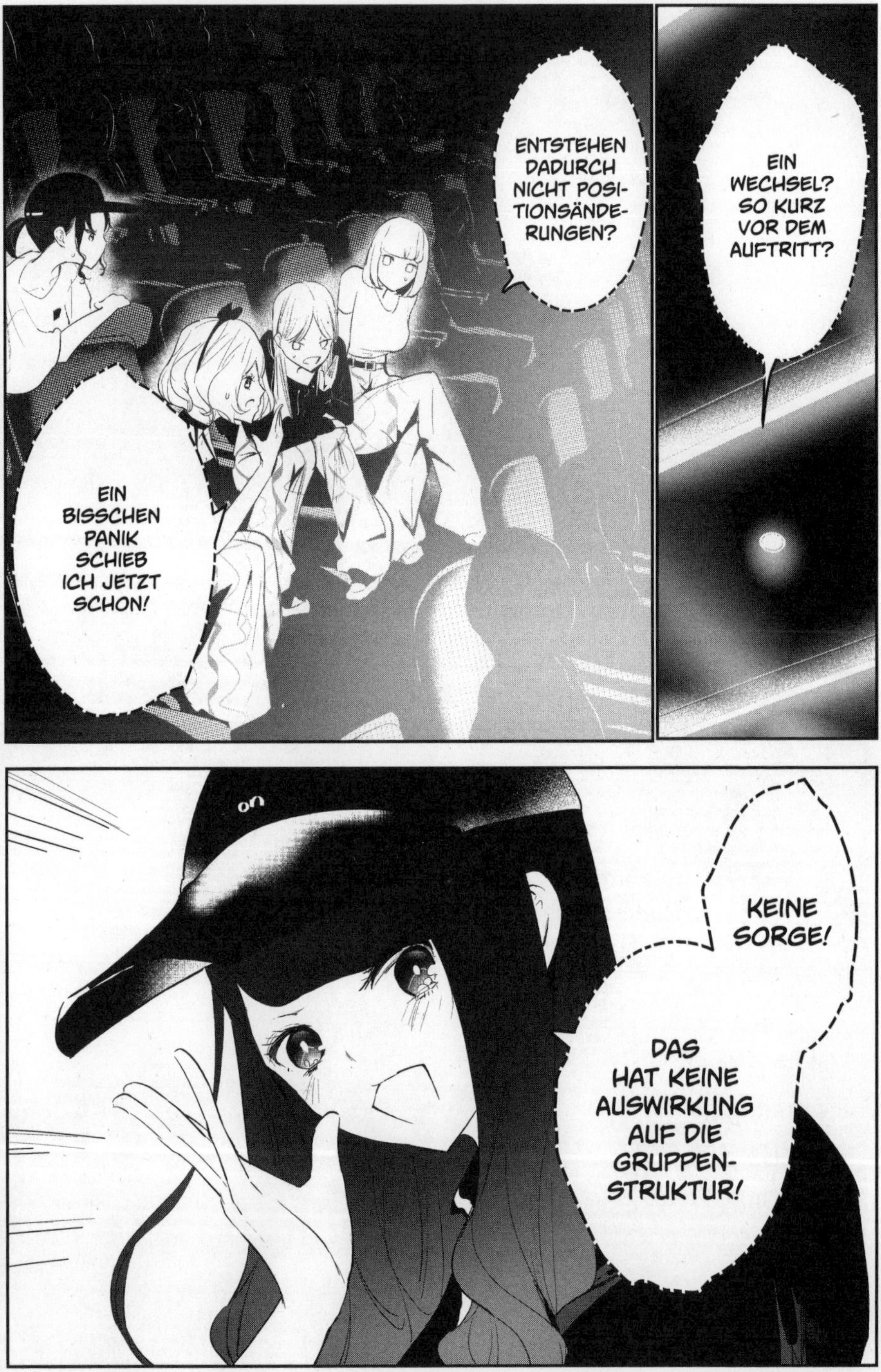
EIN WECHSEL? SO KURZ VOR DEM AUFTRITT?
ENTSTEHEN DADURCH NICHT POSITIONSÄNDERUNGEN?
EIN BISSCHEN PANIK SCHIEB ICH JETZT SCHON!
KEINE SORGE!
DAS HAT KEINE AUSWIRKUNG AUF DIE GRUPPENSTRUKTUR!

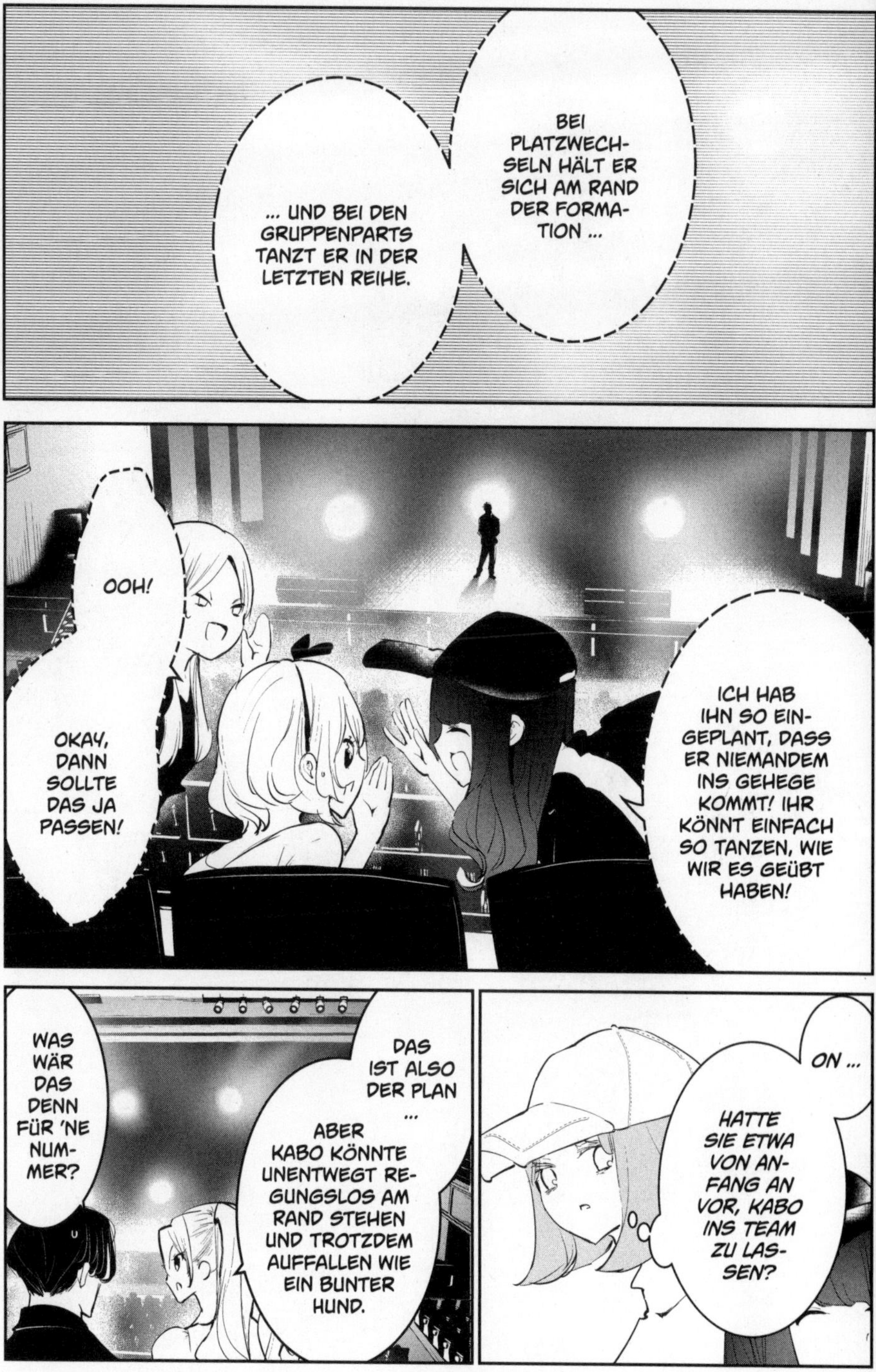
BEI PLATZWECHSELN HÄLT ER SICH AM RAND DER FORMATION ...
... UND BEI DEN GRUPPENPARTS TANZT ER IN DER LETZTEN REIHE.
ICH HAB IHN SO EINGEPLANT, DASS ER NIEMANDEM INS GEHEGE KOMMT! IHR KÖNNT EINFACH SO TANZEN, WIE WIR ES GEÜBT HABEN!
OOH!
OKAY, DANN SOLLTE DAS JA PASSEN!
ON ...
HATTE SIE ETWA VON ANFANG AN VOR, KABO INS TEAM ZU LASSEN?
DAS IST ALSO DER PLAN ...
ABER KABO KÖNNTE UNENTWEGT REGUNGSLOS AM RAND STEHEN UND TROTZDEM AUFFALLEN WIE EIN BUNTER HUND.
WAS WÄR DAS DENN FÜR 'NE NUMMER?

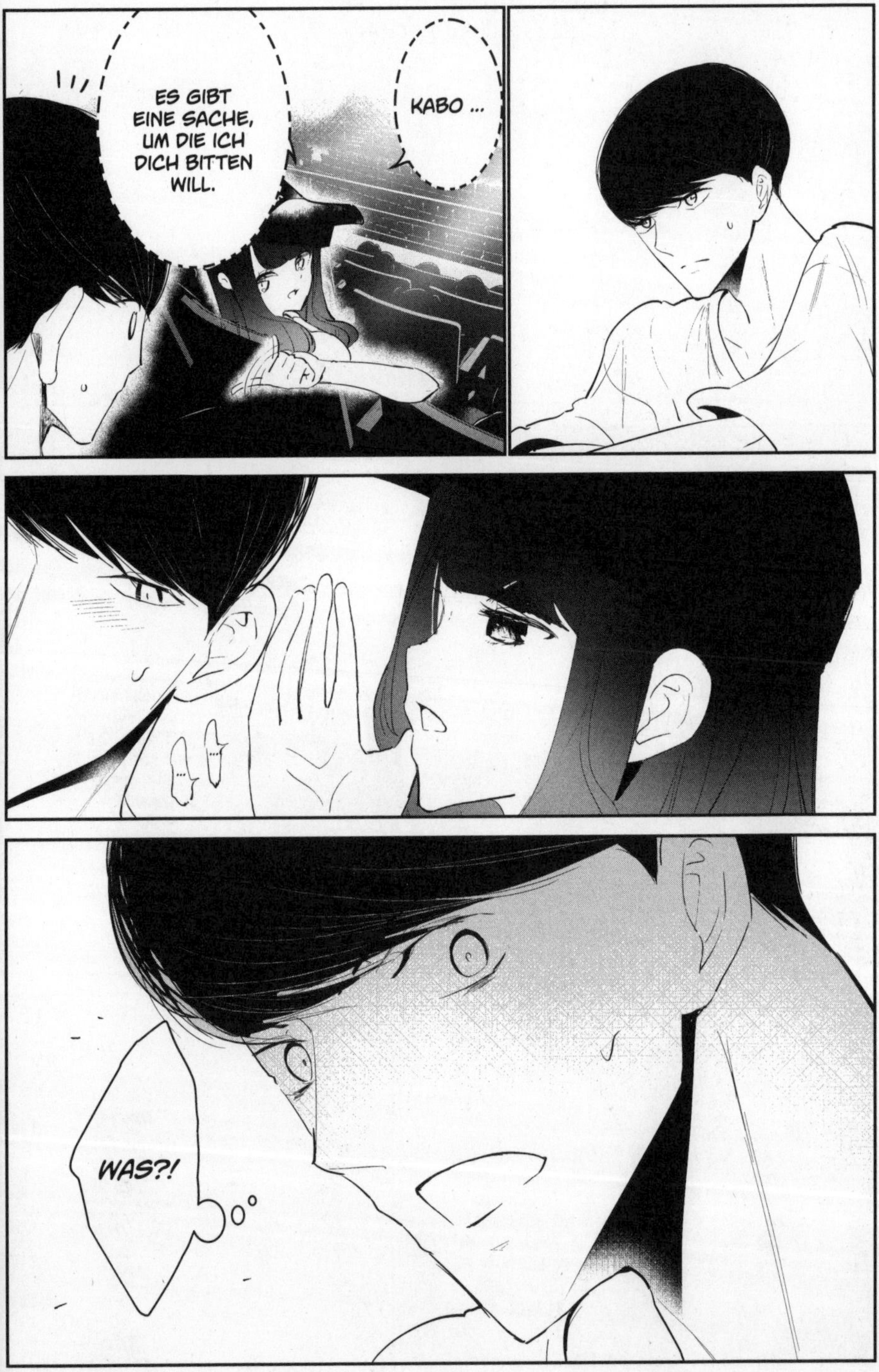
KABO ...
ES GIBT EINE SACHE, UM DIE ICH DICH BITTEN WILL.
WAS?!

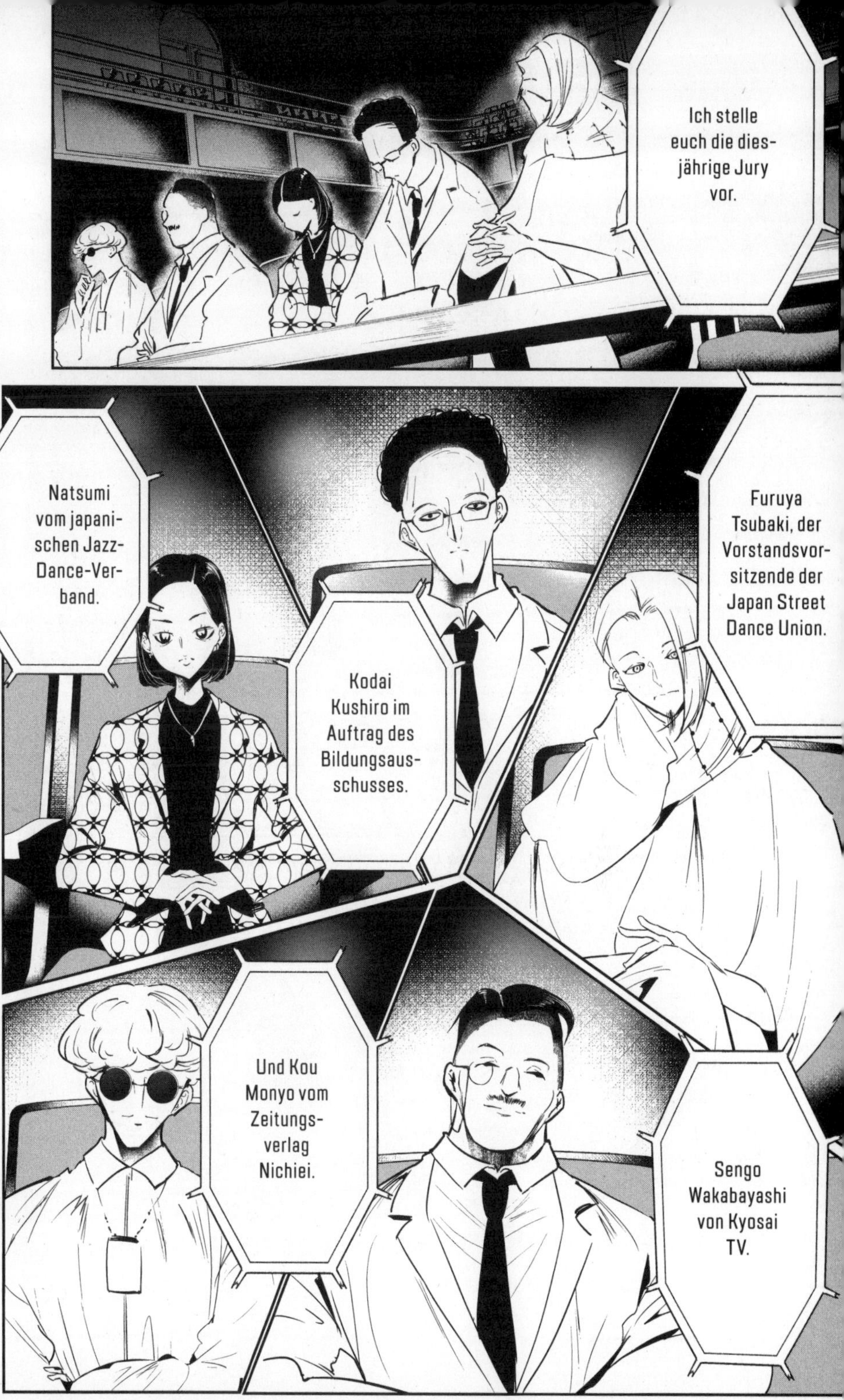
Ich stelle euch die diesjährige Jury vor.
Furuya Tsubaki, der Vorstandsvorsitzende der Japan Street Dance Union.
Kodai Kushiro im Auftrag des Bildungsausschusses.
Natsumi vom japanischen Jazz-Dance-Verband.
Sengo Wakabayashi von Kyosai TV.
Und Kou Monyo vom Zeitungsverlag Nichiei.

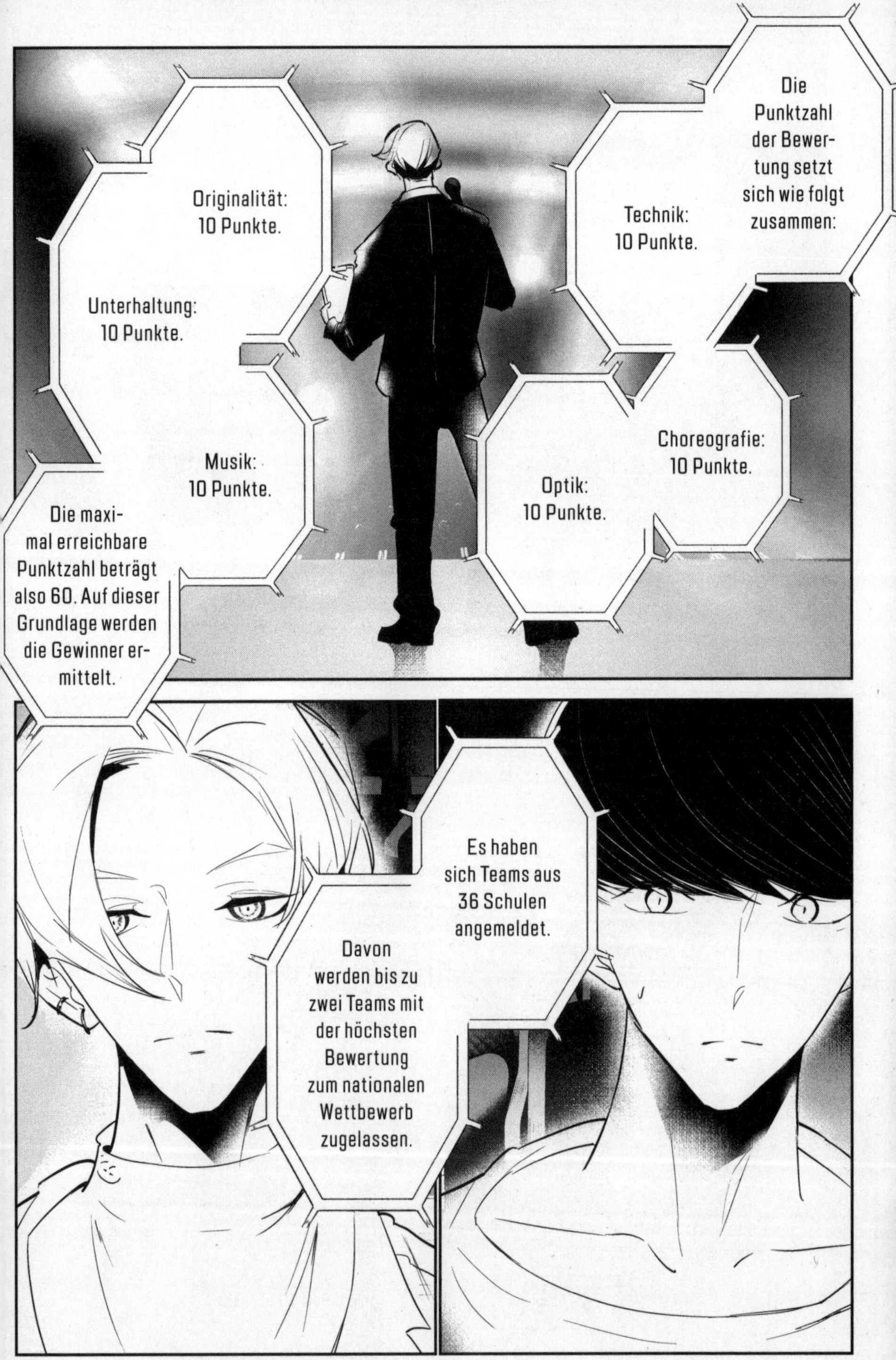
Die Punktzahl der Bewertung setzt sich wie folgt zusammen:
Technik: 10 Punkte.
Choreografie: 10 Punkte.
Optik: 10 Punkte.
Originalität: 10 Punkte.
Unterhaltung: 10 Punkte.
Musik: 10 Punkte.
Die maximal erreichbare Punktzahl beträgt also 60. Auf dieser Grundlage werden die Gewinner ermittelt.
Es haben sich Teams aus 36 Schulen angemeldet.
Davon werden bis zu zwei Teams mit der höchsten Bewertung zum nationalen Wettbewerb zugelassen.

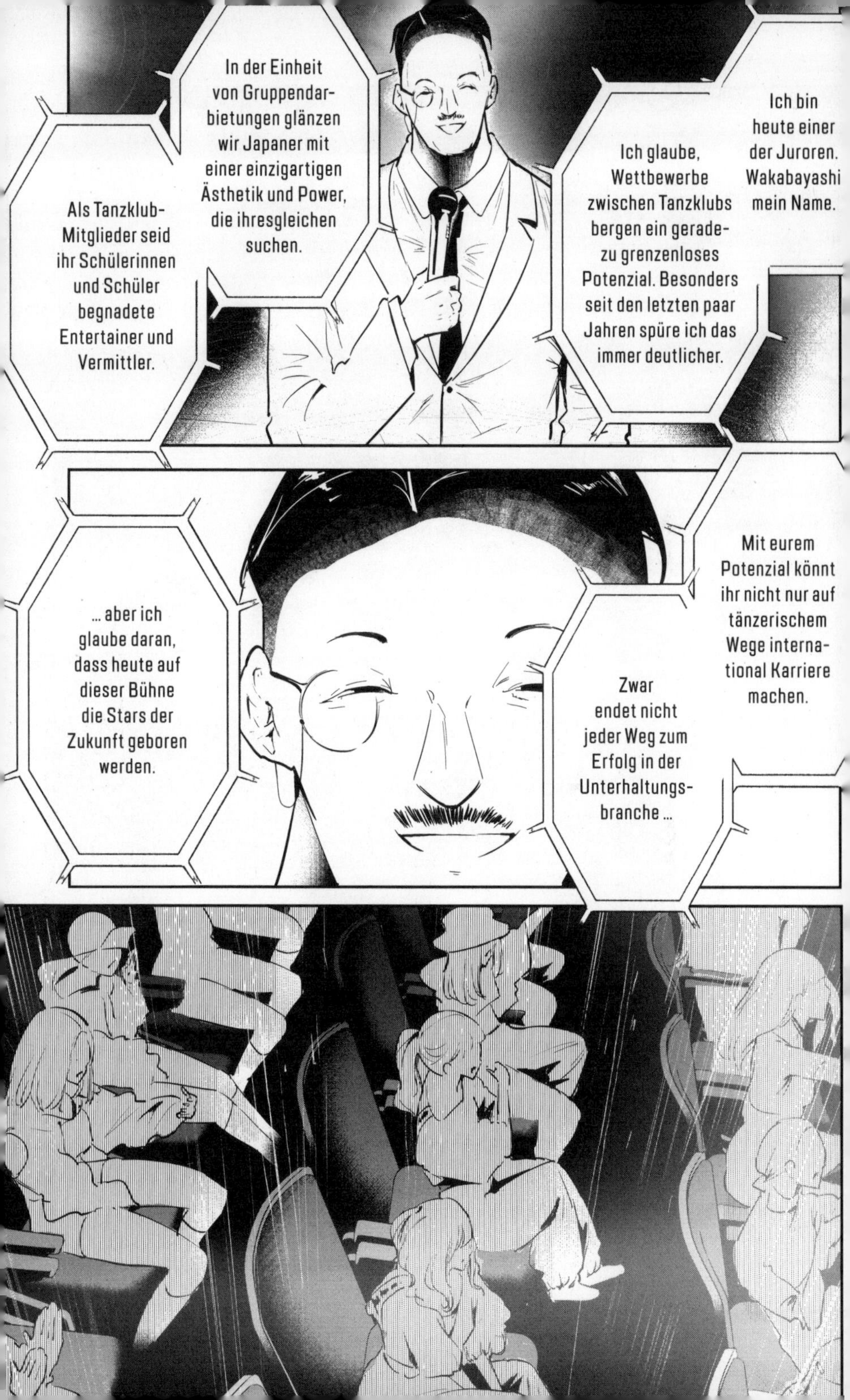
Ich bin heute einer der Juroren. Wakabayashi mein Name.
Ich glaube, Wettbewerbe zwischen Tanzklubs bergen ein geradezu grenzenloses Potenzial. Besonders seit den letzten paar Jahren spüre ich das immer deutlicher.
In der Einheit von Gruppendarbietungen glänzen wir Japaner mit einer einzigartigen Ästhetik und Power, die ihresgleichen suchen.
Als Tanzklub-Mitglieder seid ihr Schülerinnen und Schüler begnadete Entertainer und Vermittler.
Mit eurem Potenzial könnt ihr nicht nur auf tänzerischem Wege international Karriere machen.
Zwar endet nicht jeder Weg zum Erfolg in der Unterhaltungsbranche …
… aber ich glaube daran, dass heute auf dieser Bühne die Stars der Zukunft geboren werden.

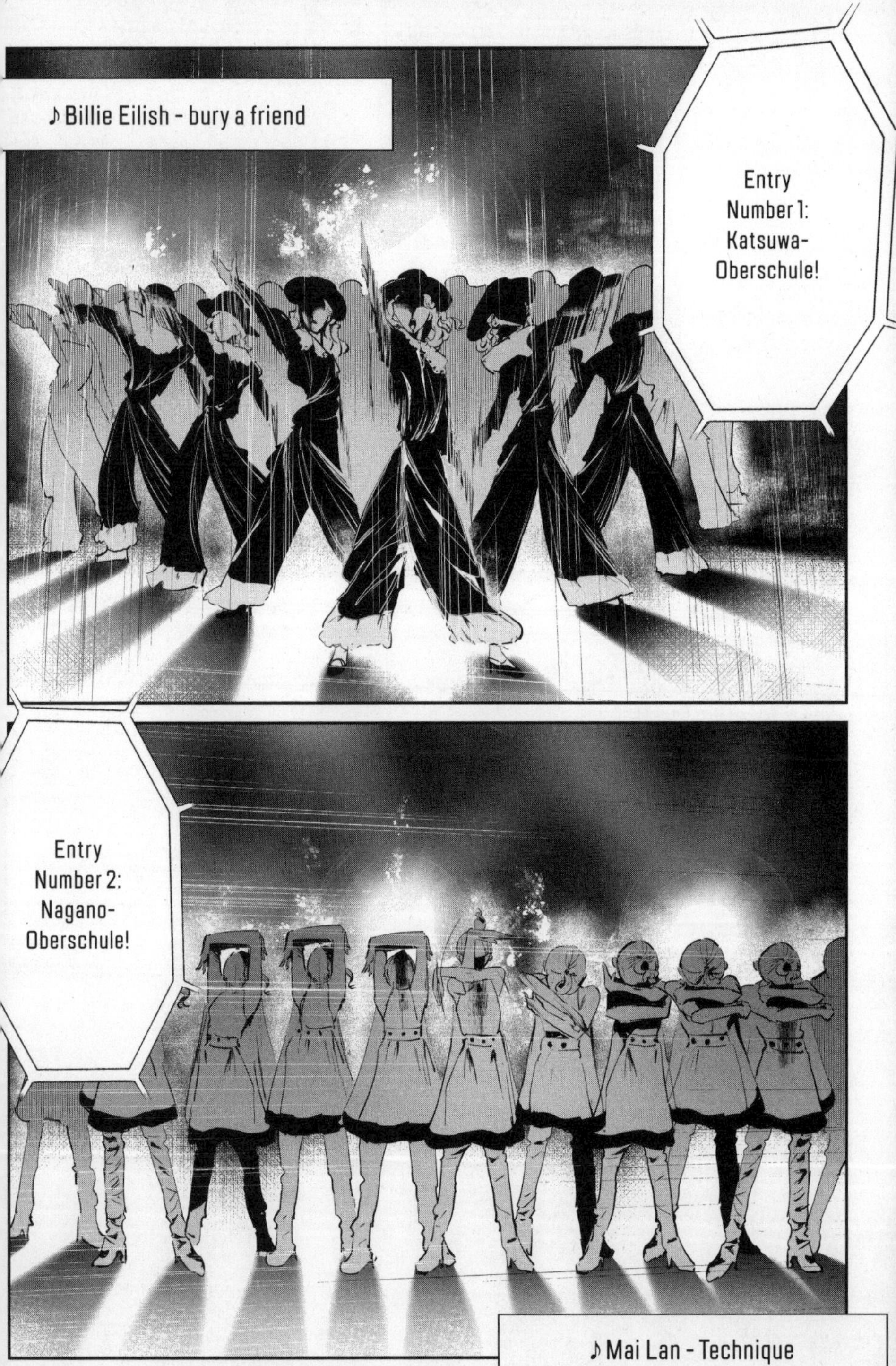
♪ Billie Eilish - bury a friend
Entry Number 1: Katsuwa-Oberschule!
Entry Number 2: Nagano-Oberschule!
♪ Mai Lan - Technique

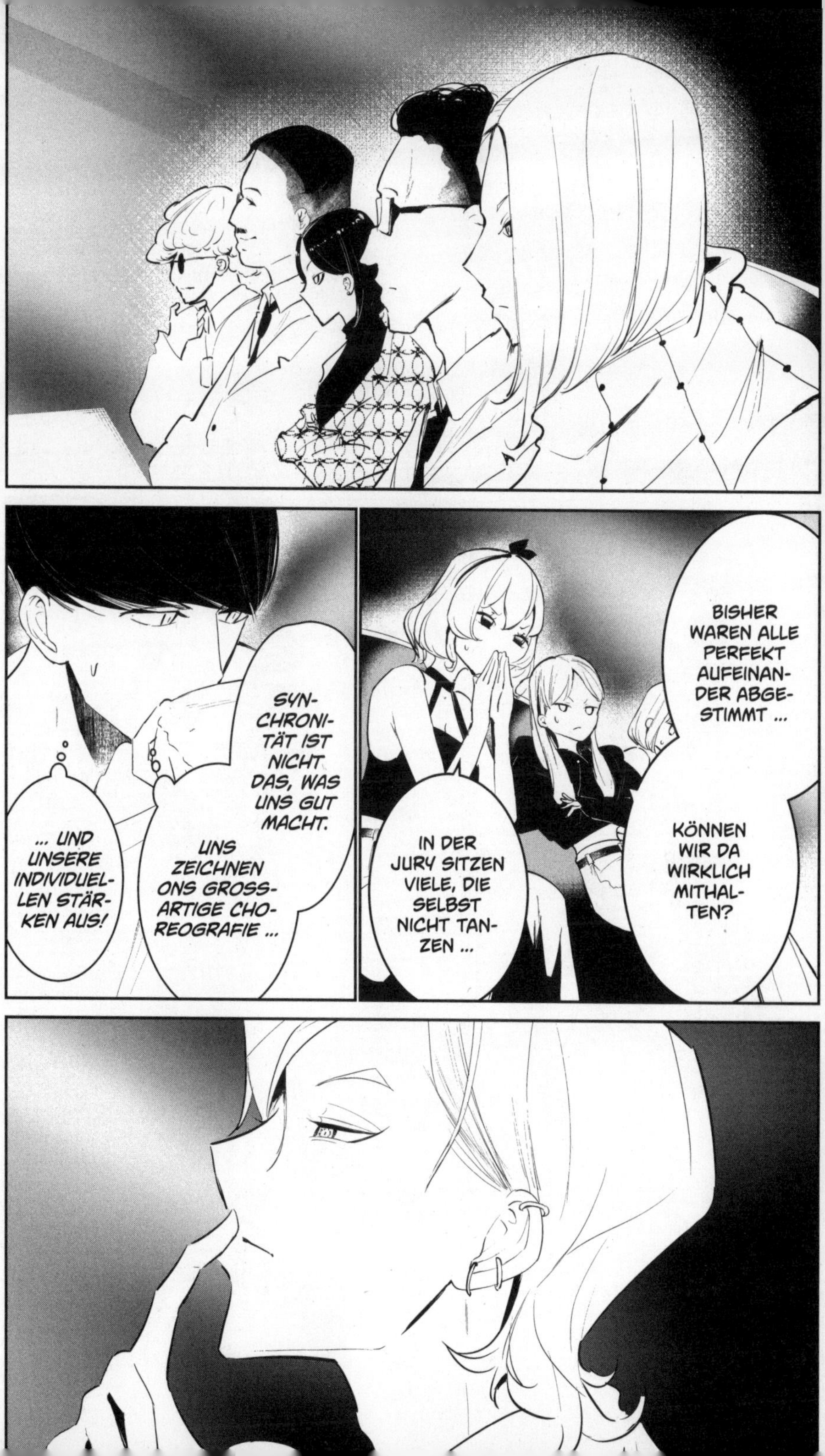
BISHER WAREN ALLE PERFEKT AUFEINANDER ABGESTIMMT ...
KÖNNEN WIR DA WIRKLICH MITHALTEN?
IN DER JURY SITZEN VIELE, DIE SELBST NICHT TANZEN ...
SYNCHRONITÄT IST NICHT DAS, WAS UNS GUT MACHT.
UNS ZEICHNEN ONS GROSSARTIGE CHOREOGRAFIE ...
... UND UNSERE INDIVIDUELLEN STÄRKEN AUS!

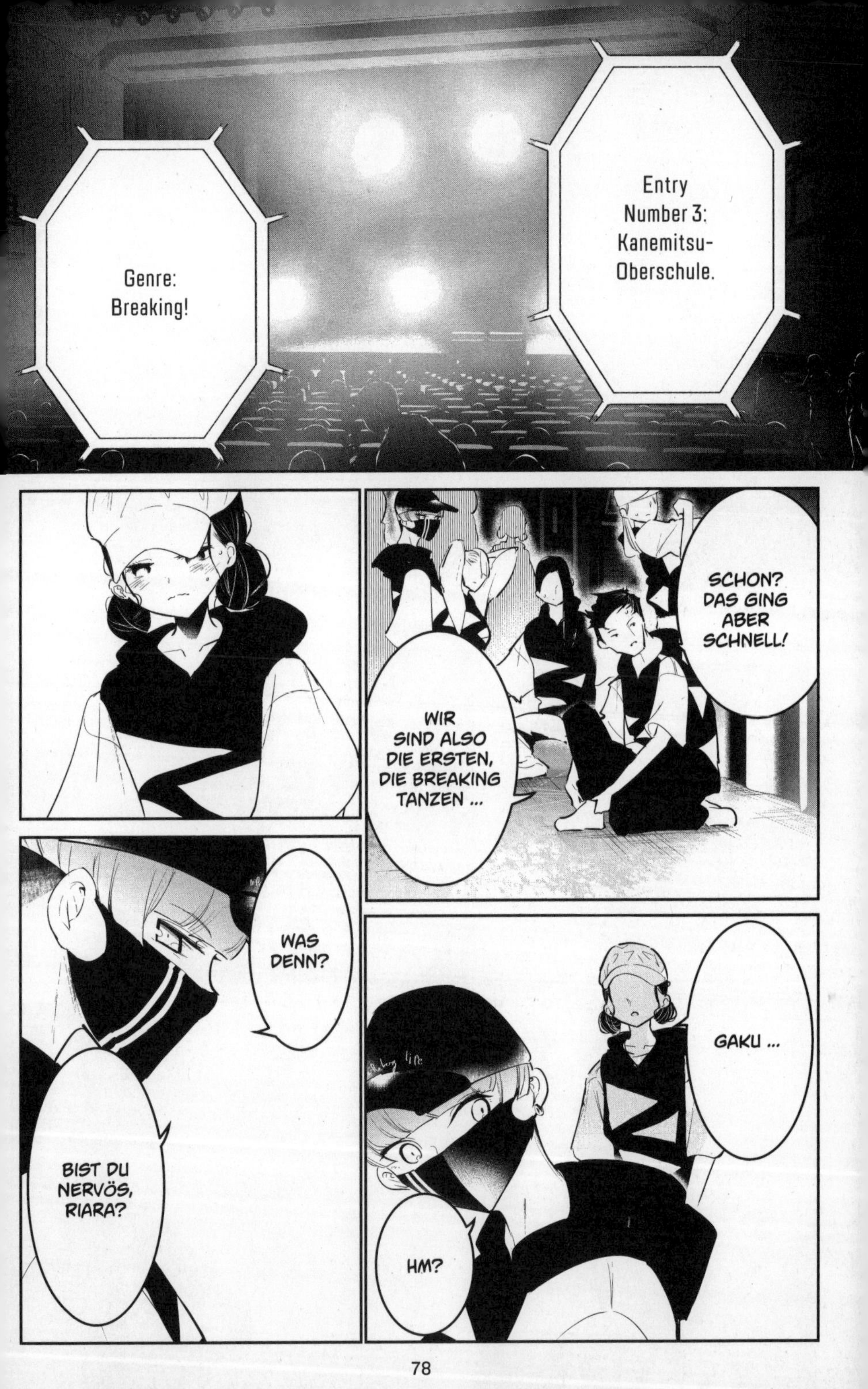

Entry Number 3: Kanemitsu-Oberschule.
Genre: Breaking!
SCHON? DAS GING ABER SCHNELL!
WIR SIND ALSO DIE ERSTEN, DIE BREAKING TANZEN ...
GAKU ...
HM?
WAS DENN?
BIST DU NERVÖS, RIARA?

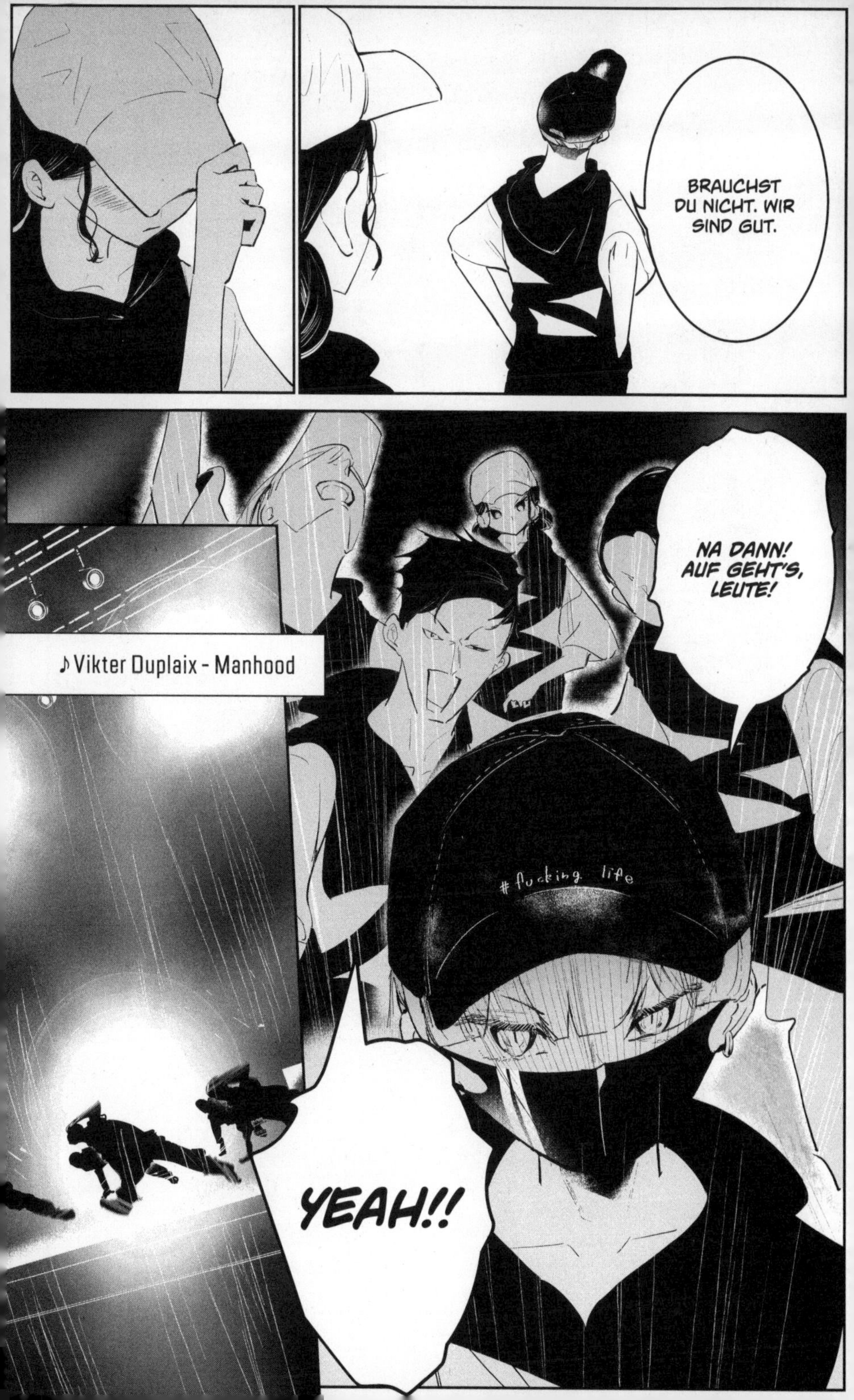
BRAUCHST DU NICHT. WIR SIND GUT.
NA DANN! AUF GEHT'S, LEUTE!
♪Vikter Duplaix - Manhood
#fucking life
YEAH!!

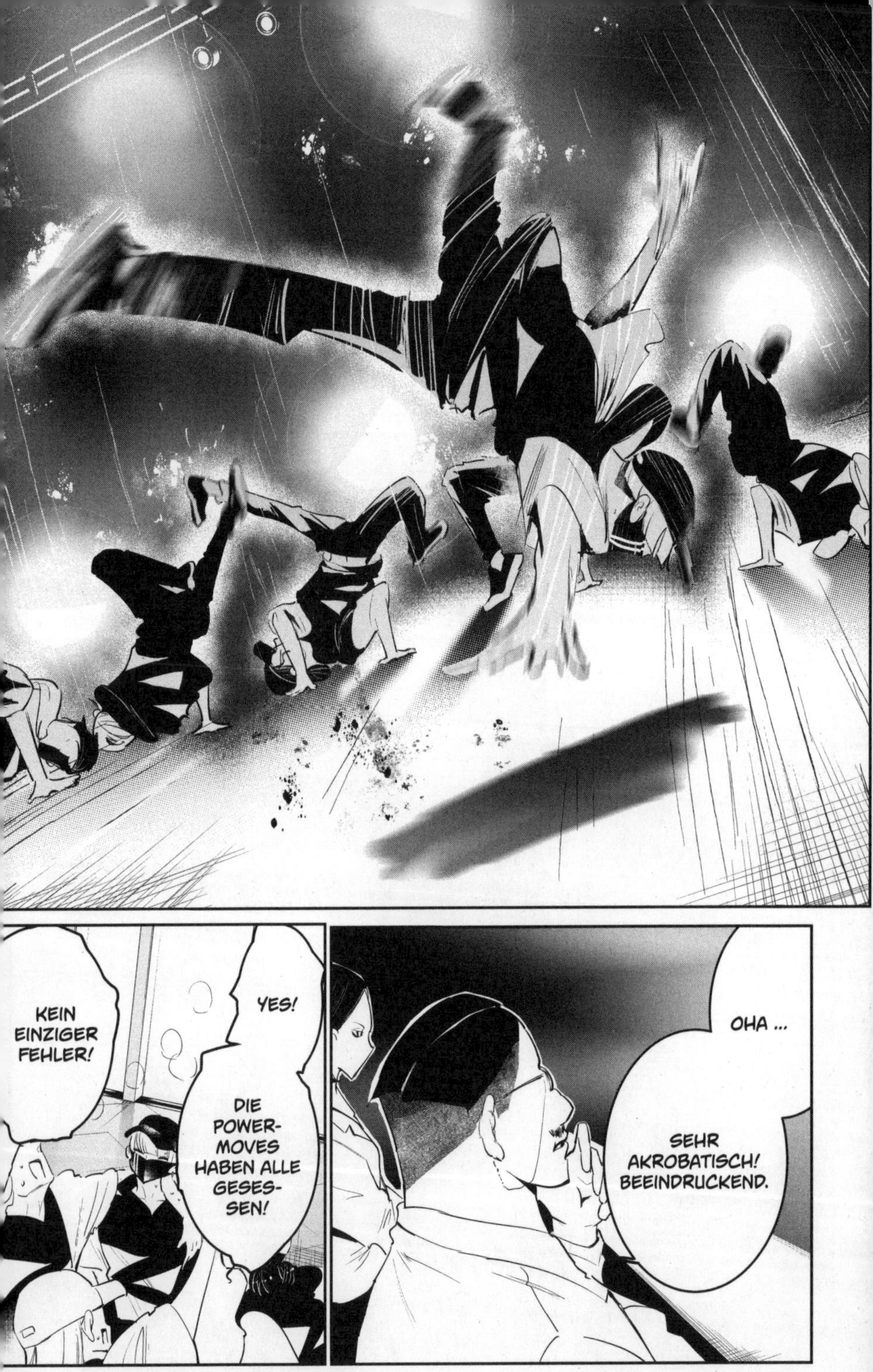
OHA ...
SEHR AKROBATISCH! BEEINDRUCKEND.
YES!
DIE POWER-MOVES HABEN ALLE GESES-SEN!
KEIN EINZIGER FEHLER!

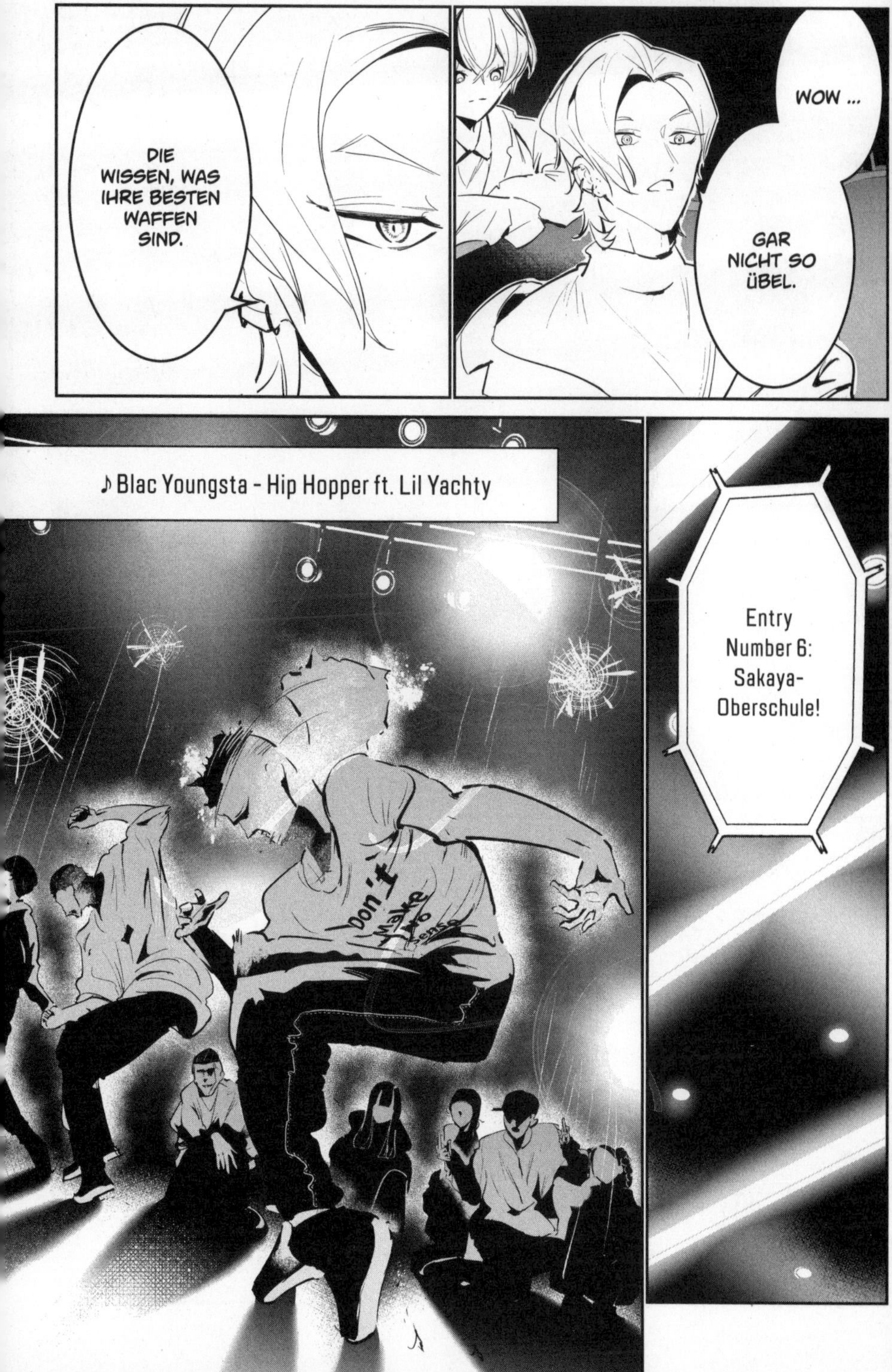
WOW ...
GAR NICHT SO ÜBEL.
DIE WISSEN, WAS IHRE BESTEN WAFFEN SIND.
Entry Number 6: Sakaya-Oberschule!
♪ Blac Youngsta - Hip Hopper ft. Lil Yachty

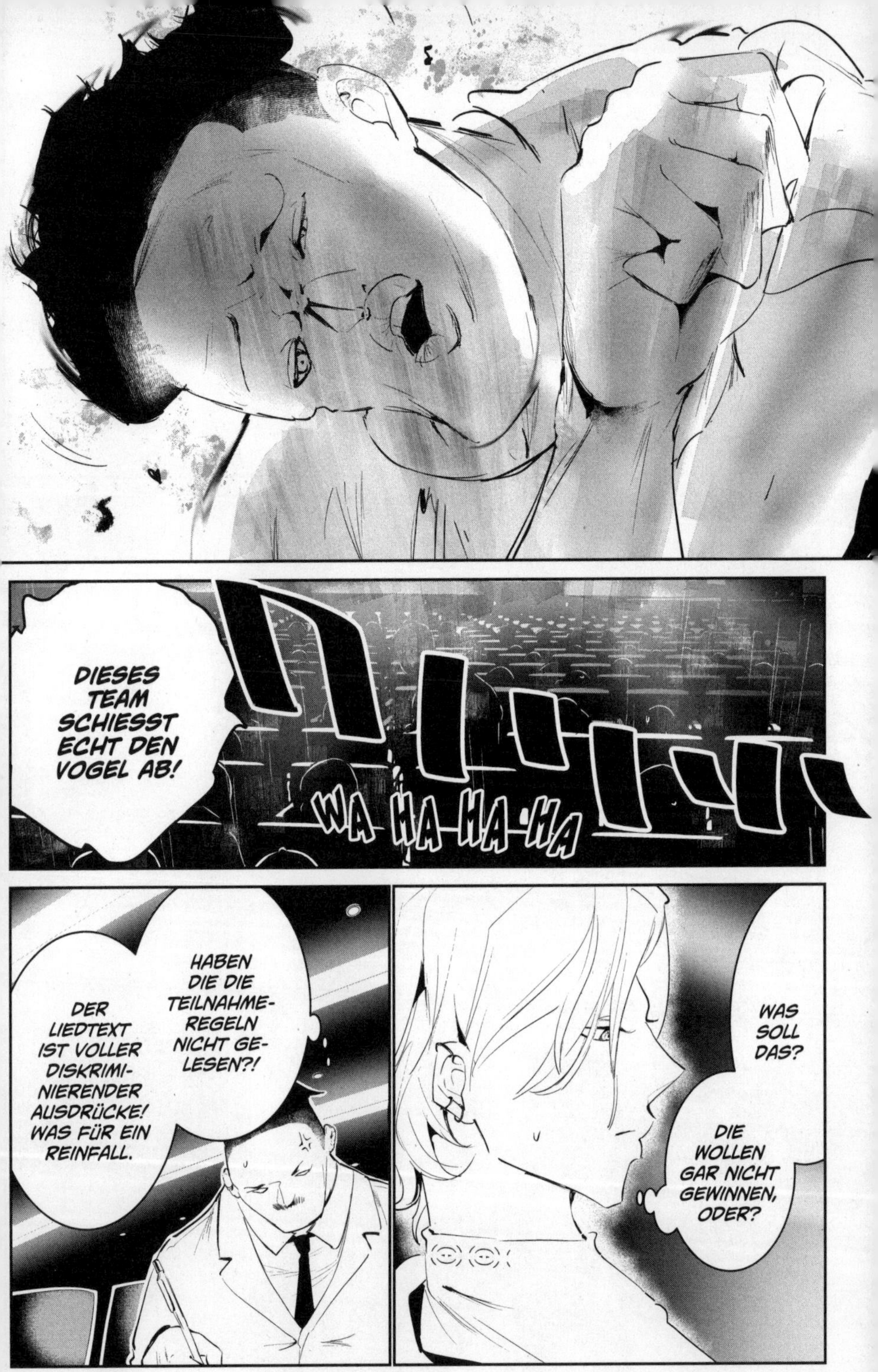
WA HA HA HA
DIESES TEAM SCHIESST ECHT DEN VOGEL AB!
WAS SOLL DAS?
DIE WOLLEN GAR NICHT GEWINNEN, ODER?
HABEN DIE DIE TEILNAHME-REGELN NICHT GE-LESEN?!
DER LIEDTEXT IST VOLLER DISKRIMI-NIERENDER AUSDRÜCKE! WAS FÜR EIN REINFALL.

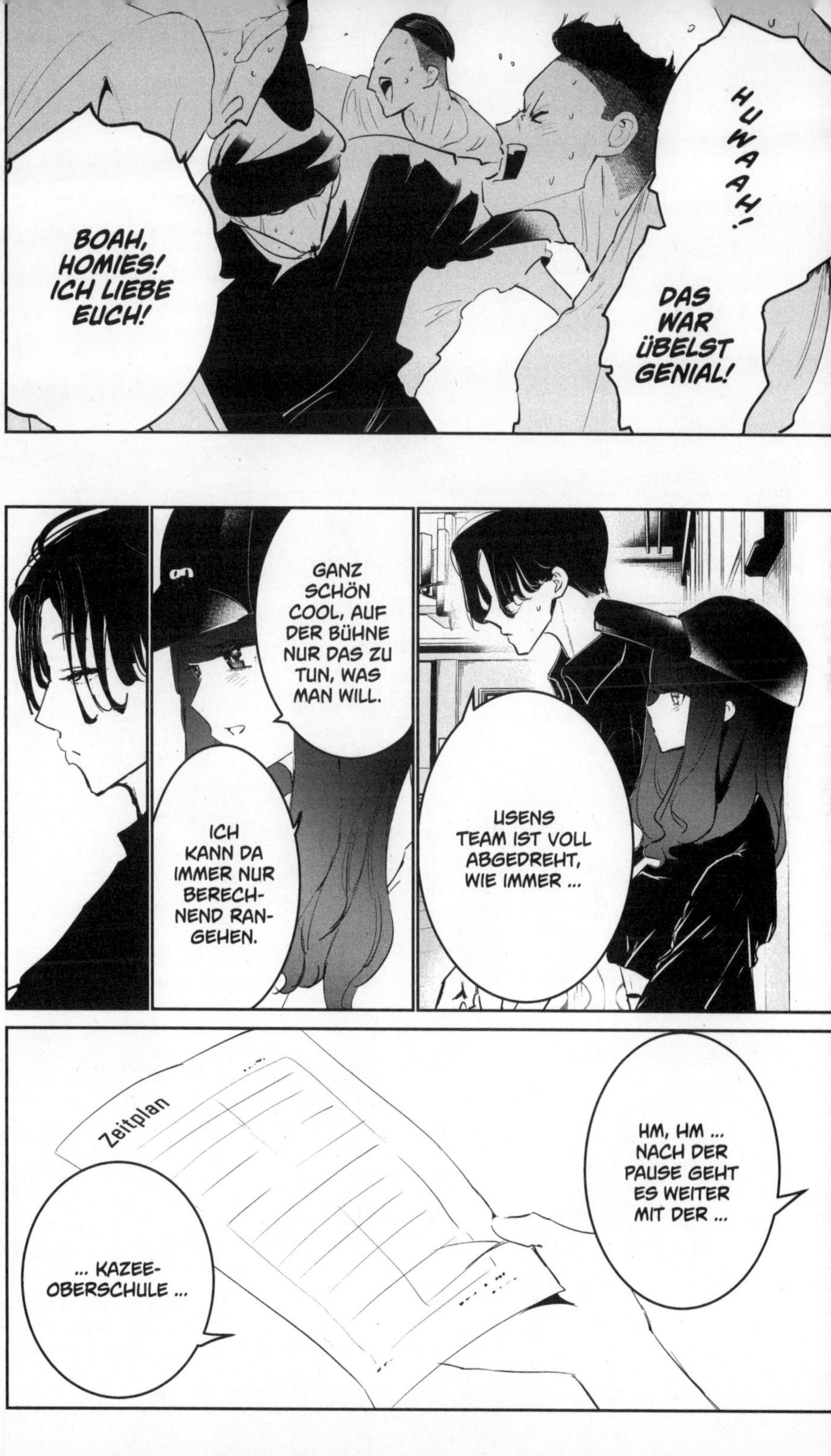
HUWAAH!
DAS WAR ÜBELST GENIAL!
BOAH, HOMIES! ICH LIEBE EUCH!
USENS TEAM IST VOLL ABGEDREHT, WIE IMMER ...
GANZ SCHÖN COOL, AUF DER BÜHNE NUR DAS ZU TUN, WAS MAN WILL.
ICH KANN DA IMMER NUR BERECHNEND RANGEHEN.
HM, HM ... NACH DER PAUSE GEHT ES WEITER MIT DER ...
Zeitplan
... KAZEE-OBERSCHULE ...

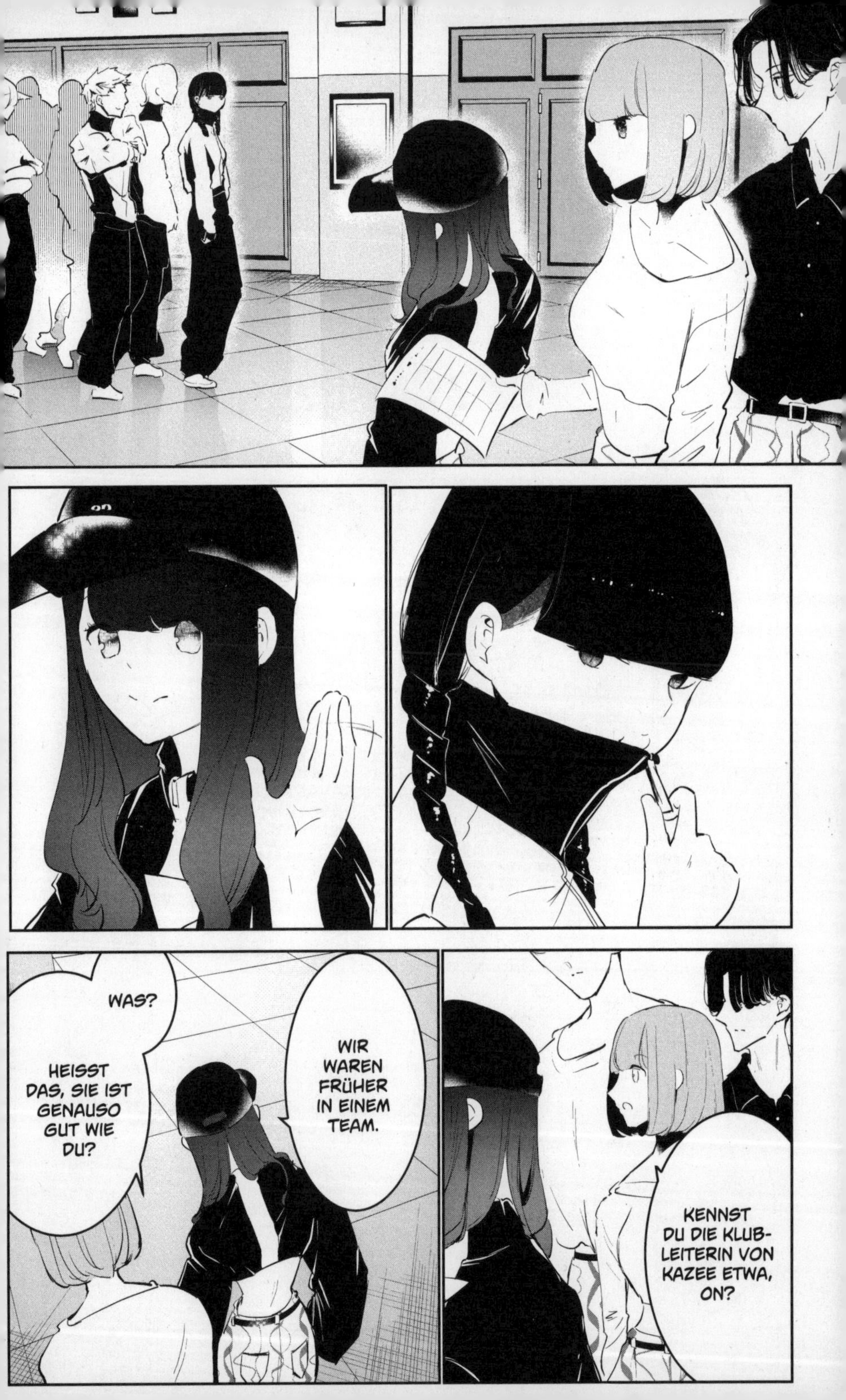
KENNST DU DIE KLUB-LEITERIN VON KAZEE ETWA, ON?
WIR WAREN FRÜHER IN EINEM TEAM.
WAS?
HEISST DAS, SIE IST GENAUSO GUT WIE DU?

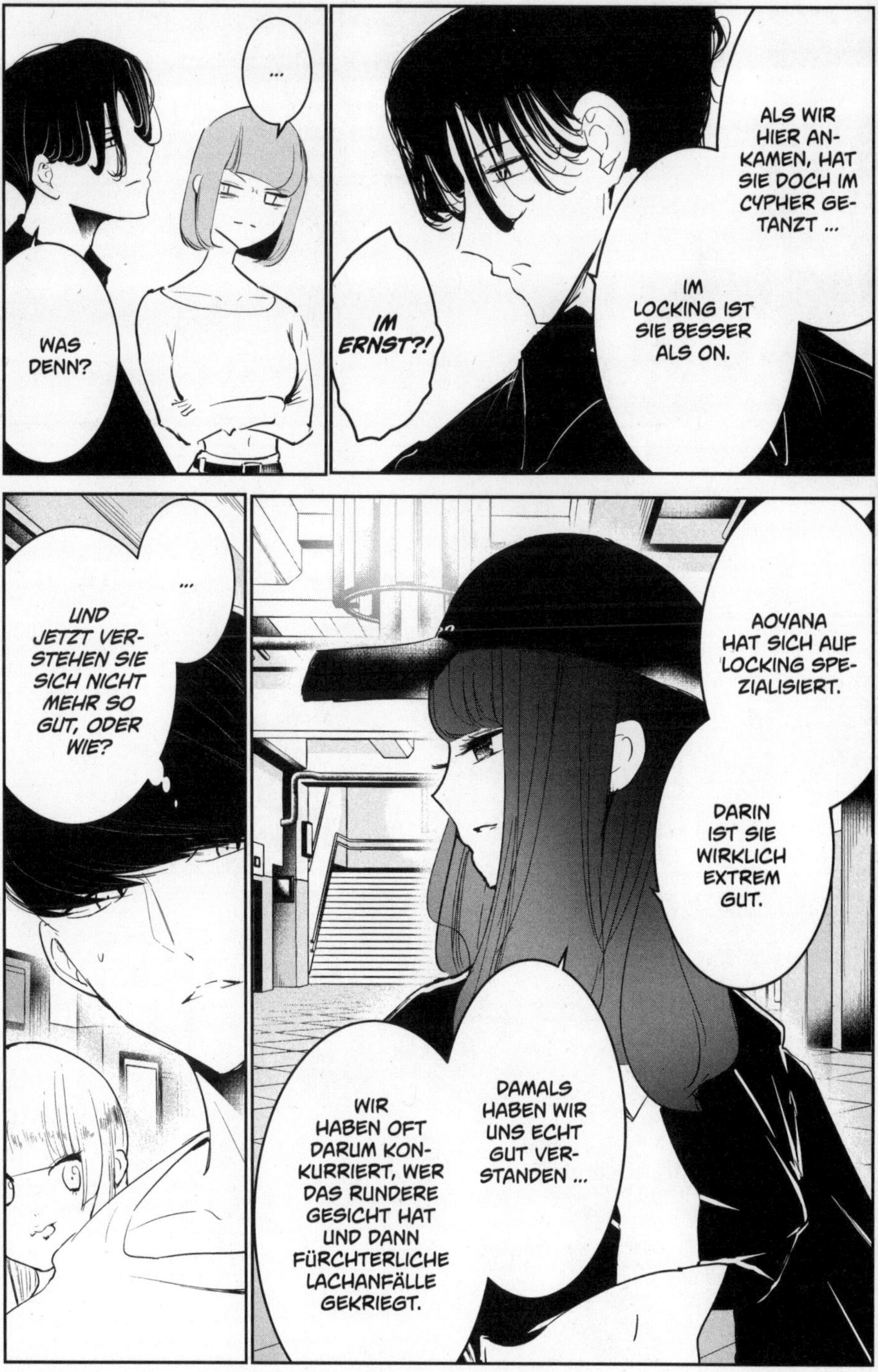
ALS WIR HIER ANKAMEN, HAT SIE DOCH IM CYPHER GETANZT ...
IM LOCKING IST SIE BESSER ALS ON.
IM ERNST?!
...
WAS DENN?
AOYANA HAT SICH AUF LOCKING SPEZIALISIERT.
DARIN IST SIE WIRKLICH EXTREM GUT.
...
UND JETZT VERSTEHEN SIE SICH NICHT MEHR SO GUT, ODER WIE?
DAMALS HABEN WIR UNS ECHT GUT VERSTANDEN ...
WIR HABEN OFT DARUM KONKURRIERT, WER DAS RUNDERE GESICHT HAT UND DANN FÜRCHTERLICHE LACHANFÄLLE GEKRIEGT.

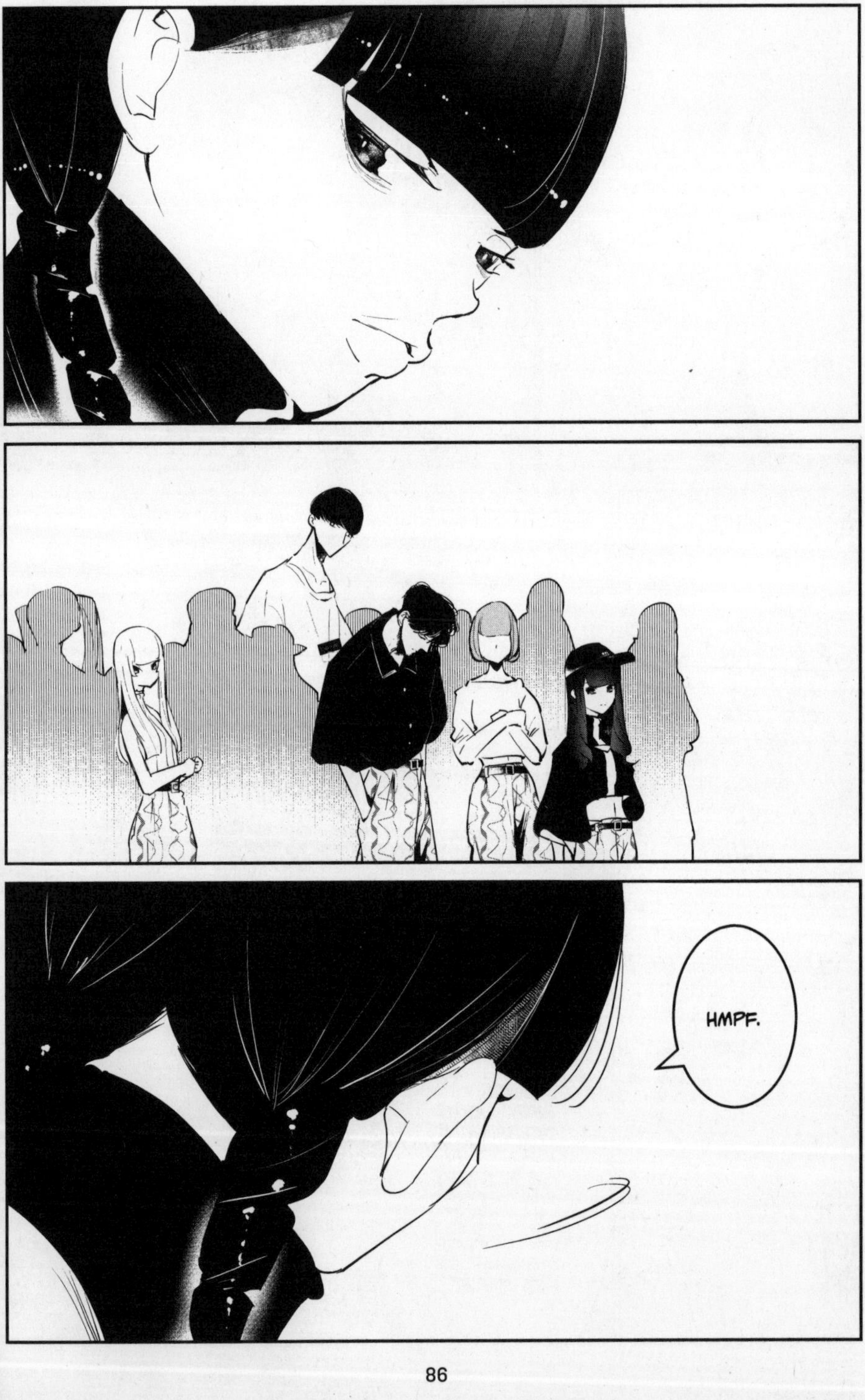
HMPF.

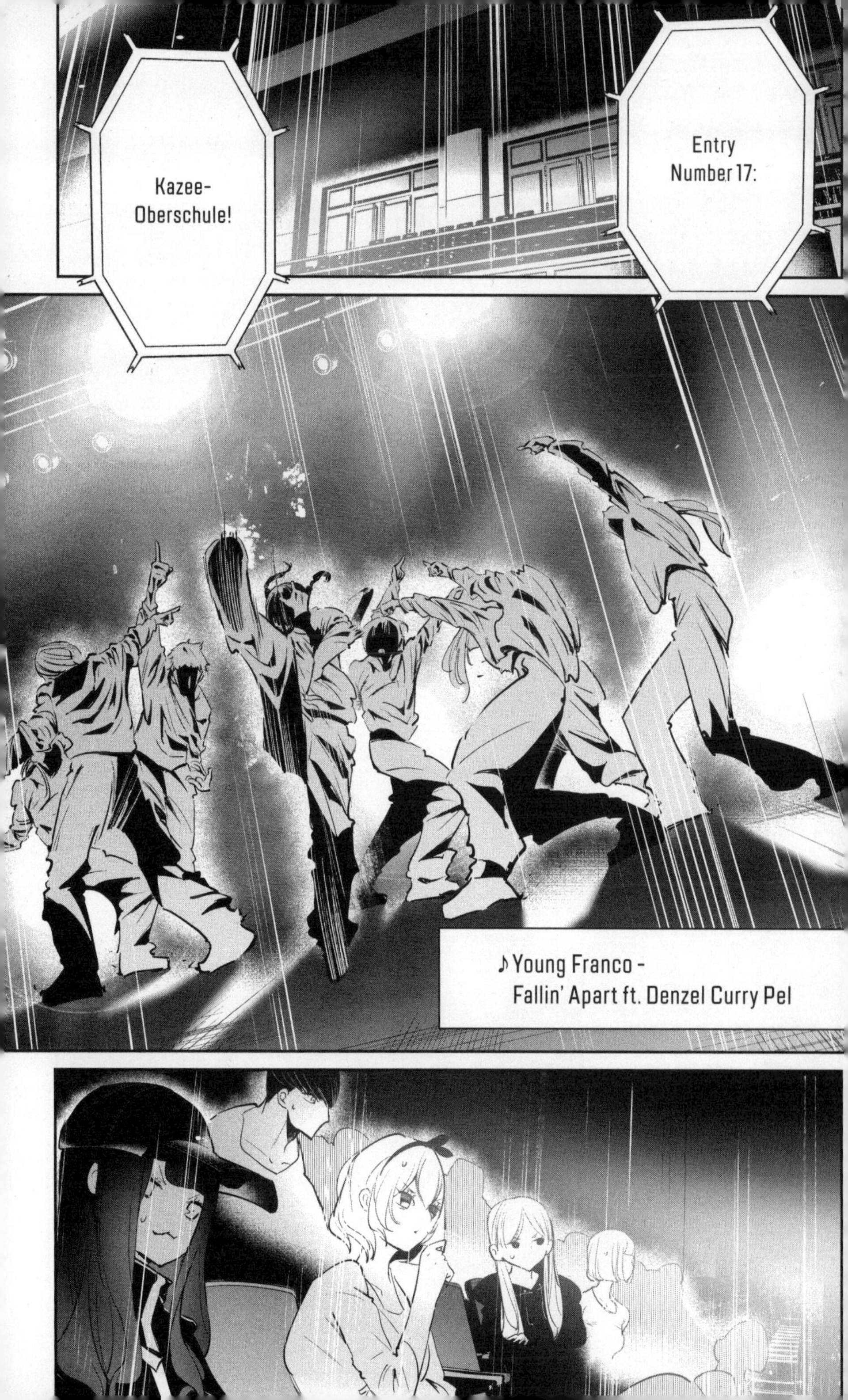
Entry
Number 17:
Kazee-
Oberschule!
♪ Young Franco -
Fallin' Apart ft. Denzel Curry Pel

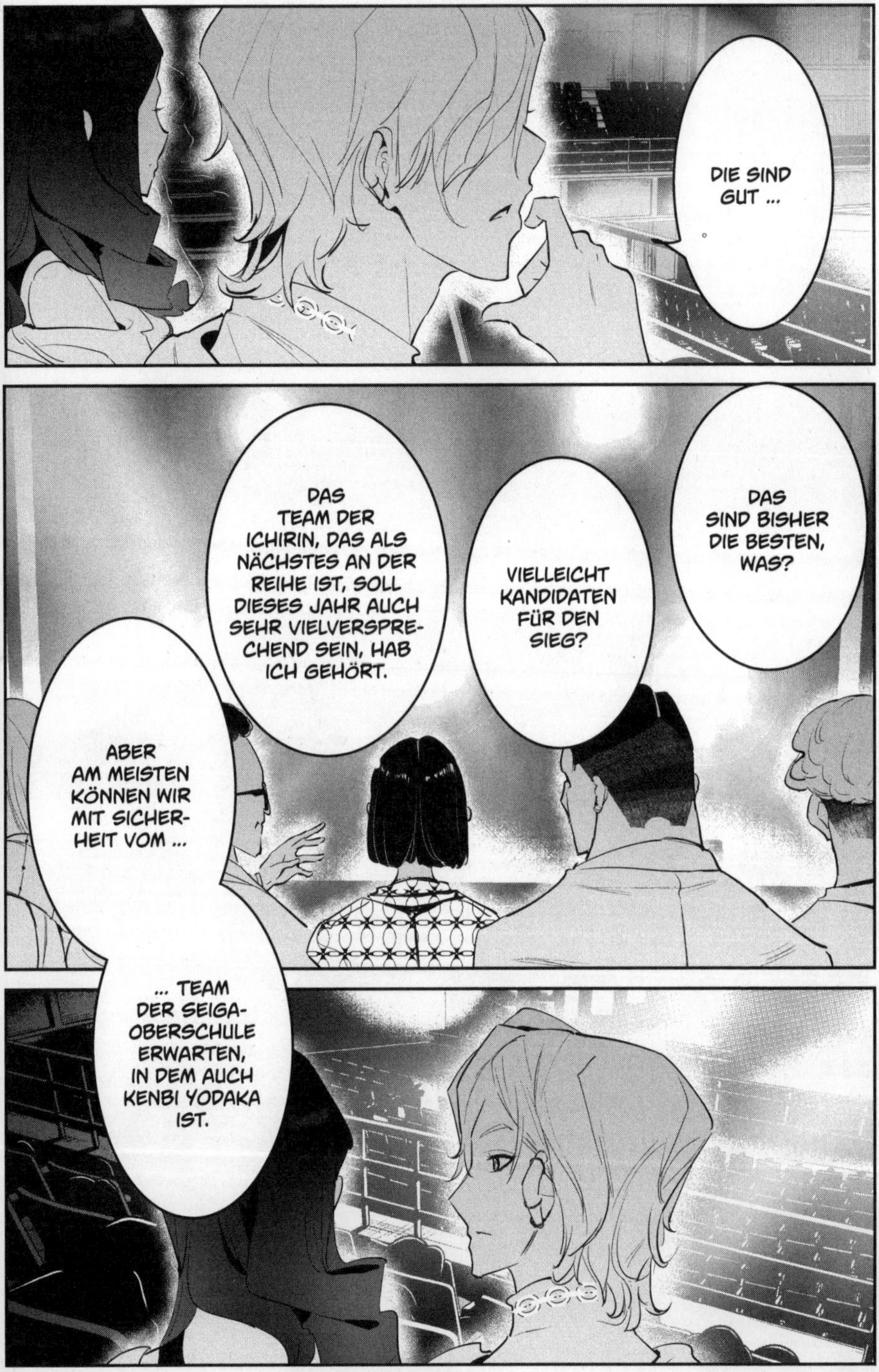
DIE SIND GUT ...
DAS SIND BISHER DIE BESTEN, WAS?
VIELLEICHT KANDIDATEN FÜR DEN SIEG?
DAS TEAM DER ICHIRIN, DAS ALS NÄCHSTES AN DER REIHE IST, SOLL DIESES JAHR AUCH SEHR VIELVERSPRE-CHEND SEIN, HAB ICH GEHÖRT.
ABER AM MEISTEN KÖNNEN WIR MIT SICHER-HEIT VOM ...
... TEAM DER SEIGA-OBERSCHULE ERWARTEN, IN DEM AUCH KENBI YODAKA IST.

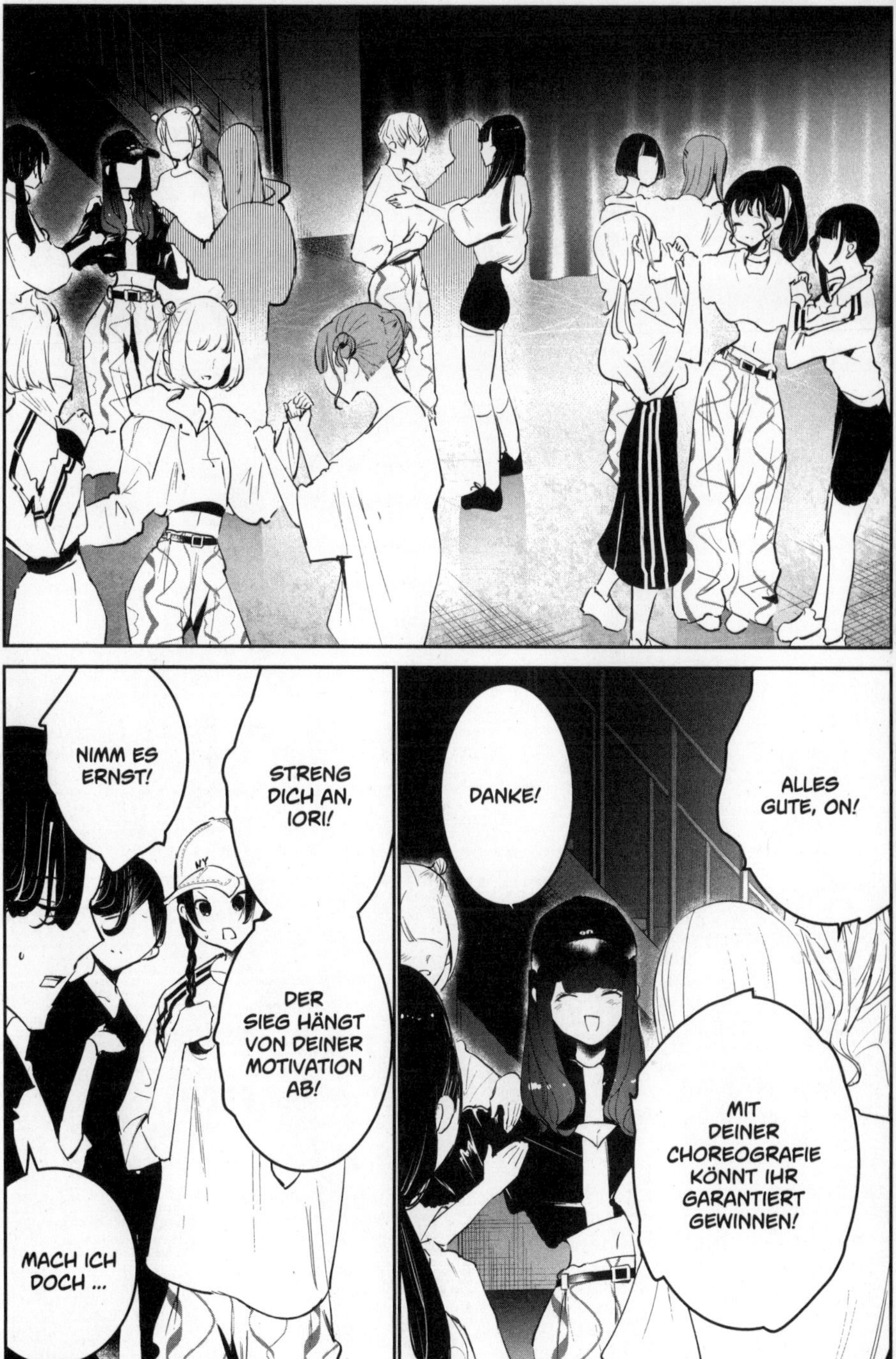
ALLES GUTE, ON!
DANKE!
MIT DEINER CHOREOGRAFIE KÖNNT IHR GARANTIERT GEWINNEN!
STRENG DICH AN, IORI!
NIMM ES ERNST!
DER SIEG HÄNGT VON DEINER MOTIVATION AB!
MACH ICH DOCH ...

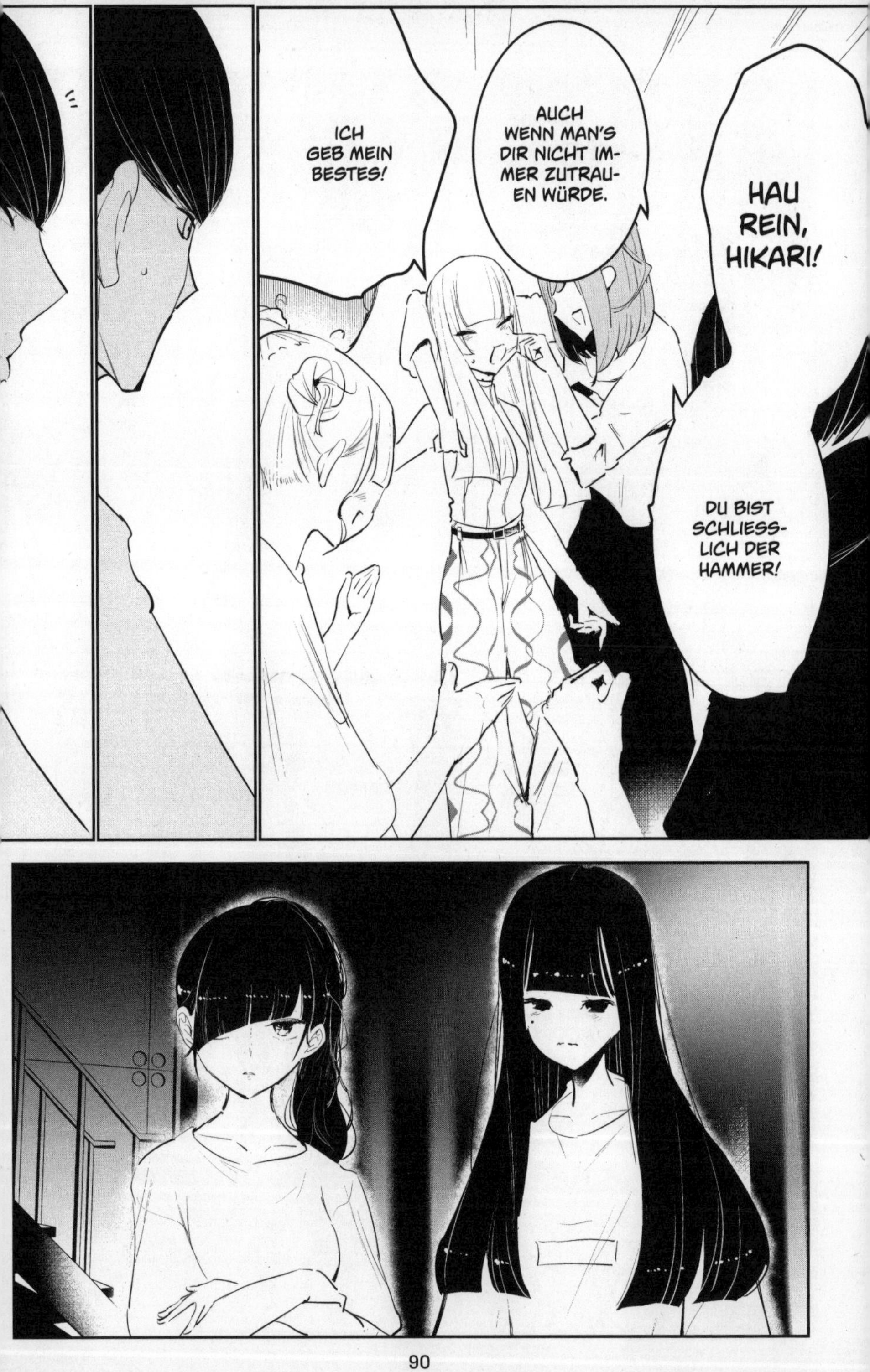
HAU REIN, HIKARI!
DU BIST SCHLIESS-LICH DER HAMMER!
AUCH WENN MAN'S DIR NICHT IM-MER ZUTRAU-EN WÜRDE.
ICH GEB MEIN BESTES!

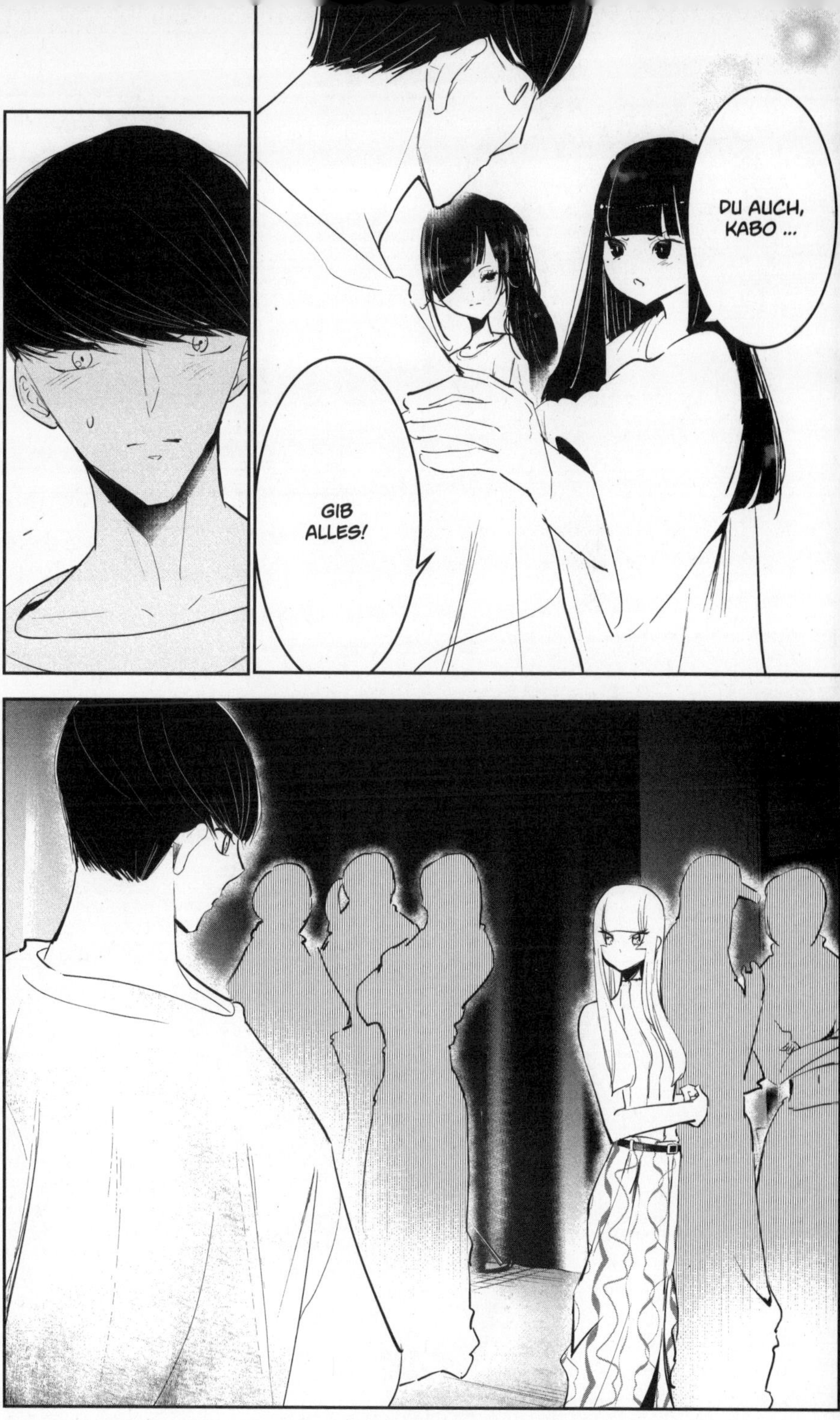
DU AUCH, KABO ...
GIB ALLES!

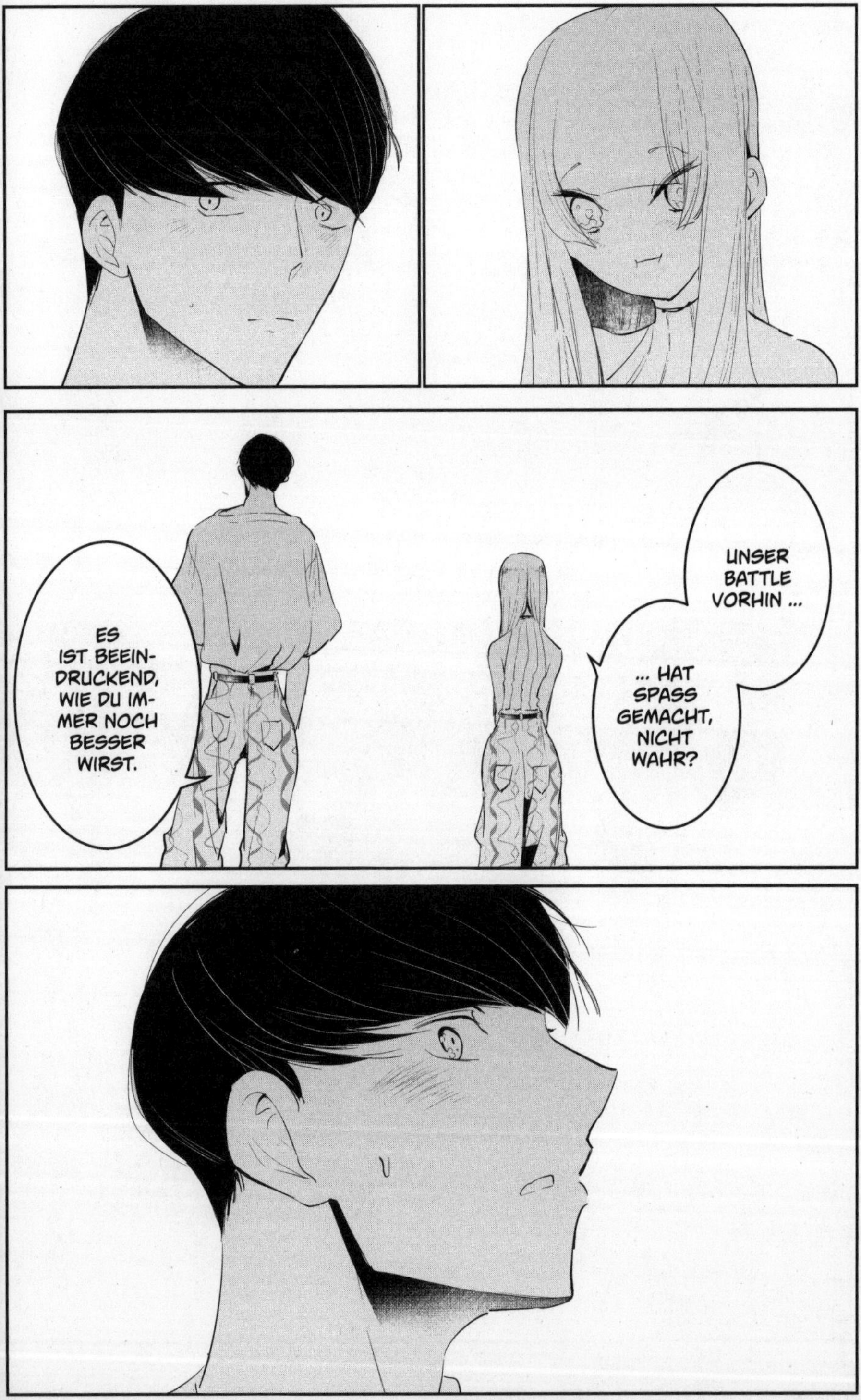
UNSER BATTLE VORHIN ...
... HAT SPASS GEMACHT, NICHT WAHR?
ES IST BEEIN- DRUCKEND, WIE DU IM- MER NOCH BESSER WIRST.

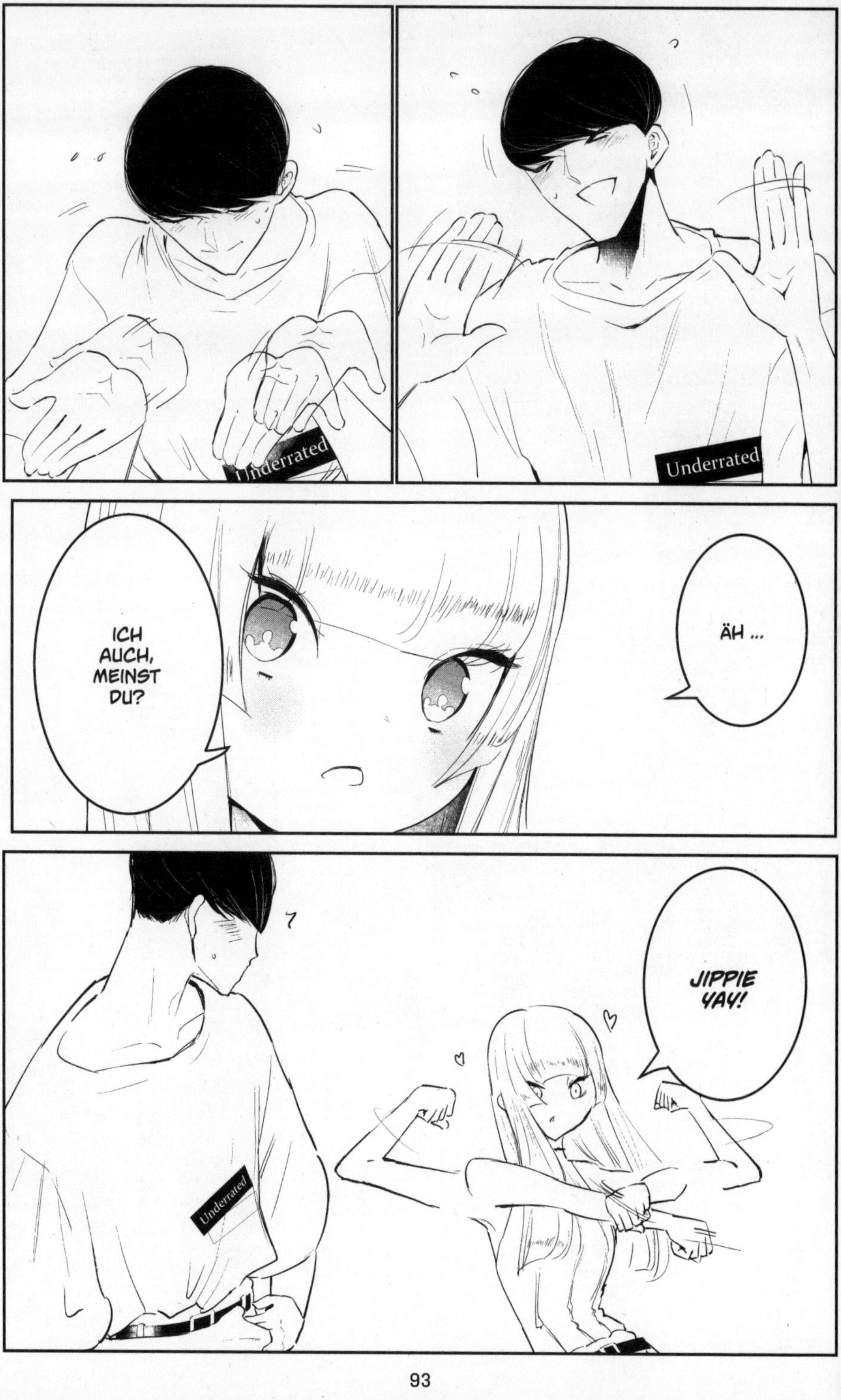
Underrated
Underrated
ÄH ...
ICH AUCH, MEINST DU?
JIPPIE YAY!
Underrated

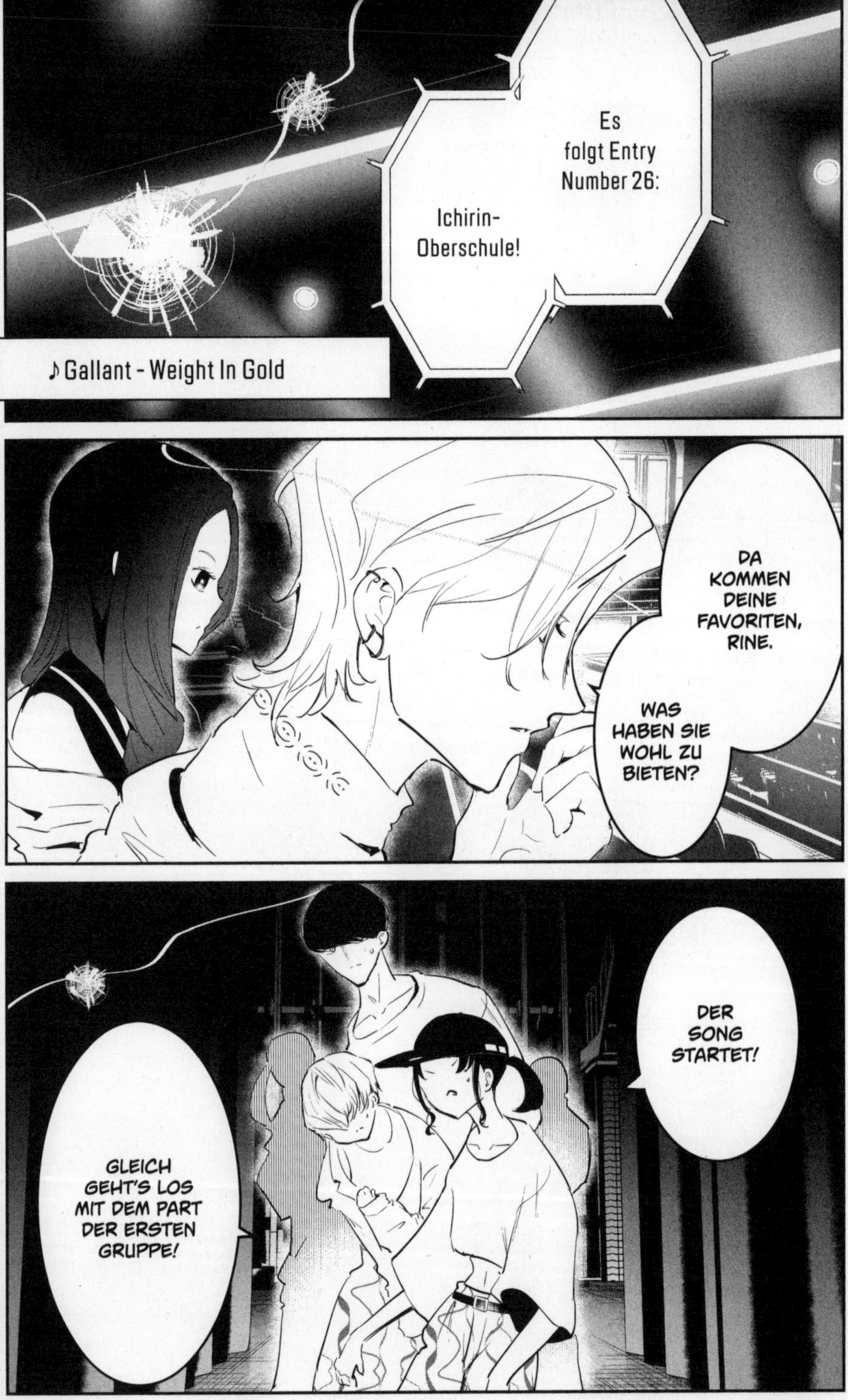
Es folgt Entry Number 26:
Ichirin-Oberschule!
♪ Gallant - Weight In Gold
DA KOMMEN DEINE FAVORITEN, RINE.
WAS HABEN SIE WOHL ZU BIETEN?
DER SONG STARTET!
GLEICH GEHT'S LOS MIT DEM PART DER ERSTEN GRUPPE!

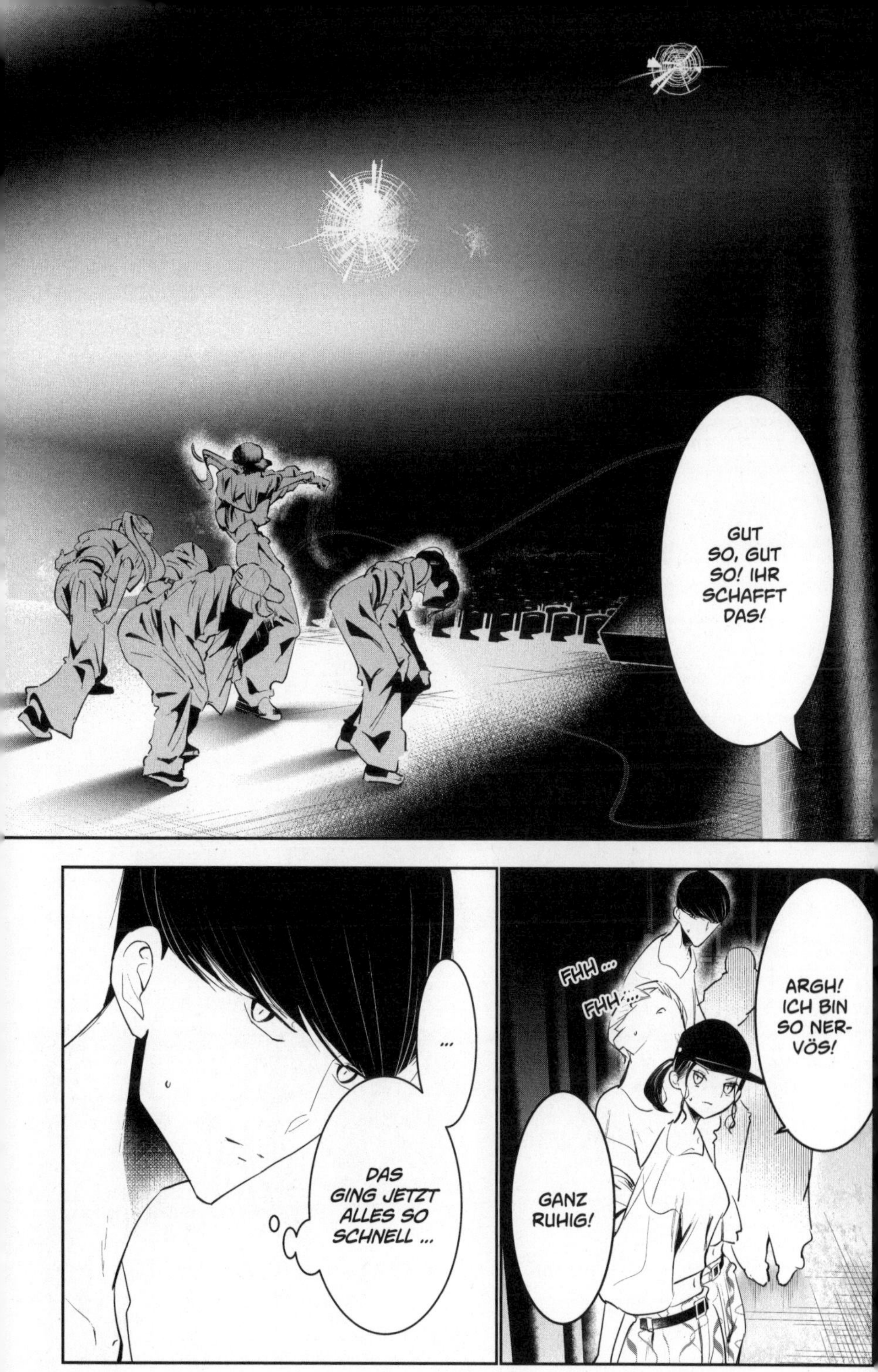
GUT SO, GUT SO! IHR SCHAFFT DAS!
ARGH! ICH BIN SO NER-VÖS!
FHH ...
FHH ...
GANZ RUHIG!
...
DAS GING JETZT ALLES SO SCHNELL ...

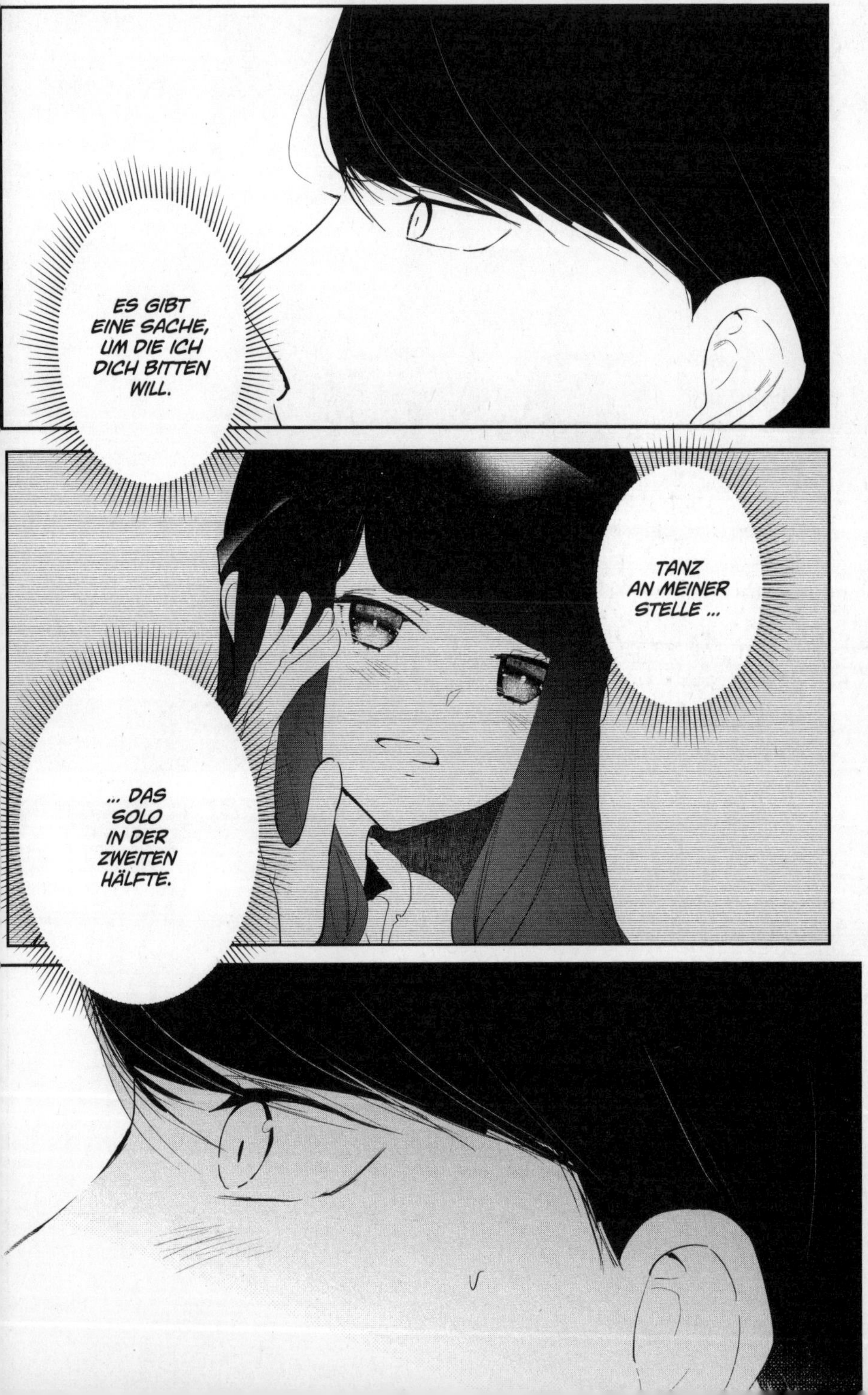
ES GIBT EINE SACHE, UM DIE ICH DICH BITTEN WILL.
TANZ AN MEINER STELLE ...
... DAS SOLO IN DER ZWEITEN HÄLFTE.

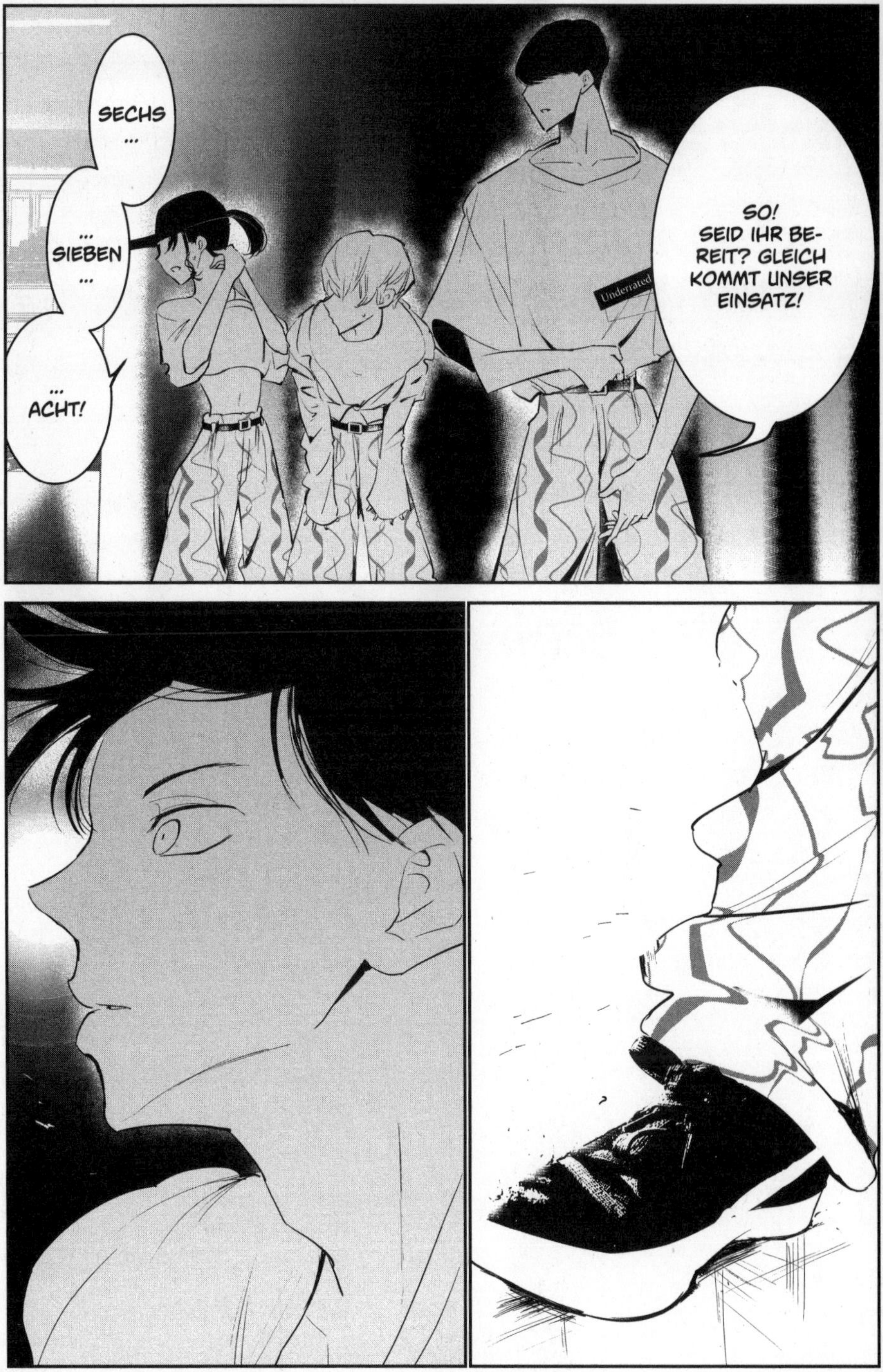
SO! SEID IHR BE-REIT? GLEICH KOMMT UNSER EINSATZ!
Underrated
SECHS ...
... SIEBEN ...
... ACHT!

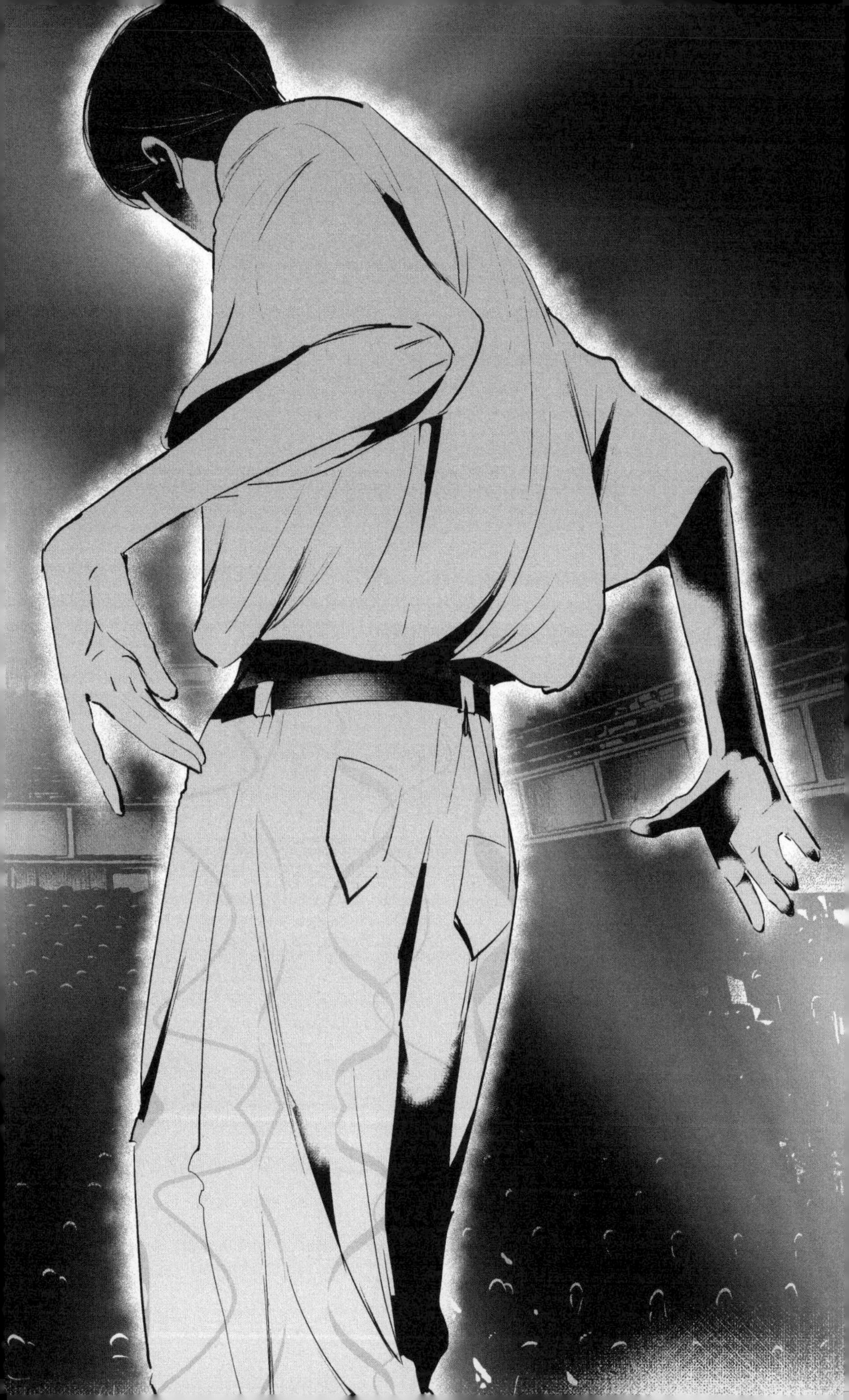

Kapitel 49 Ende

WANDANCE

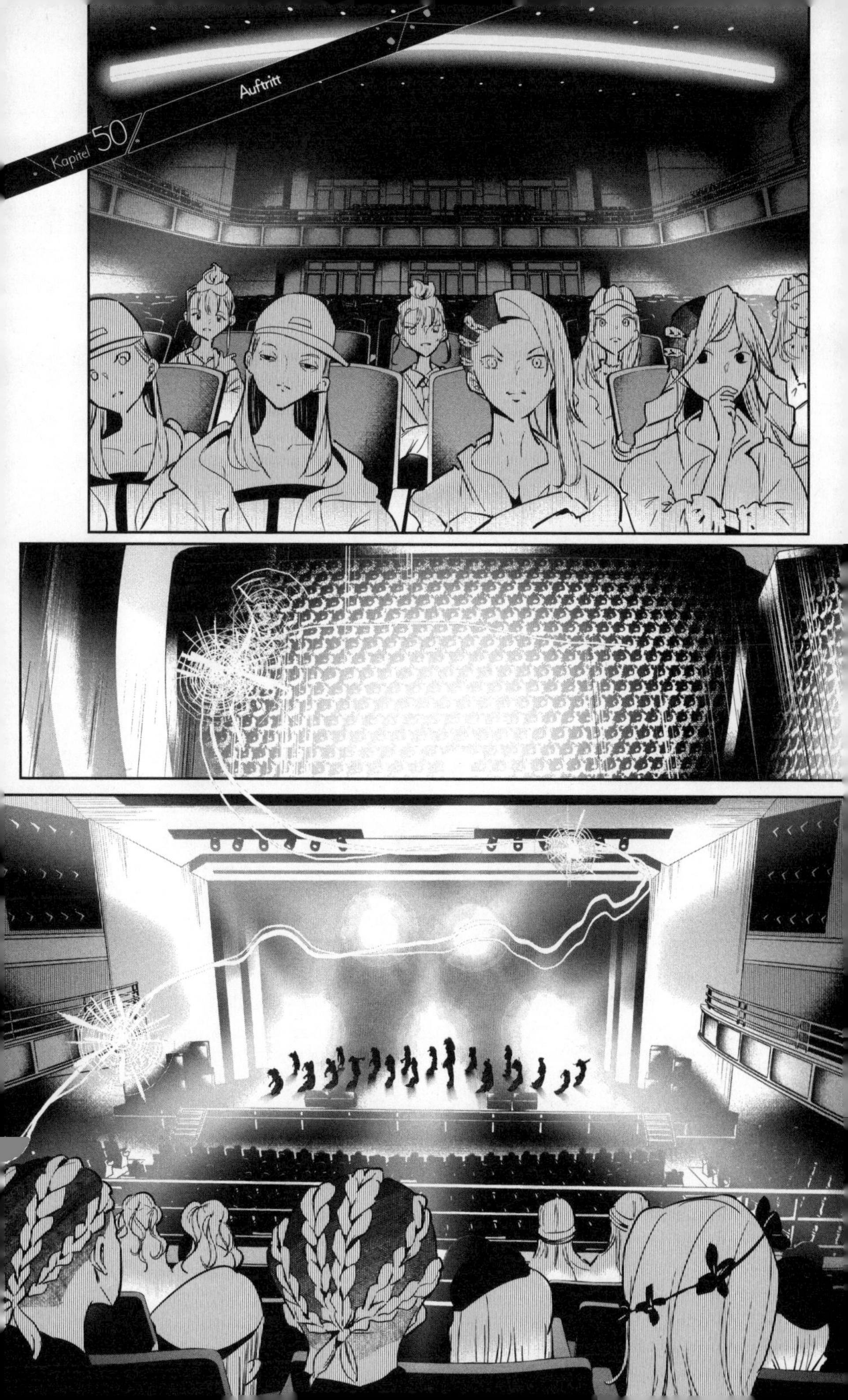
Kapitel 50
Auftritt

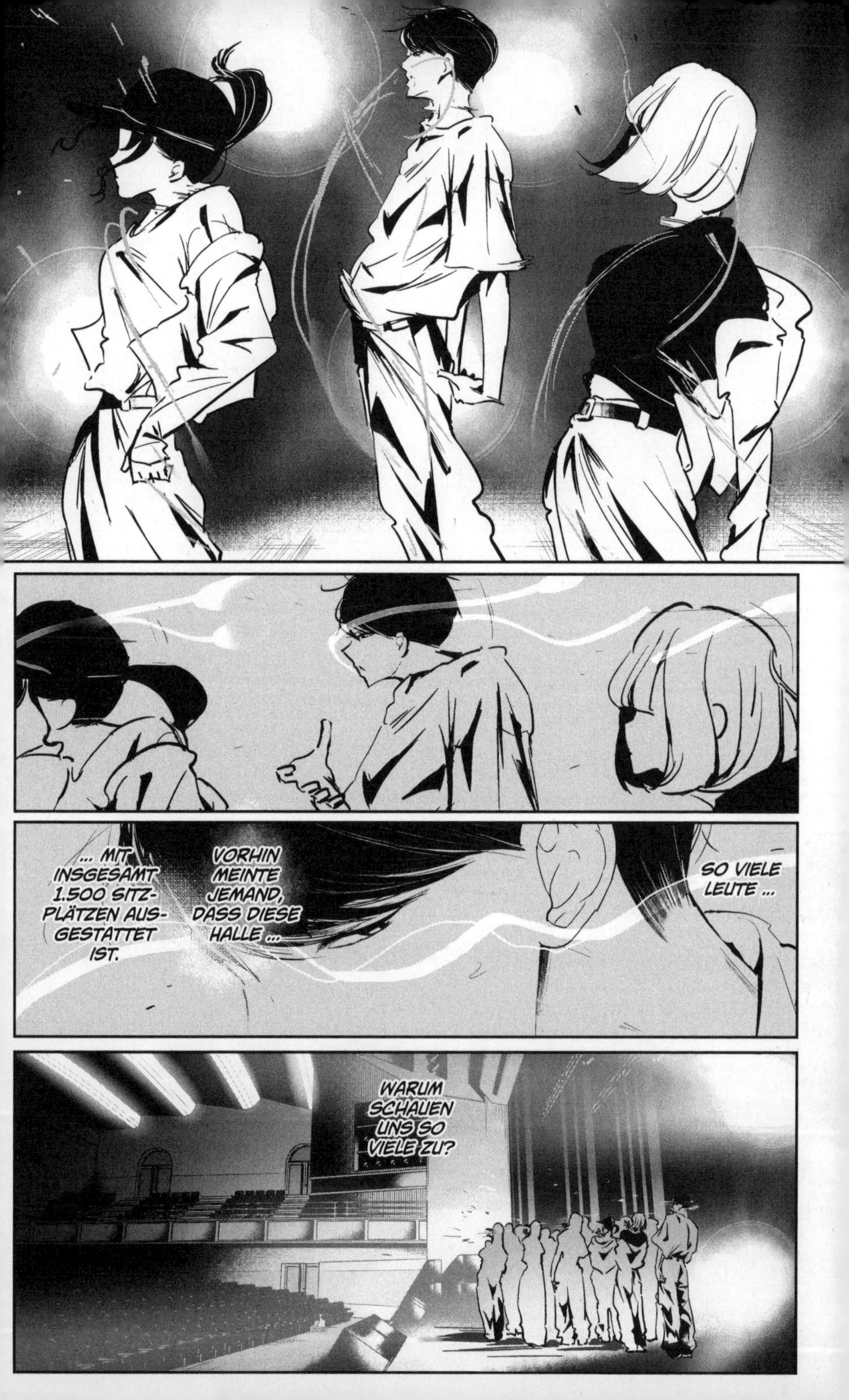
SO VIELE LEUTE ...
VORHIN MEINTE JEMAND, DASS DIESE HALLE ...
... MIT INSGESAMT 1.500 SITZ-PLÄTZEN AUS-GESTATTET IST.
WARUM SCHAUEN UNS SO VIELE ZU?

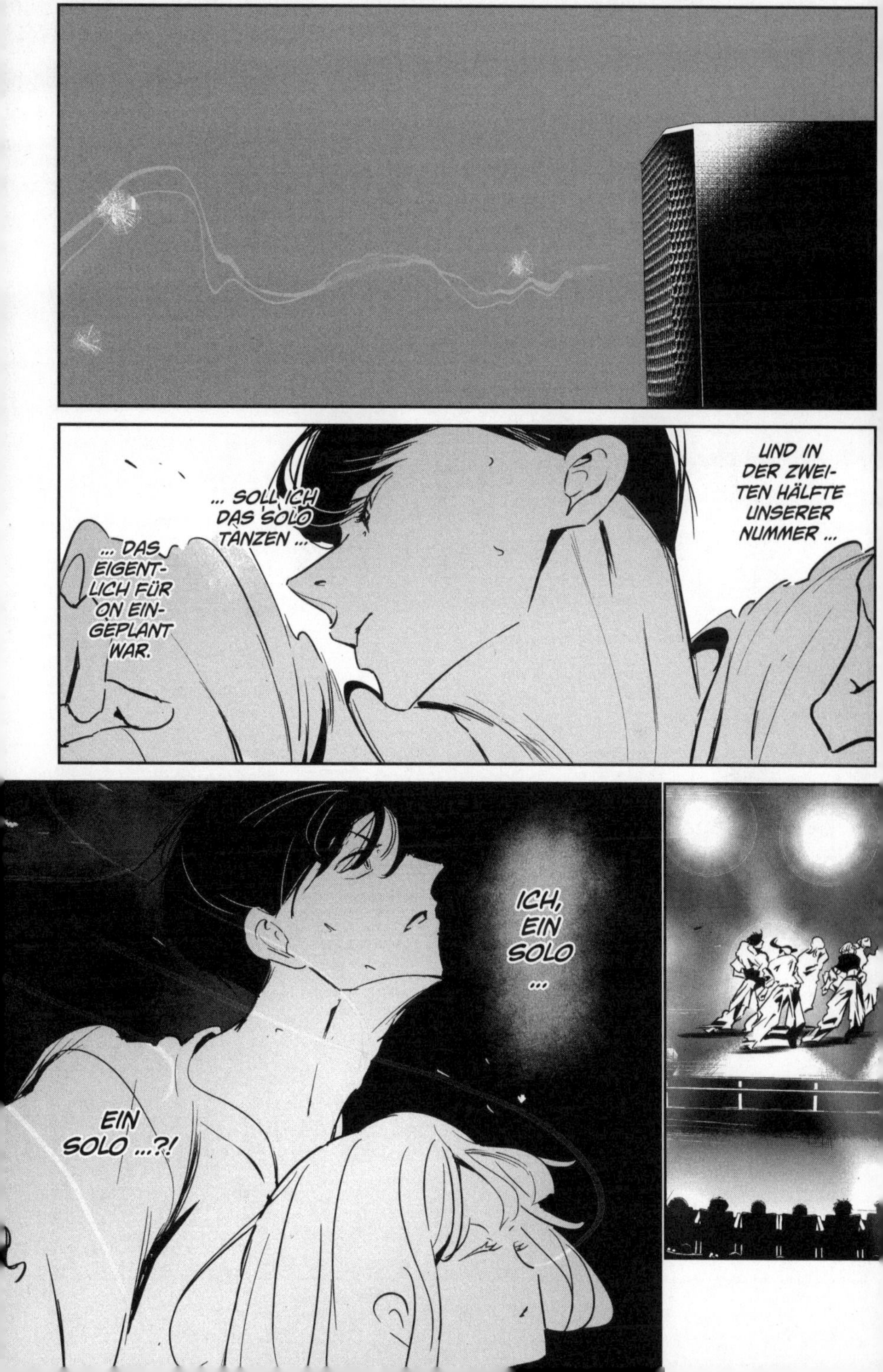
UND IN DER ZWEI-TEN HÄLFTE UNSERER NUMMER ...
... SOLL ICH DAS SOLO TANZEN ...
... DAS EIGENT-LICH FÜR ON EIN-GEPLANT WAR.
ICH, EIN SOLO ...
EIN SOLO ...?!

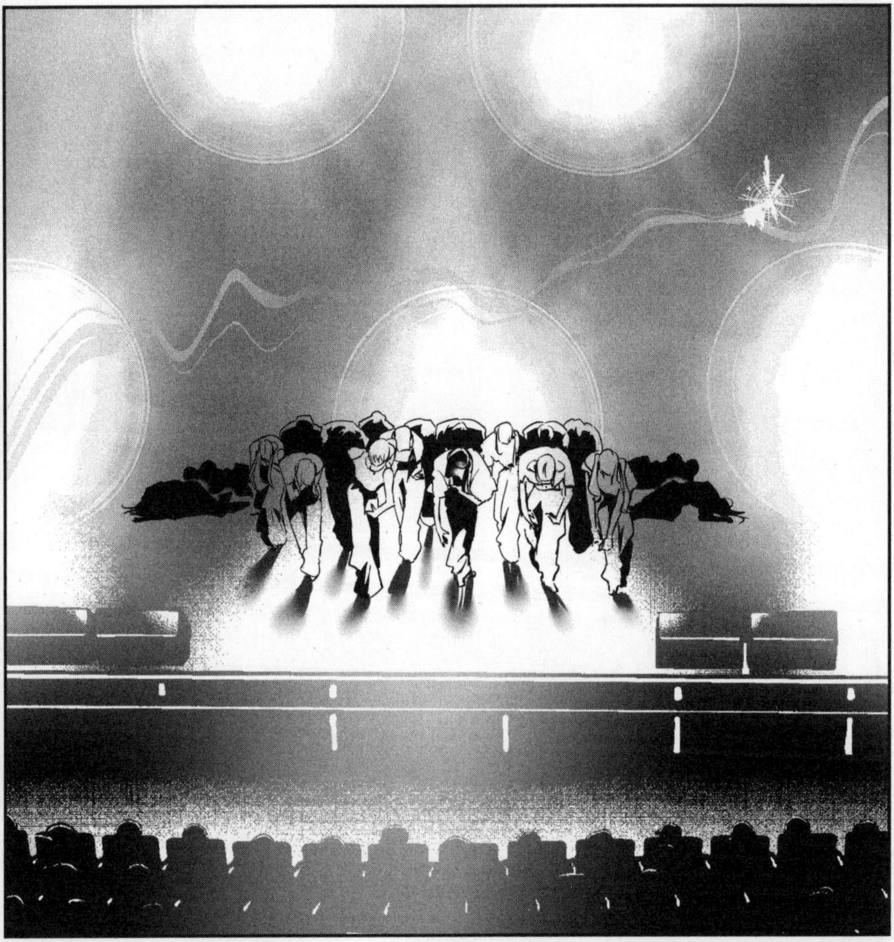

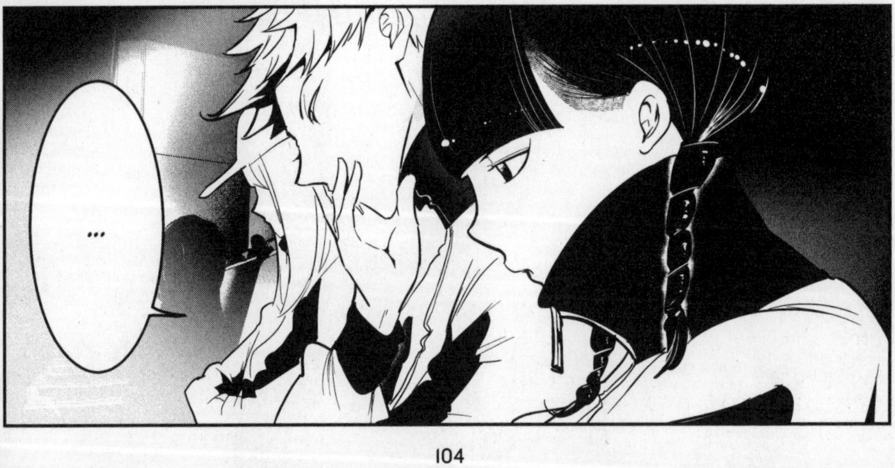

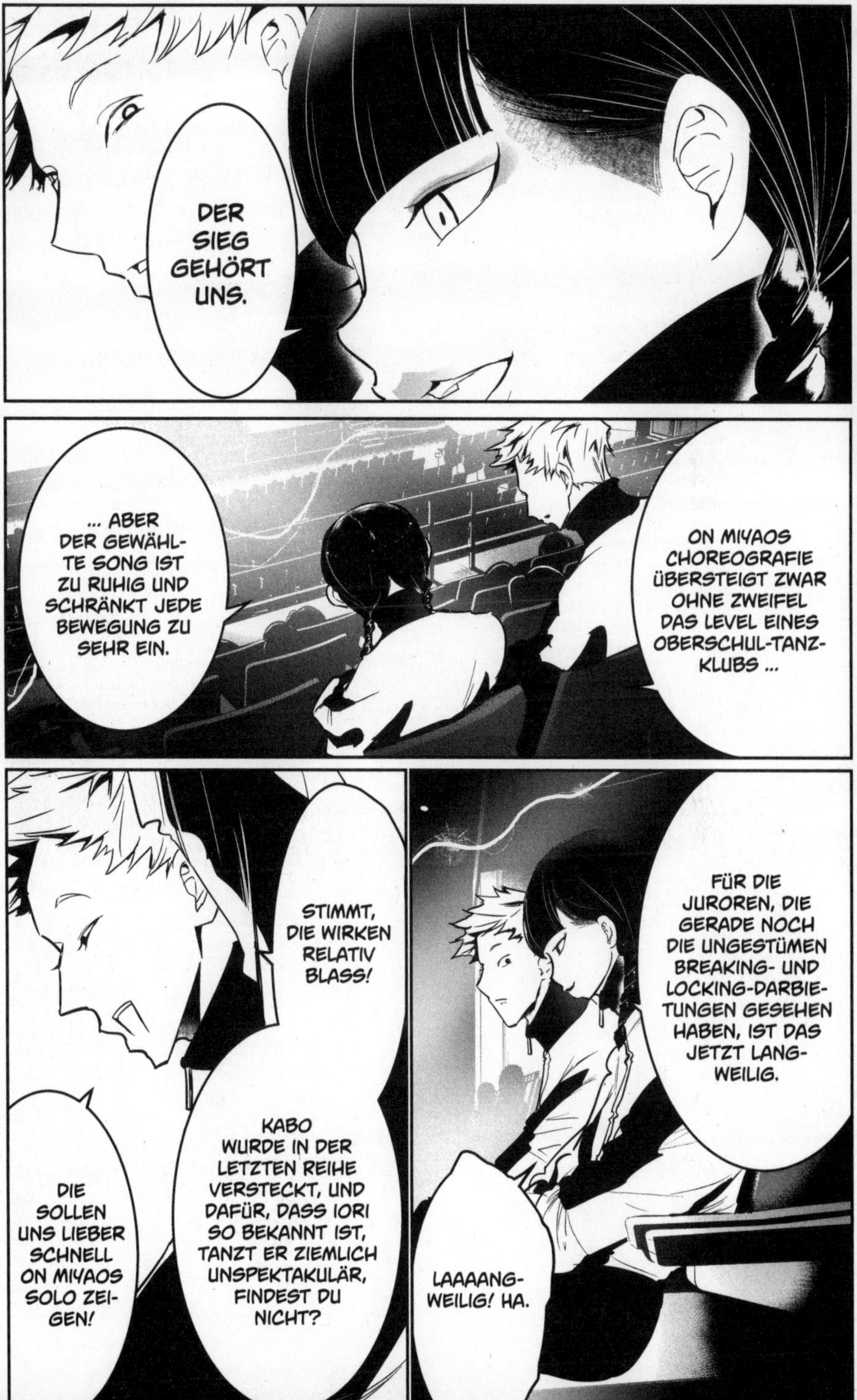
DER SIEG GEHÖRT UNS.
ON MIYAOS CHOREOGRAFIE ÜBERSTEIGT ZWAR OHNE ZWEIFEL DAS LEVEL EINES OBERSCHUL-TANZ-KLUBS ...
... ABER DER GEWÄHL-TE SONG IST ZU RUHIG UND SCHRÄNKT JEDE BEWEGUNG ZU SEHR EIN.
FÜR DIE JUROREN, DIE GERADE NOCH DIE UNGESTÜMEN BREAKING- UND LOCKING-DARBIE-TUNGEN GESEHEN HABEN, IST DAS JETZT LANG-WEILIG.
LAAAANG-WEILIG! HA.
STIMMT, DIE WIRKEN RELATIV BLASS!
KABO WURDE IN DER LETZTEN REIHE VERSTECKT, UND DAFÜR, DASS IORI SO BEKANNT IST, TANZT ER ZIEMLICH UNSPEKTAKULÄR, FINDEST DU NICHT?
DIE SOLLEN UNS LIEBER SCHNELL ON MIYAOS SOLO ZEI-GEN!

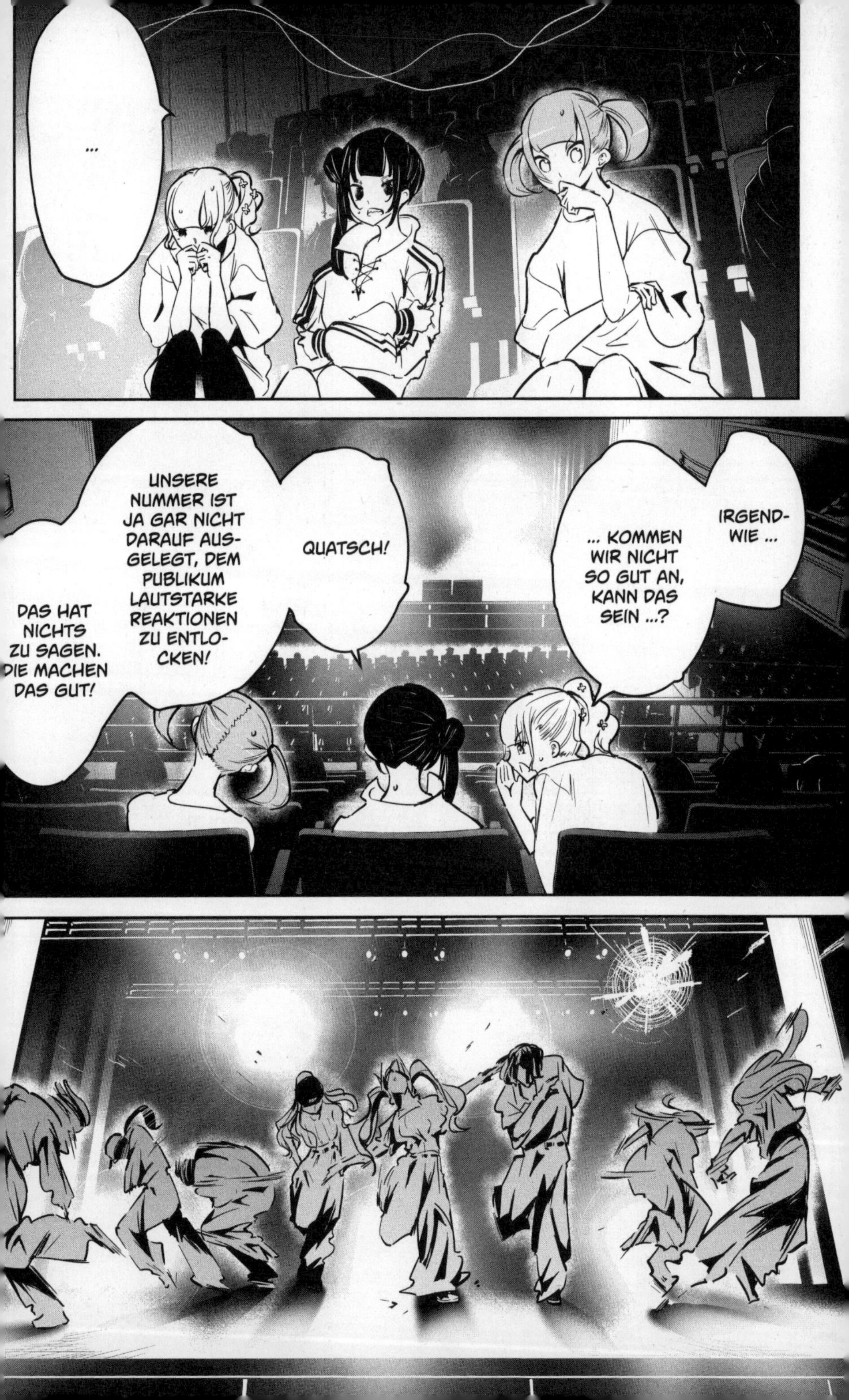
...
IRGEND-WIE ...
... KOMMEN WIR NICHT SO GUT AN, KANN DAS SEIN ...?
QUATSCH!
UNSERE NUMMER IST JA GAR NICHT DARAUF AUS-GELEGT, DEM PUBLIKUM LAUTSTARKE REAKTIONEN ZU ENTLO-CKEN!
DAS HAT NICHTS ZU SAGEN. DIE MACHEN DAS GUT!

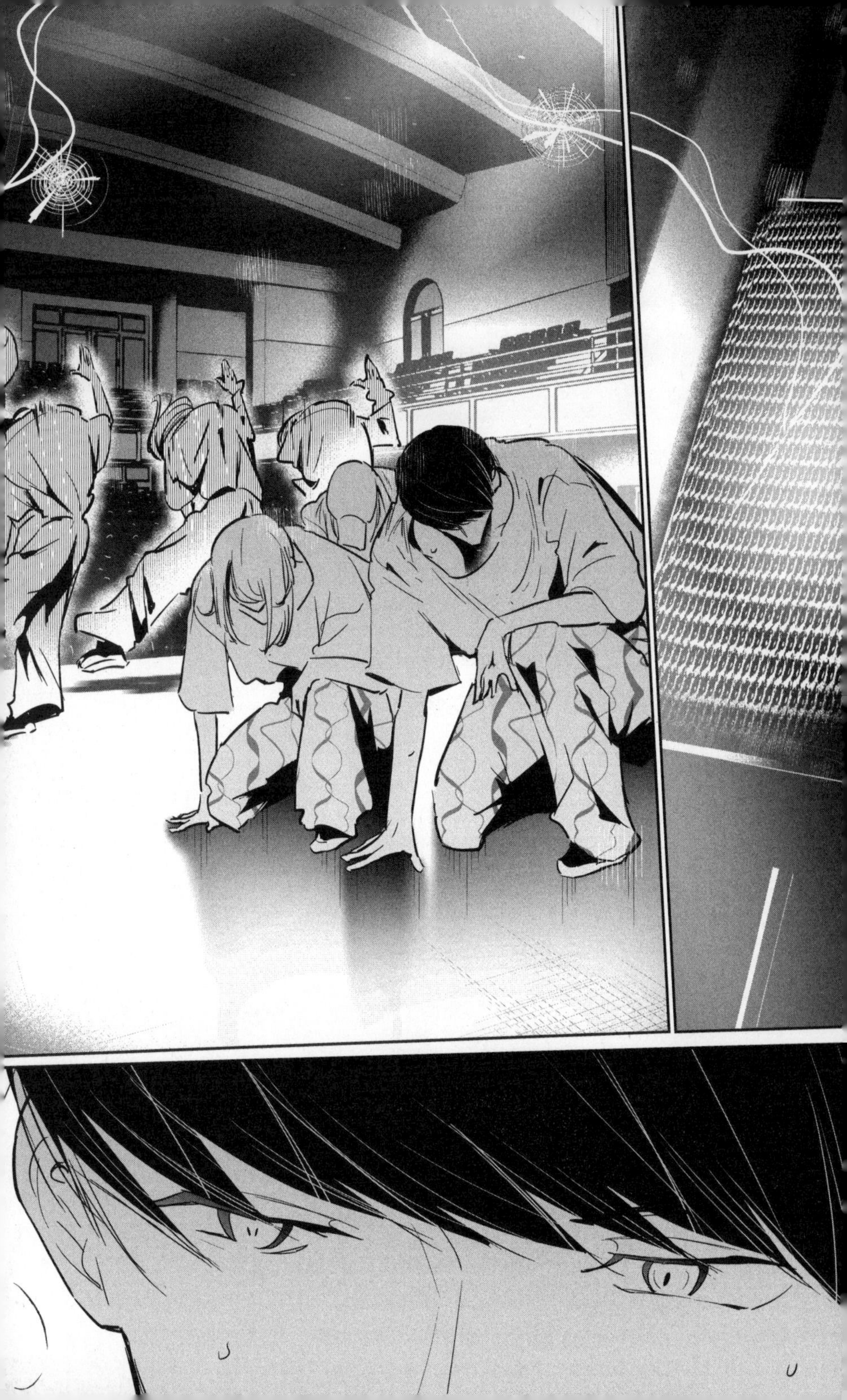

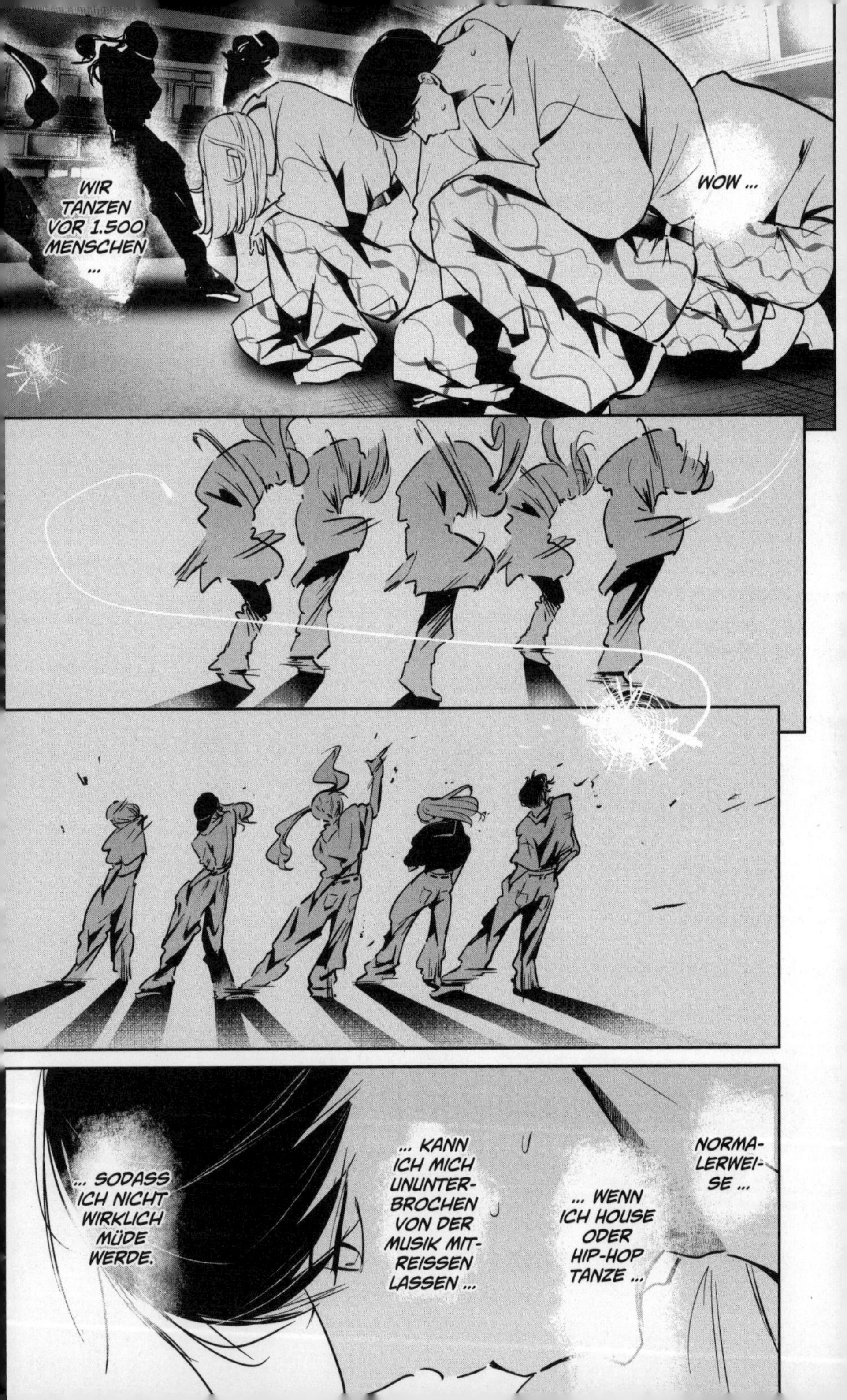
WOW ...
WIR TANZEN VOR 1.500 MENSCHEN ...
NORMALERWEISE ...
... WENN ICH HOUSE ODER HIP-HOP TANZE ...
... KANN ICH MICH UNUNTERBROCHEN VON DER MUSIK MITREISSEN LASSEN ...
... SODASS ICH NICHT WIRKLICH MÜDE WERDE.

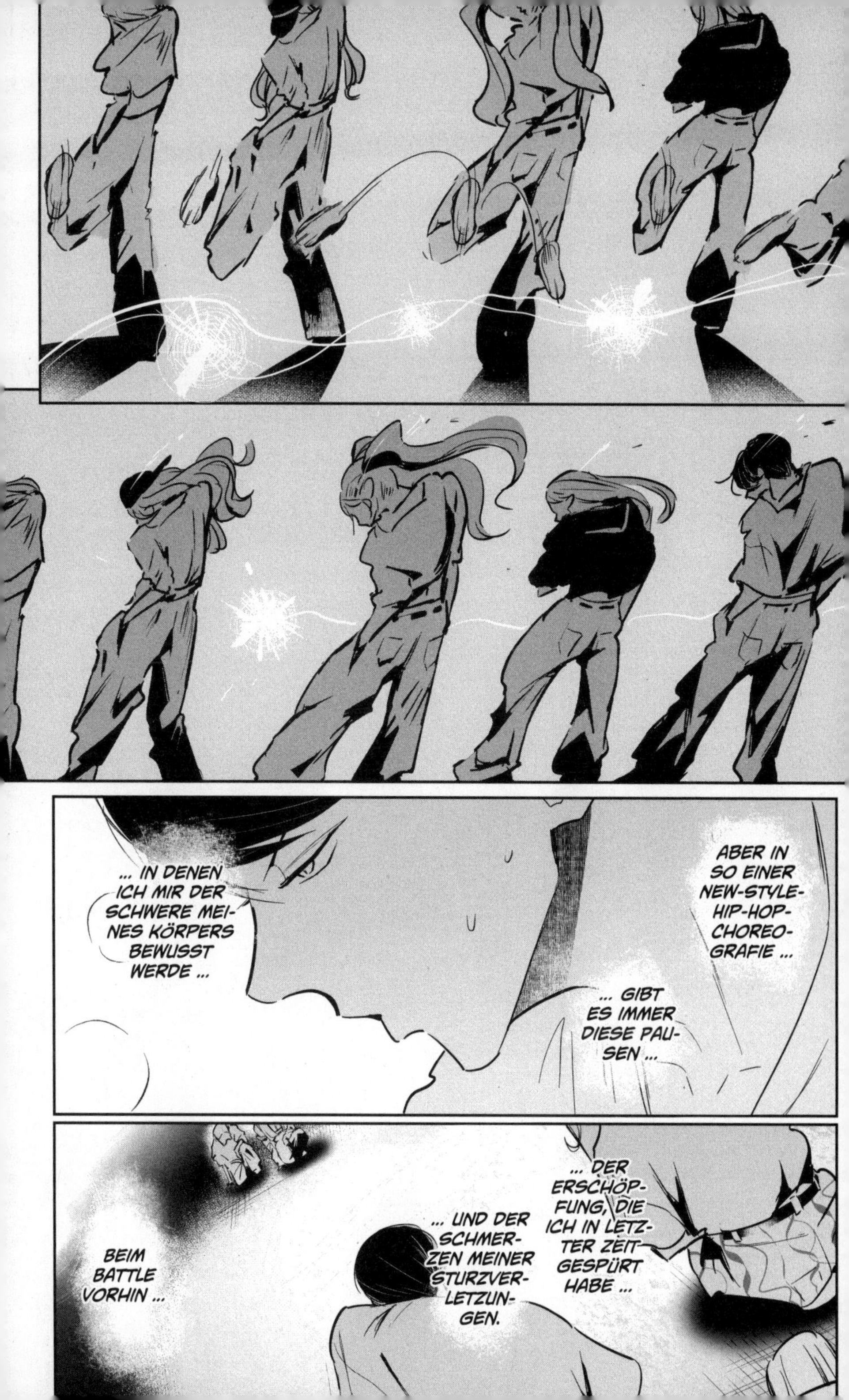

ABER IN SO EINER NEW-STYLE-HIP-HOP-CHOREOGRAFIE ...
... GIBT ES IMMER DIESE PAUSEN ...
... IN DENEN ICH MIR DER SCHWERE MEINES KÖRPERS BEWUSST WERDE ...
... DER ERSCHÖPFUNG, DIE ICH IN LETZTER ZEIT GESPÜRT HABE ...
... UND DER SCHMERZEN MEINER STURZVERLETZUNGEN.
BEIM BATTLE VORHIN ...

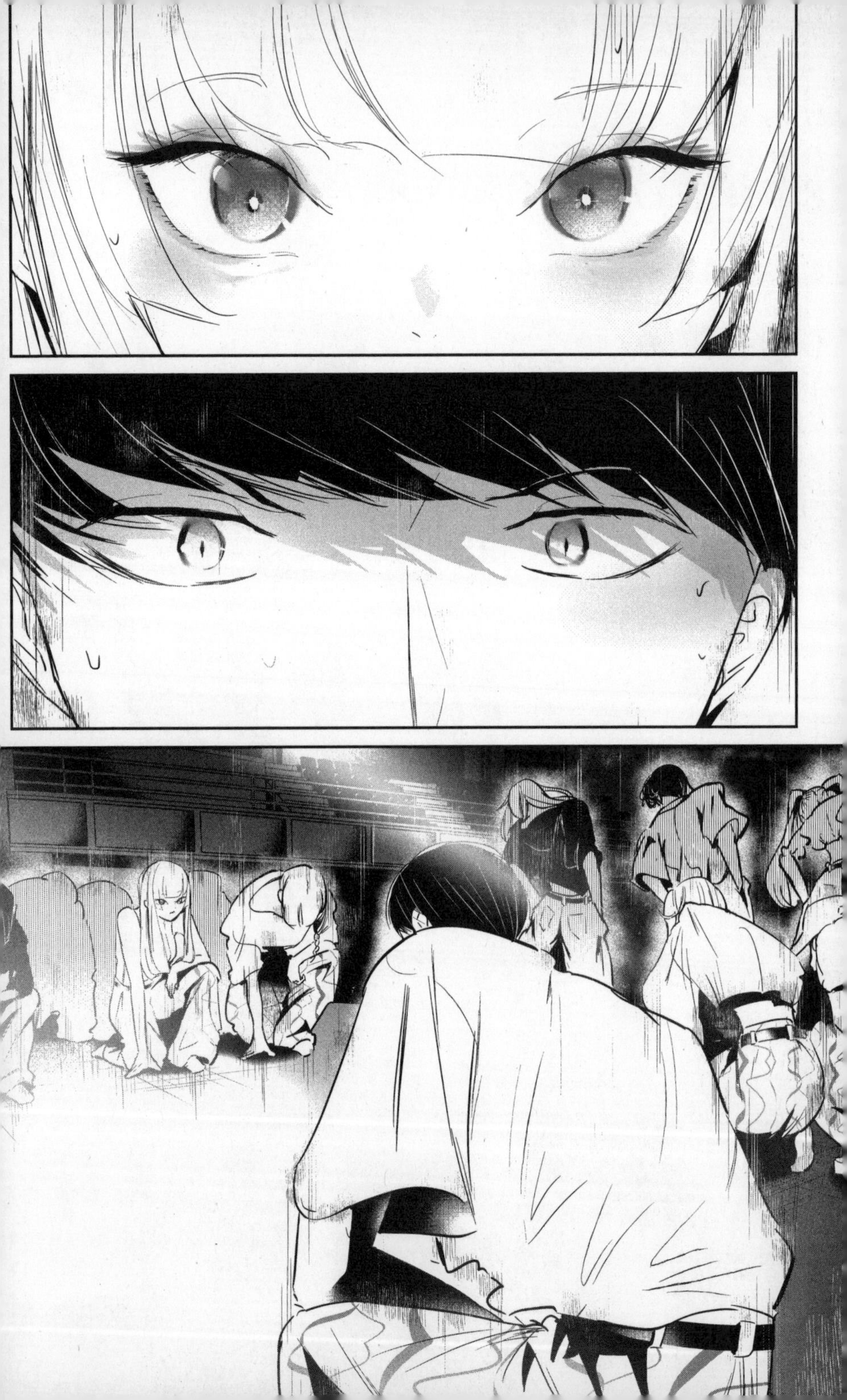

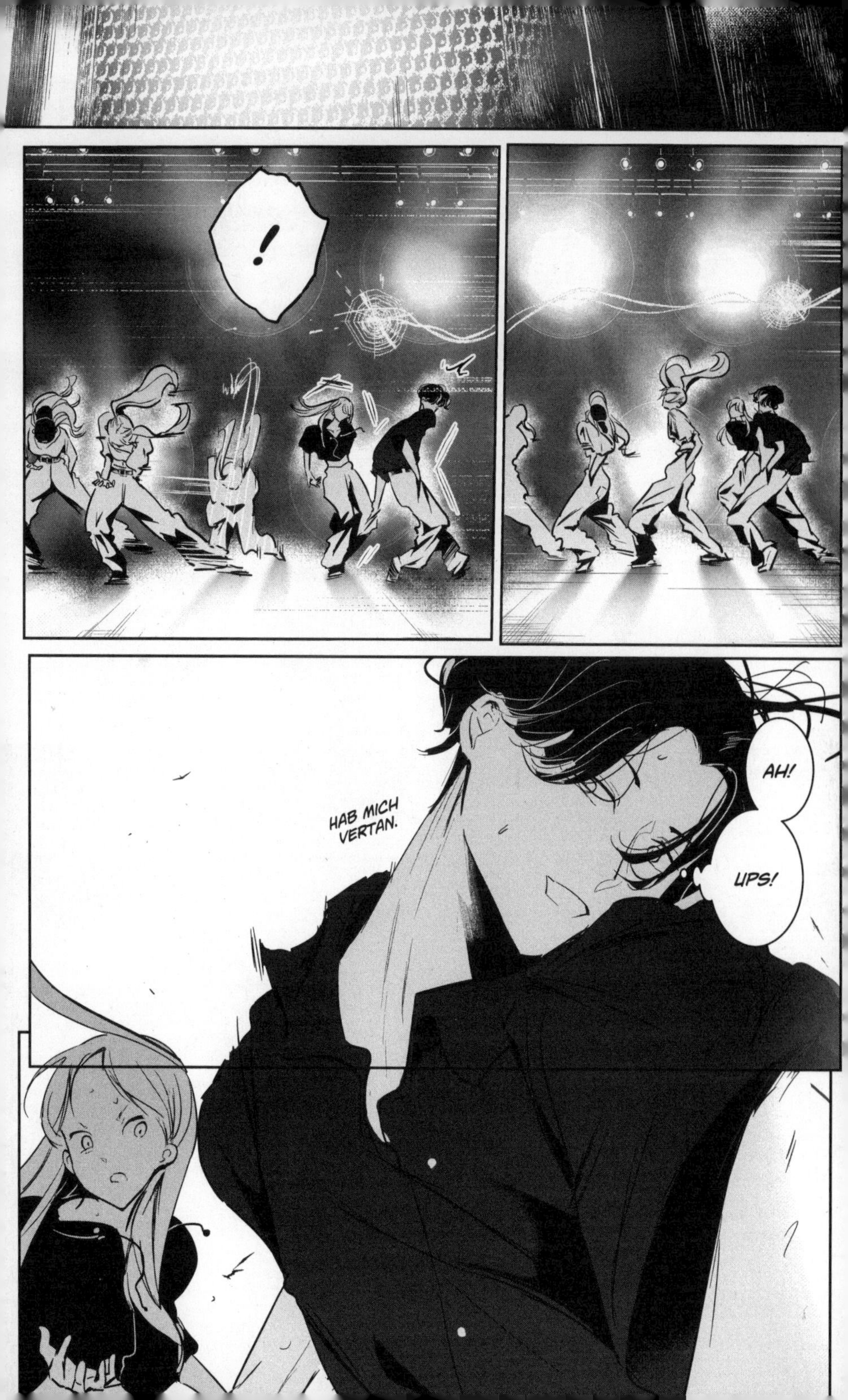
!
AH!
UPS!
HAB MICH VERTAN.

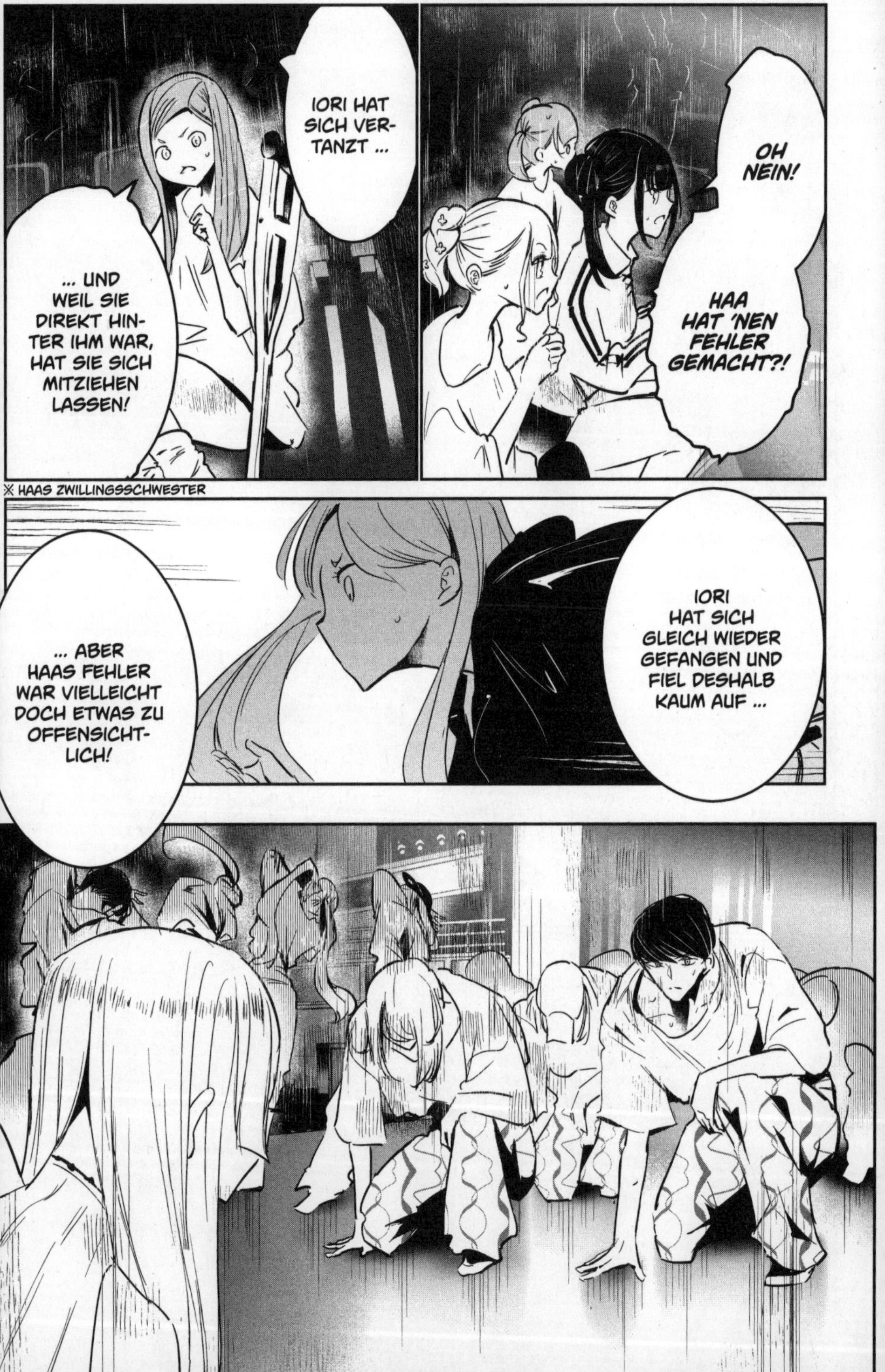
OH NEIN!
HAA HAT 'NEN FEHLER GEMACHT?!
IORI HAT SICH VERTANZT ...
... UND WEIL SIE DIREKT HINTER IHM WAR, HAT SIE SICH MITZIEHEN LASSEN!
※ HAAS ZWILLINGSSCHWESTER
IORI HAT SICH GLEICH WIEDER GEFANGEN UND FIEL DESHALB KAUM AUF ...
... ABER HAAS FEHLER WAR VIELLEICHT DOCH ETWAS ZU OFFENSICHTLICH!

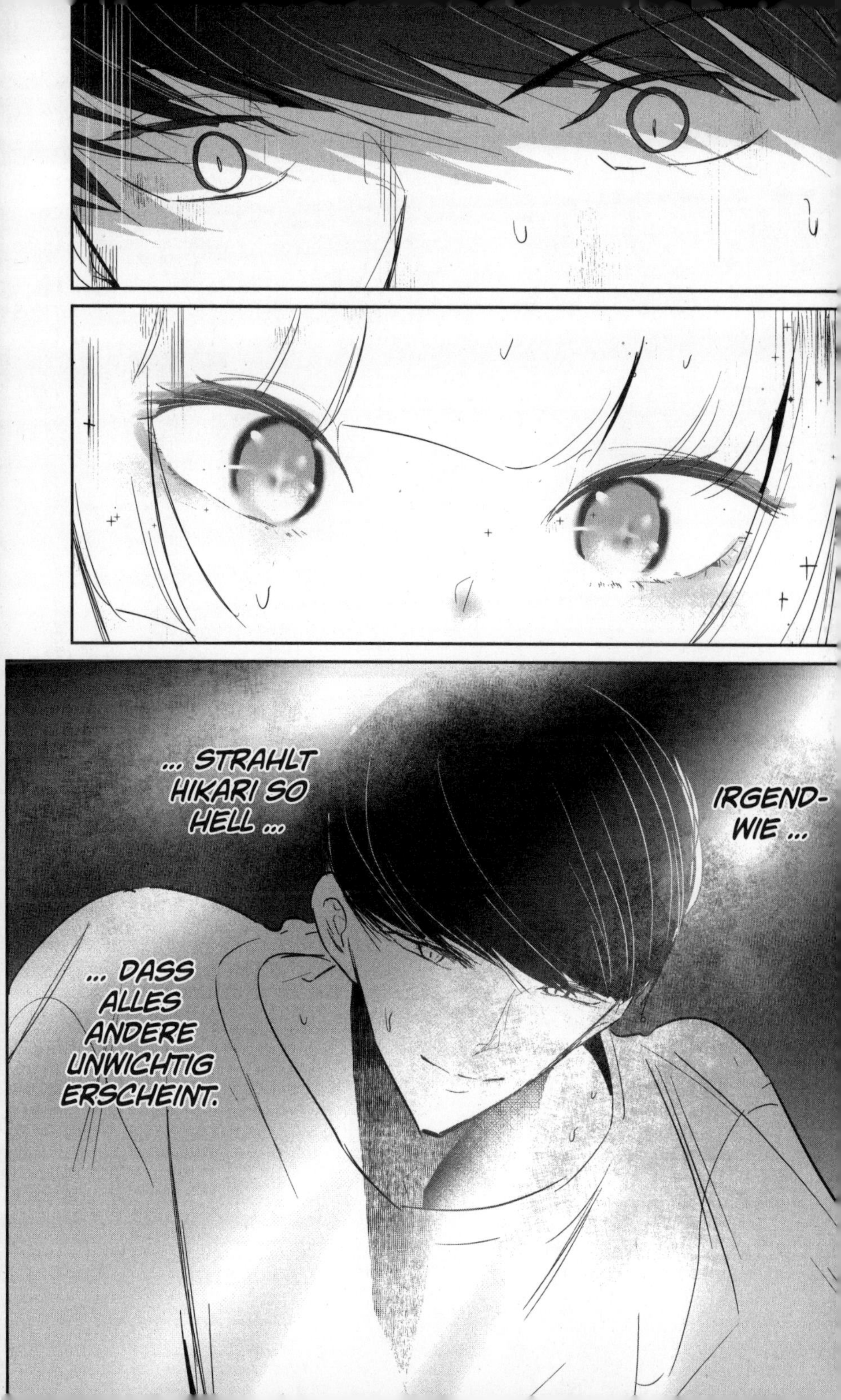
IRGEND-
WIE ...
... STRAHLT
HIKARI SO
HELL ...
... DASS
ALLES
ANDERE
UNWICHTIG
ERSCHEINT.

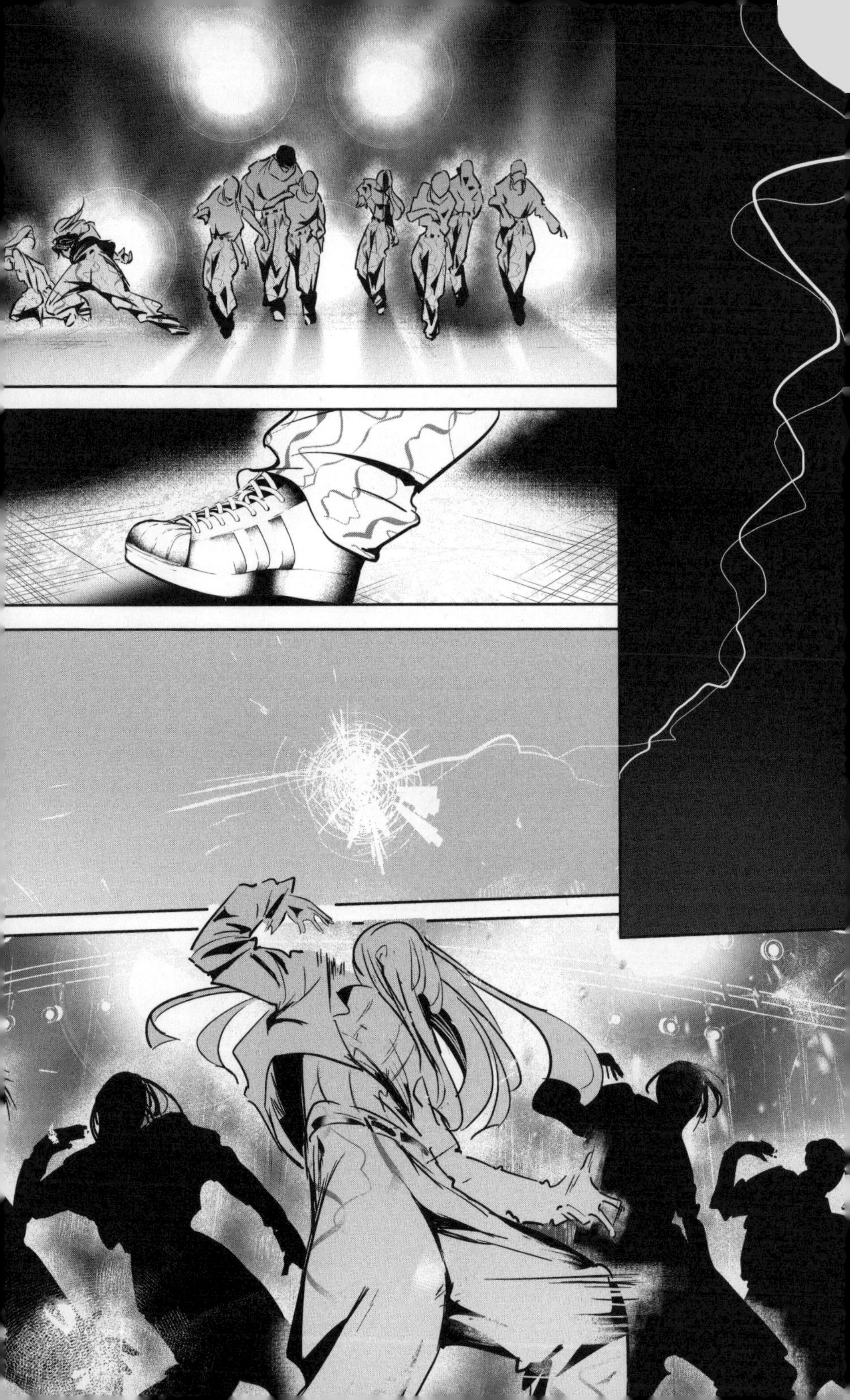

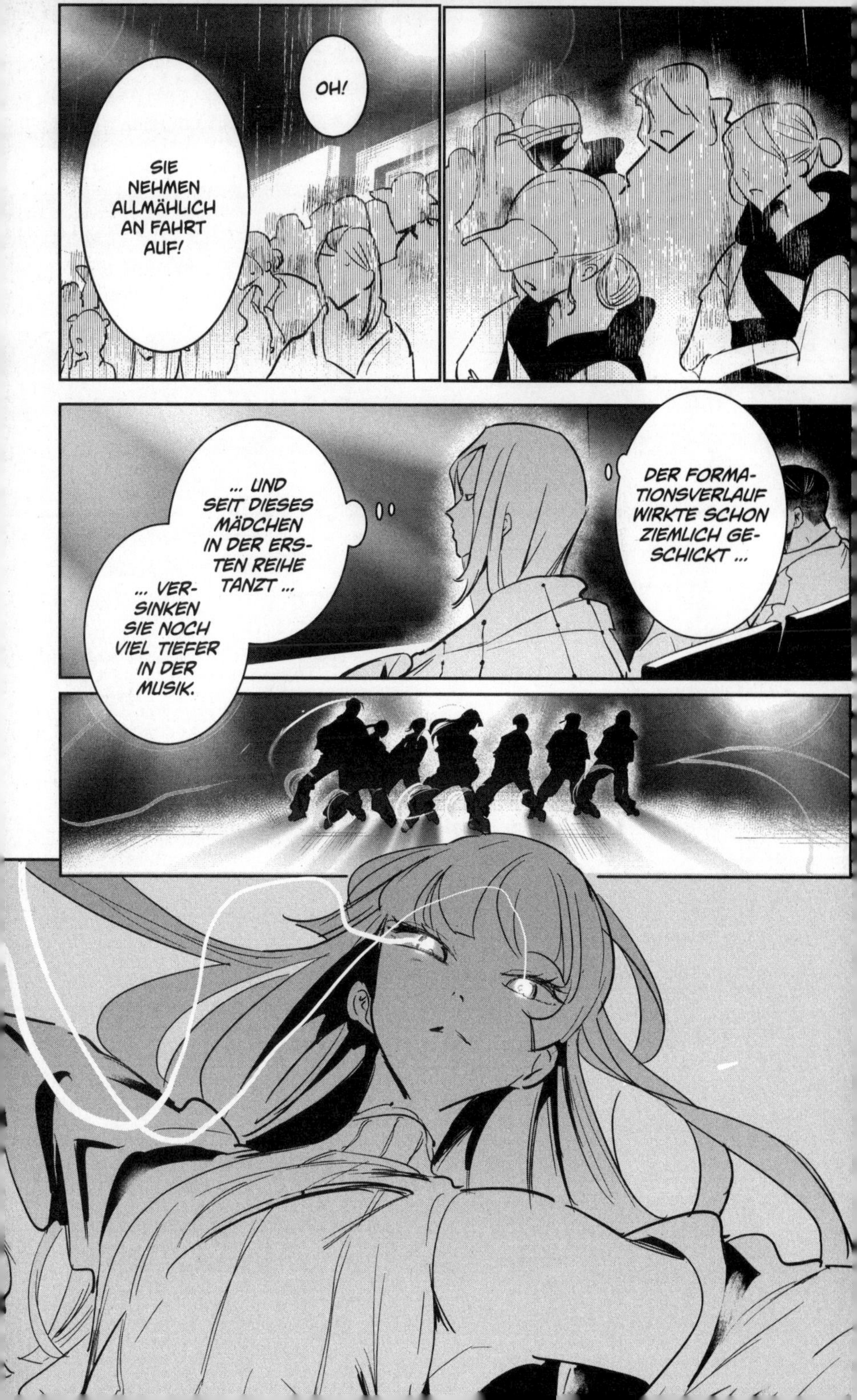
OH!
SIE NEHMEN ALLMÄHLICH AN FAHRT AUF!
DER FORMATIONSVERLAUF WIRKTE SCHON ZIEMLICH GESCHICKT ...
... UND SEIT DIESES MÄDCHEN IN DER ERSTEN REIHE TANZT ...
... VERSINKEN SIE NOCH VIEL TIEFER IN DER MUSIK.

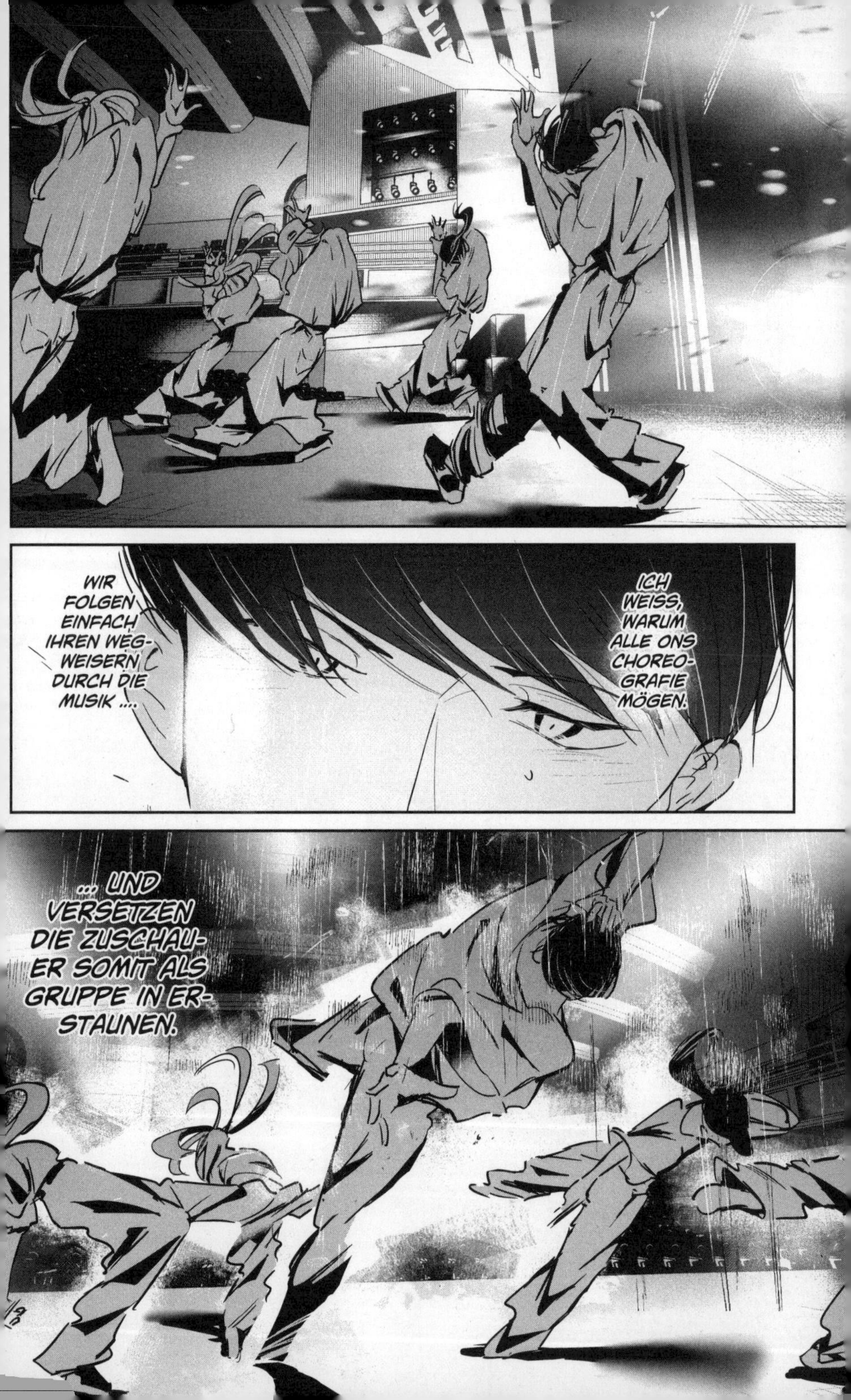
ICH WEISS, WARUM ALLE ONS CHOREOGRAFIE MÖGEN.
WIR FOLGEN EINFACH IHREN WEGWEISERN DURCH DIE MUSIK ...
... UND VERSETZEN DIE ZUSCHAUER SOMIT ALS GRUPPE IN ERSTAUNEN.

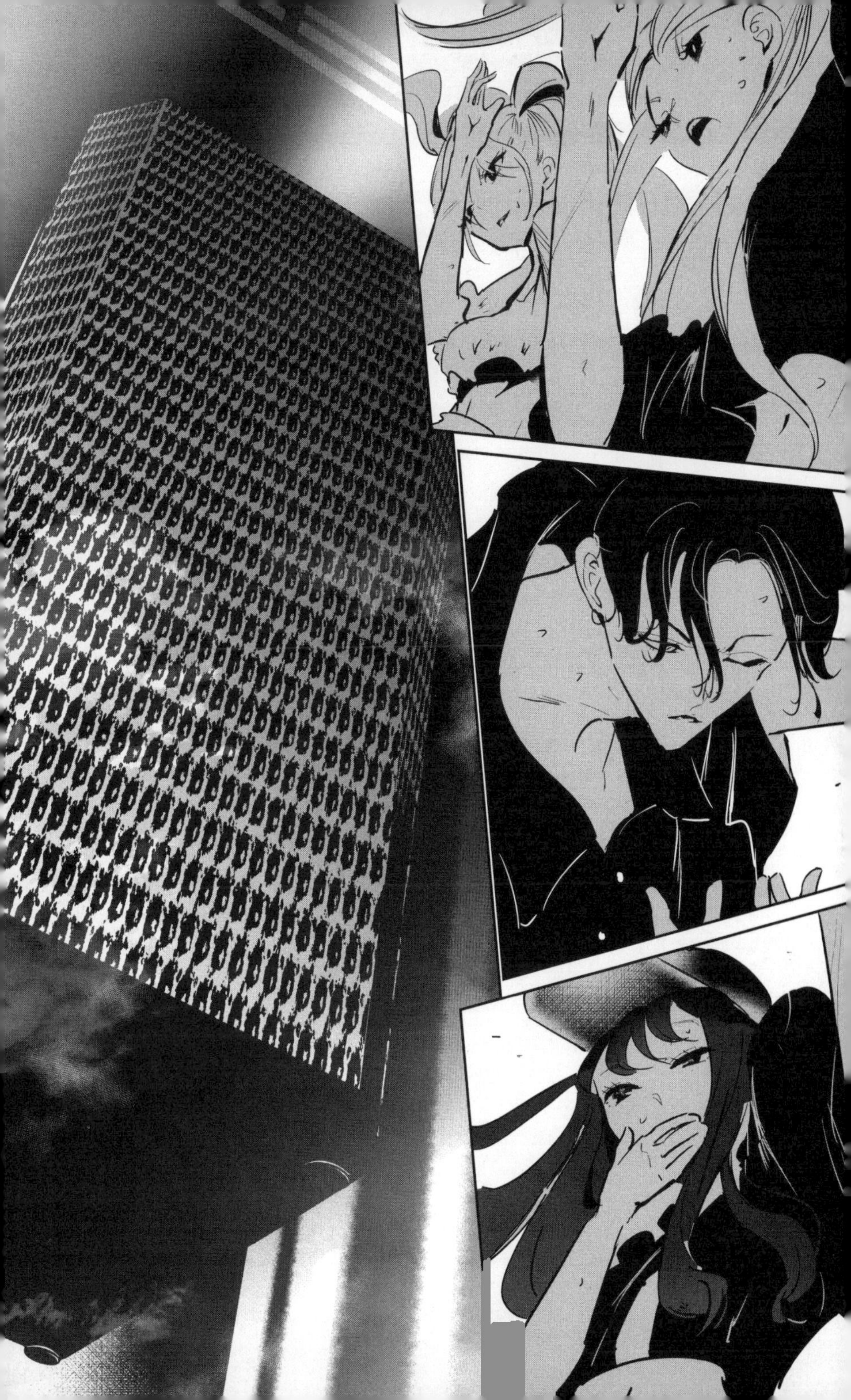

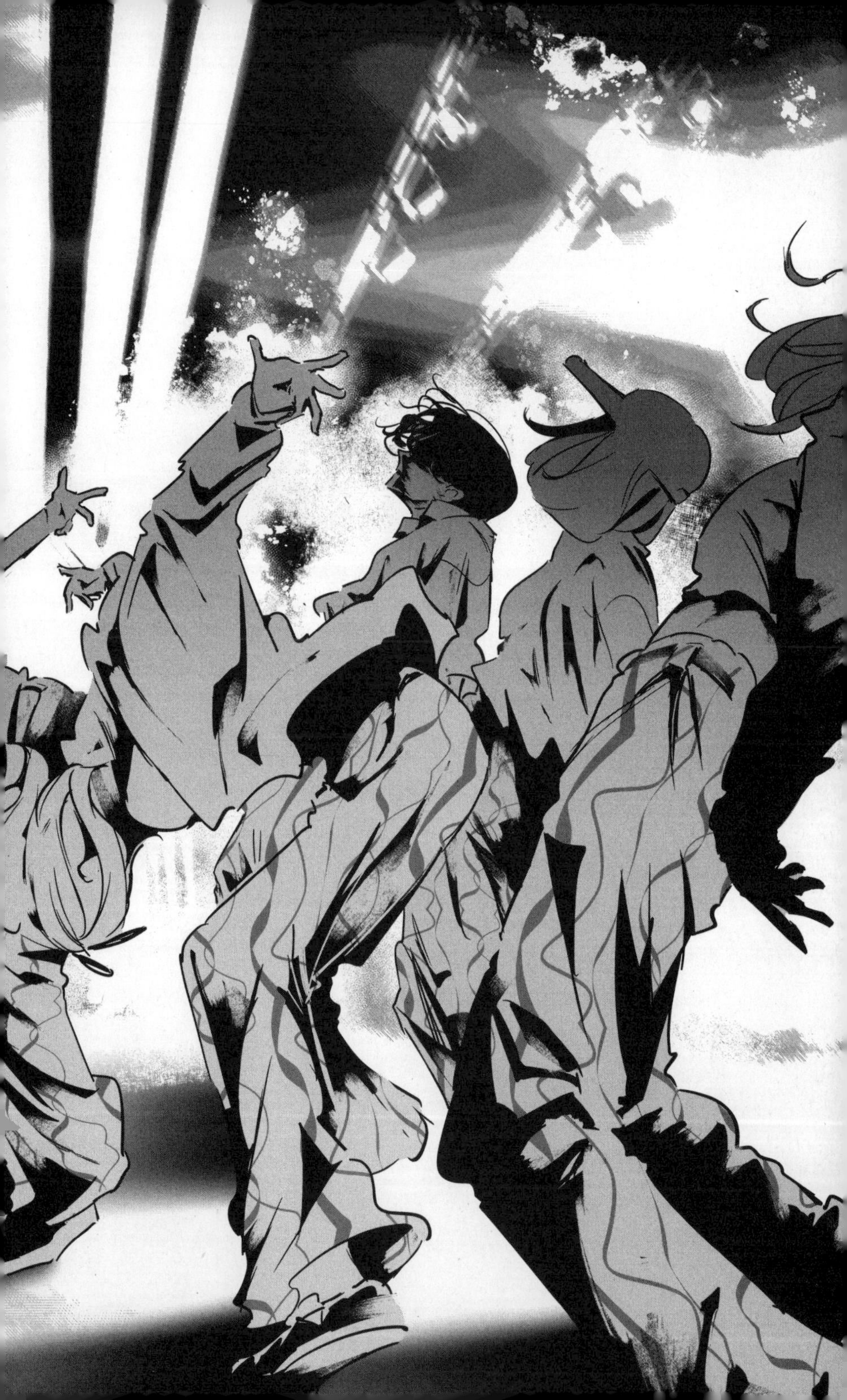

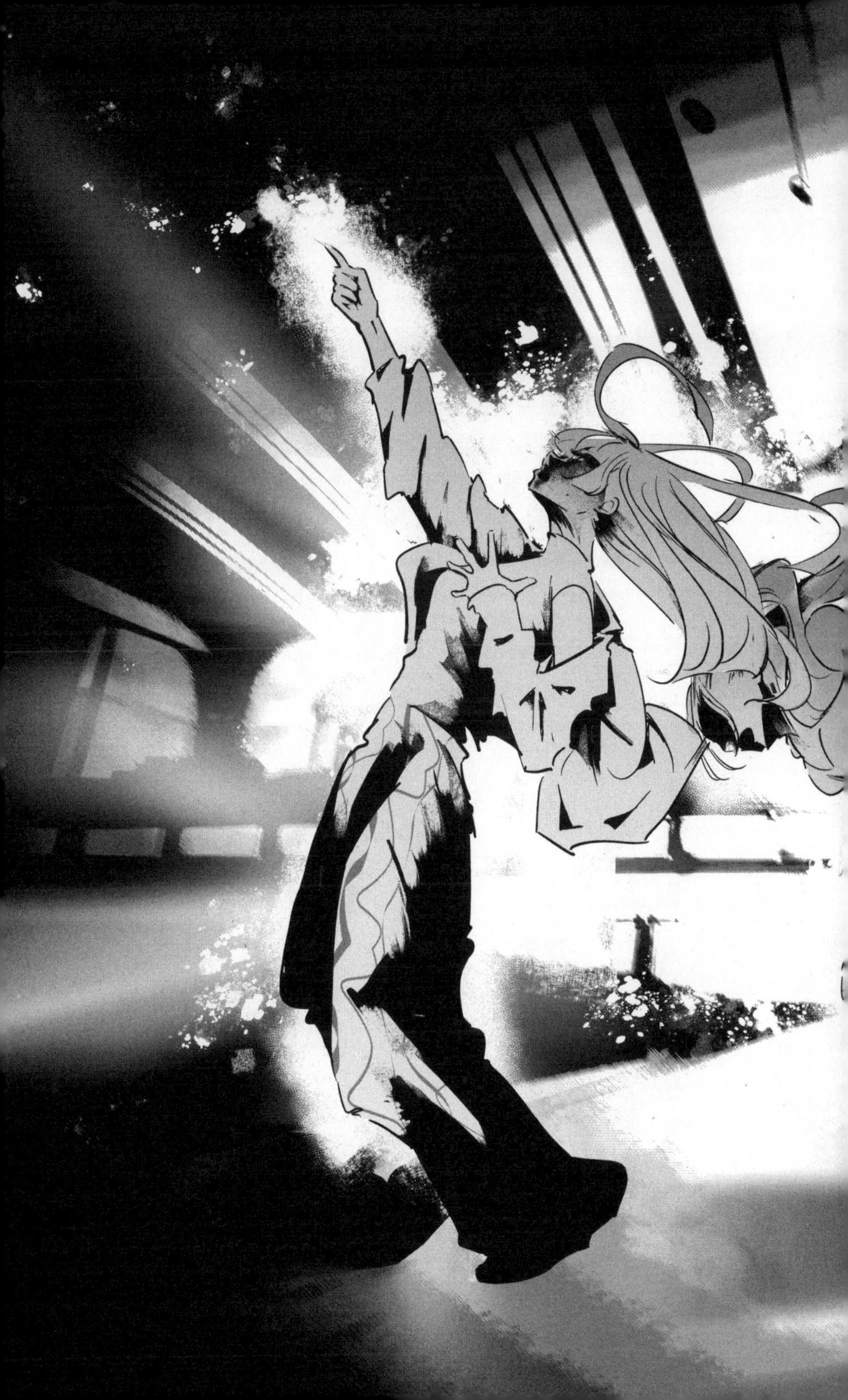

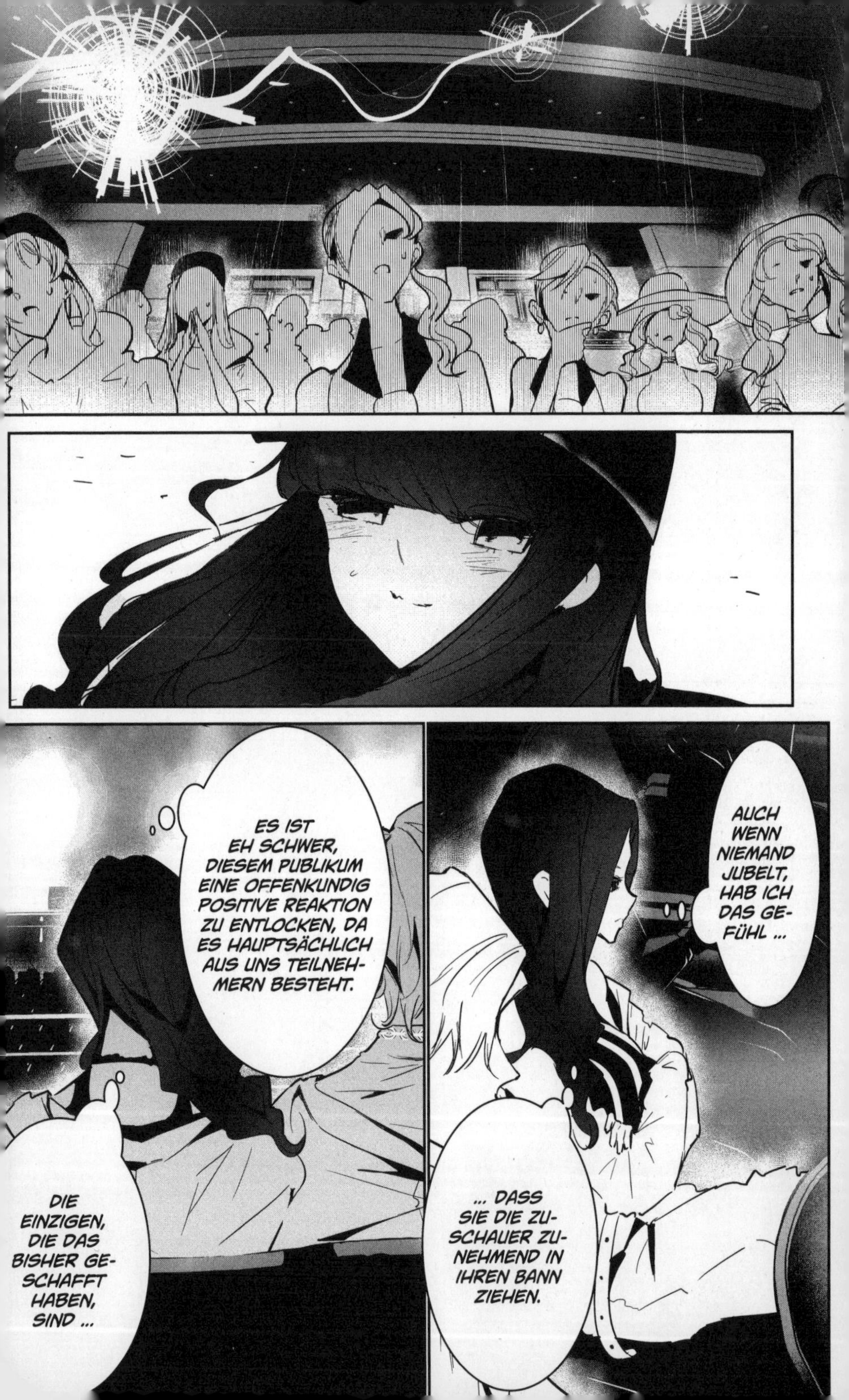
AUCH WENN NIEMAND JUBELT, HAB ICH DAS GEFÜHL ...
... DASS SIE DIE ZUSCHAUER ZUNEHMEND IN IHREN BANN ZIEHEN.
ES IST EH SCHWER, DIESEM PUBLIKUM EINE OFFENKUNDIG POSITIVE REAKTION ZU ENTLOCKEN, DA ES HAUPTSÄCHLICH AUS UNS TEILNEHMERN BESTEHT.
DIE EINZIGEN, DIE DAS BISHER GESCHAFFT HABEN, SIND ...

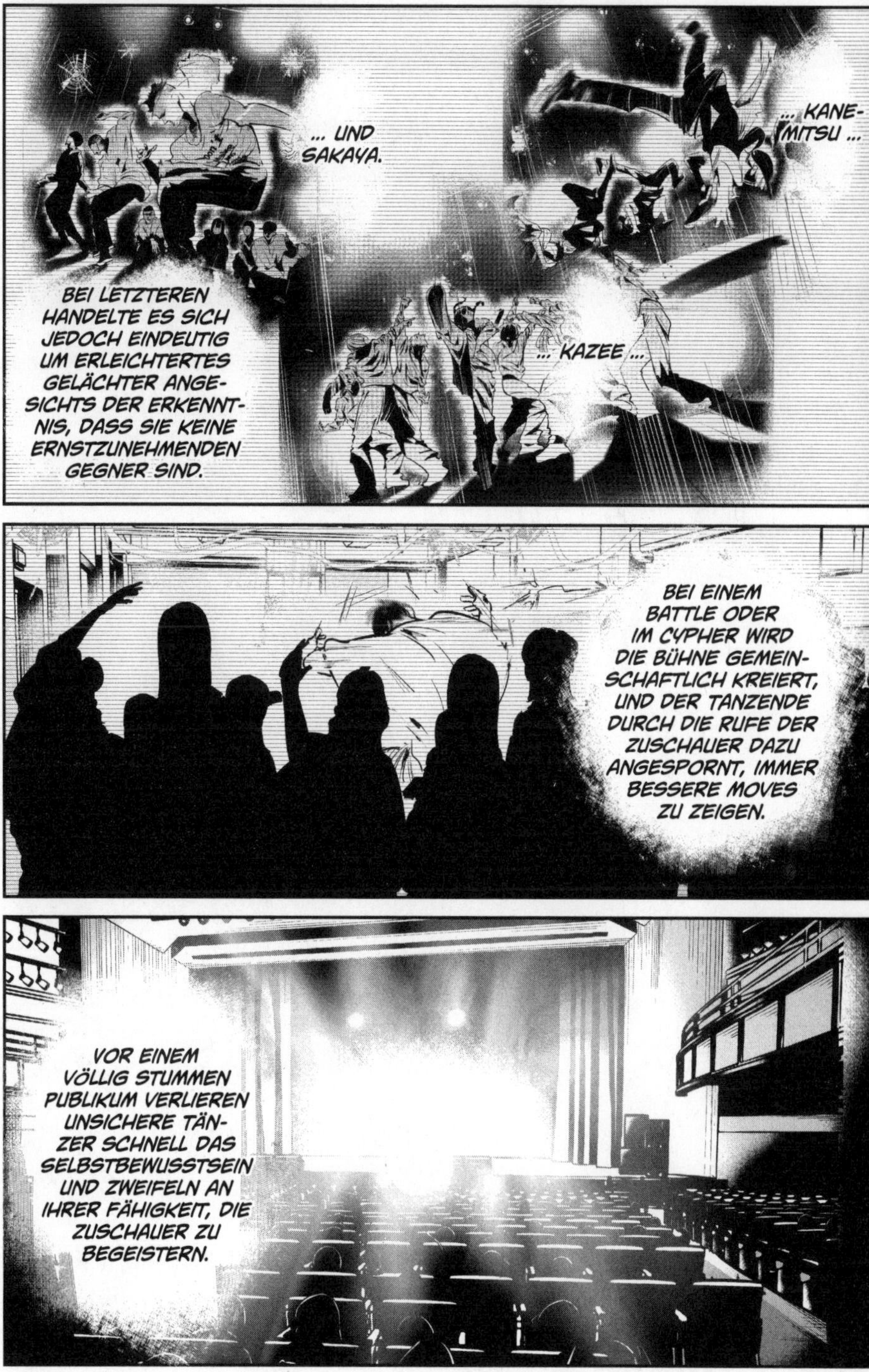
... KANE-MITSU ...
... KAZEE ...
... UND SAKAYA.
BEI LETZTEREN HANDELTE ES SICH JEDOCH EINDEUTIG UM ERLEICHTERTES GELÄCHTER ANGESICHTS DER ERKENNTNIS, DASS SIE KEINE ERNSTZUNEHMENDEN GEGNER SIND.
BEI EINEM BATTLE ODER IM CYPHER WIRD DIE BÜHNE GEMEINSCHAFTLICH KREIERT, UND DER TANZENDE DURCH DIE RUFE DER ZUSCHAUER DAZU ANGESPORNT, IMMER BESSERE MOVES ZU ZEIGEN.
VOR EINEM VÖLLIG STUMMEN PUBLIKUM VERLIEREN UNSICHERE TÄNZER SCHNELL DAS SELBSTBEWUSSTSEIN UND ZWEIFELN AN IHRER FÄHIGKEIT, DIE ZUSCHAUER ZU BEGEISTERN.

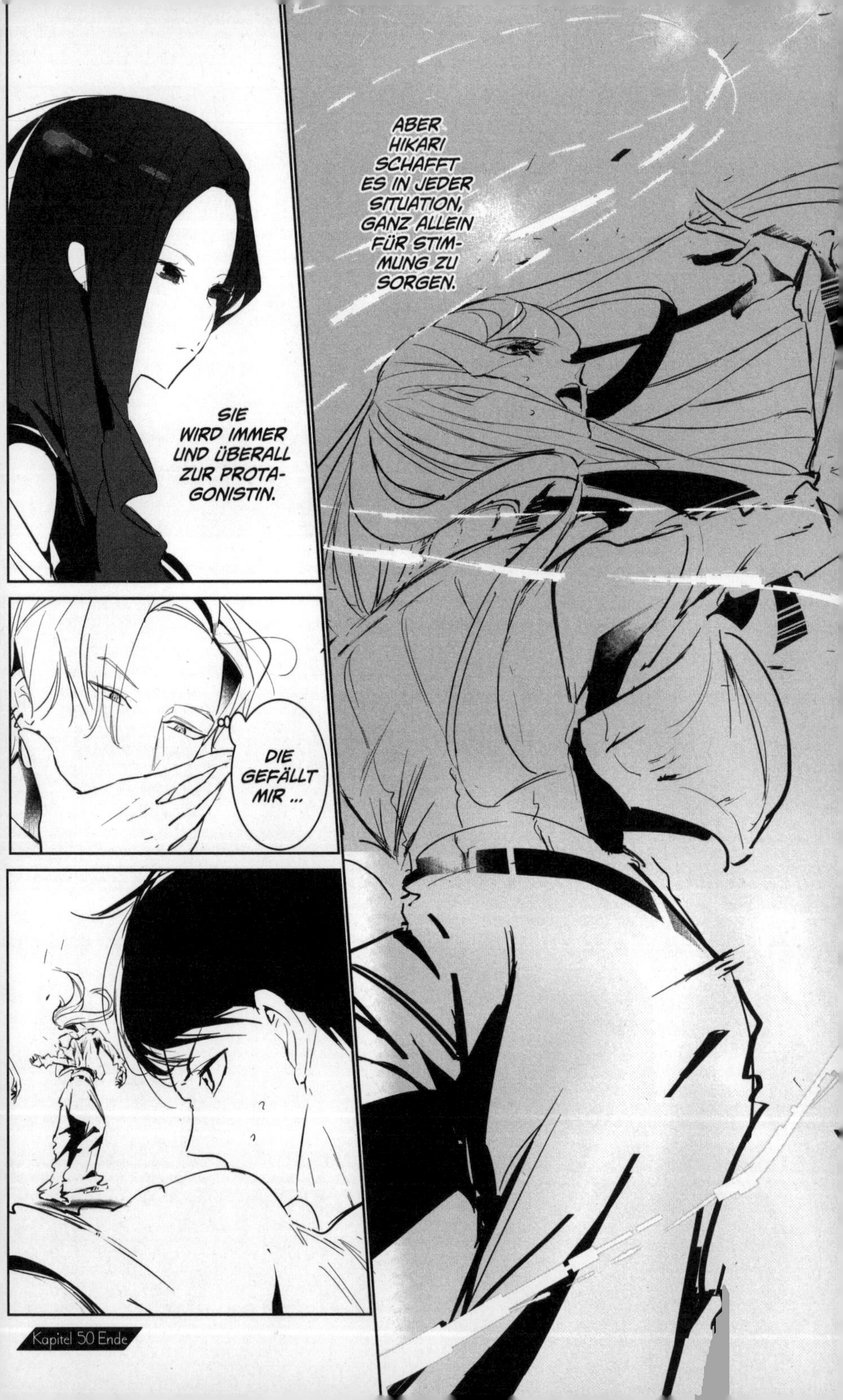

Kapitel 50 Ende

WANDANCE

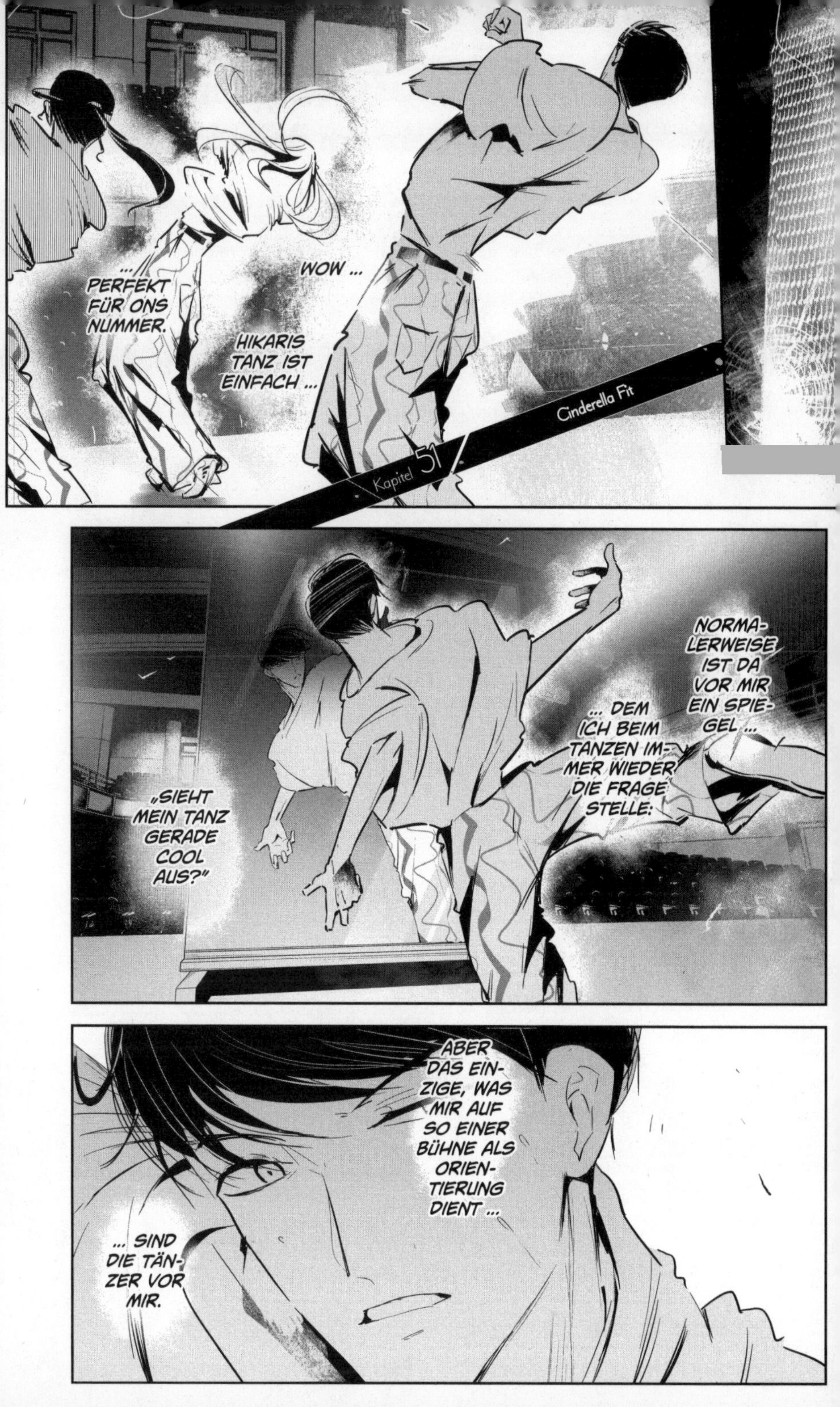
Kapitel 51
Cinderella Fit
WOW ...
HIKARIS TANZ IST EINFACH ...
... PERFEKT FÜR ONS NUMMER.
NORMALERWEISE IST DA VOR MIR EIN SPIEGEL ...
... DEM ICH BEIM TANZEN IMMER WIEDER DIE FRAGE STELLE:
„SIEHT MEIN TANZ GERADE COOL AUS?"
ABER DAS EINZIGE, WAS MIR AUF SO EINER BÜHNE ALS ORIENTIERUNG DIENT ...
... SIND DIE TÄNZER VOR MIR.

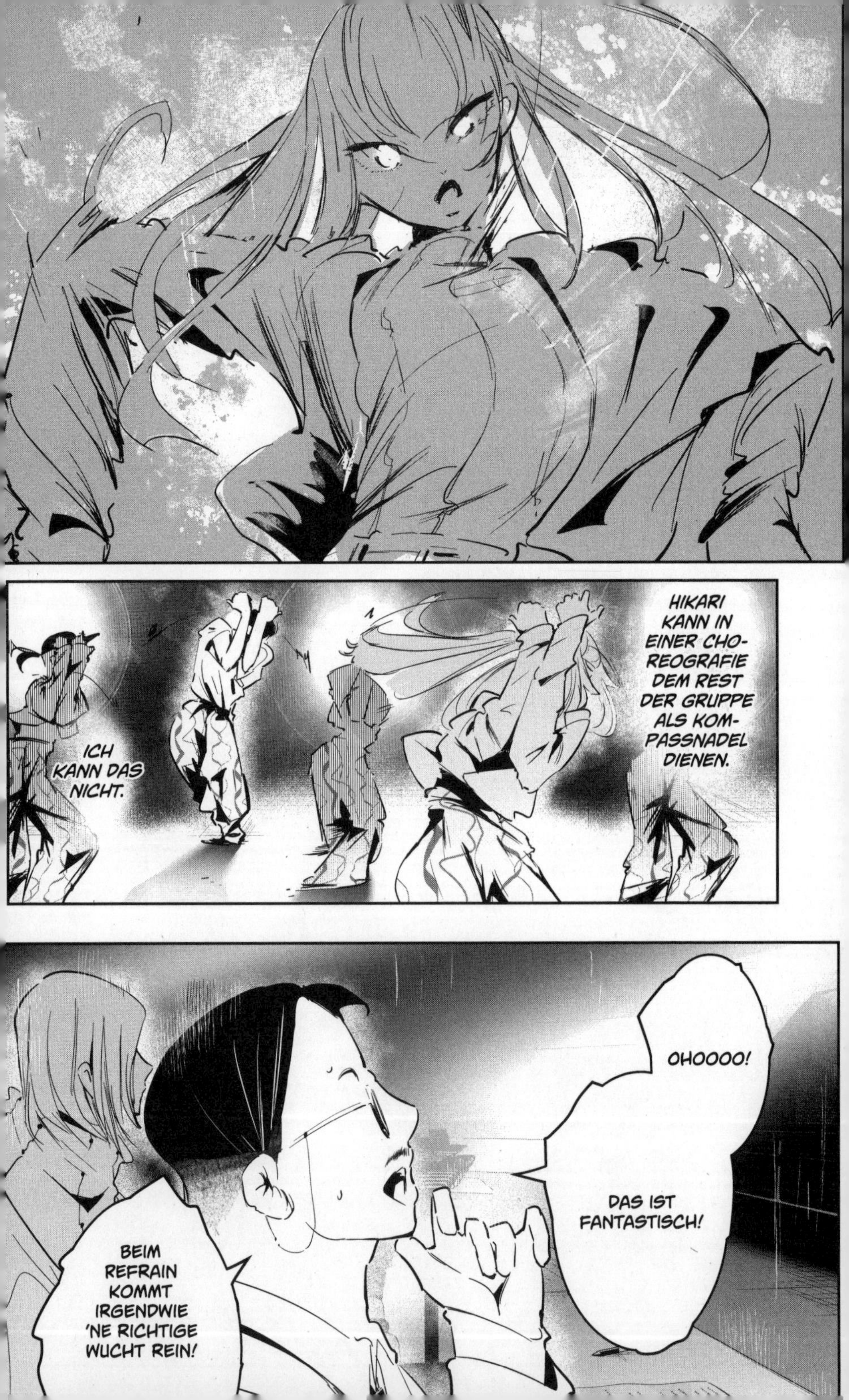
HIKARI KANN IN EINER CHO-REOGRAFIE DEM REST DER GRUPPE ALS KOM-PASSNADEL DIENEN.
ICH KANN DAS NICHT.
OHOOOO!
DAS IST FANTASTISCH!
BEIM REFRAIN KOMMT IRGENDWIE 'NE RICHTIGE WUCHT REIN!

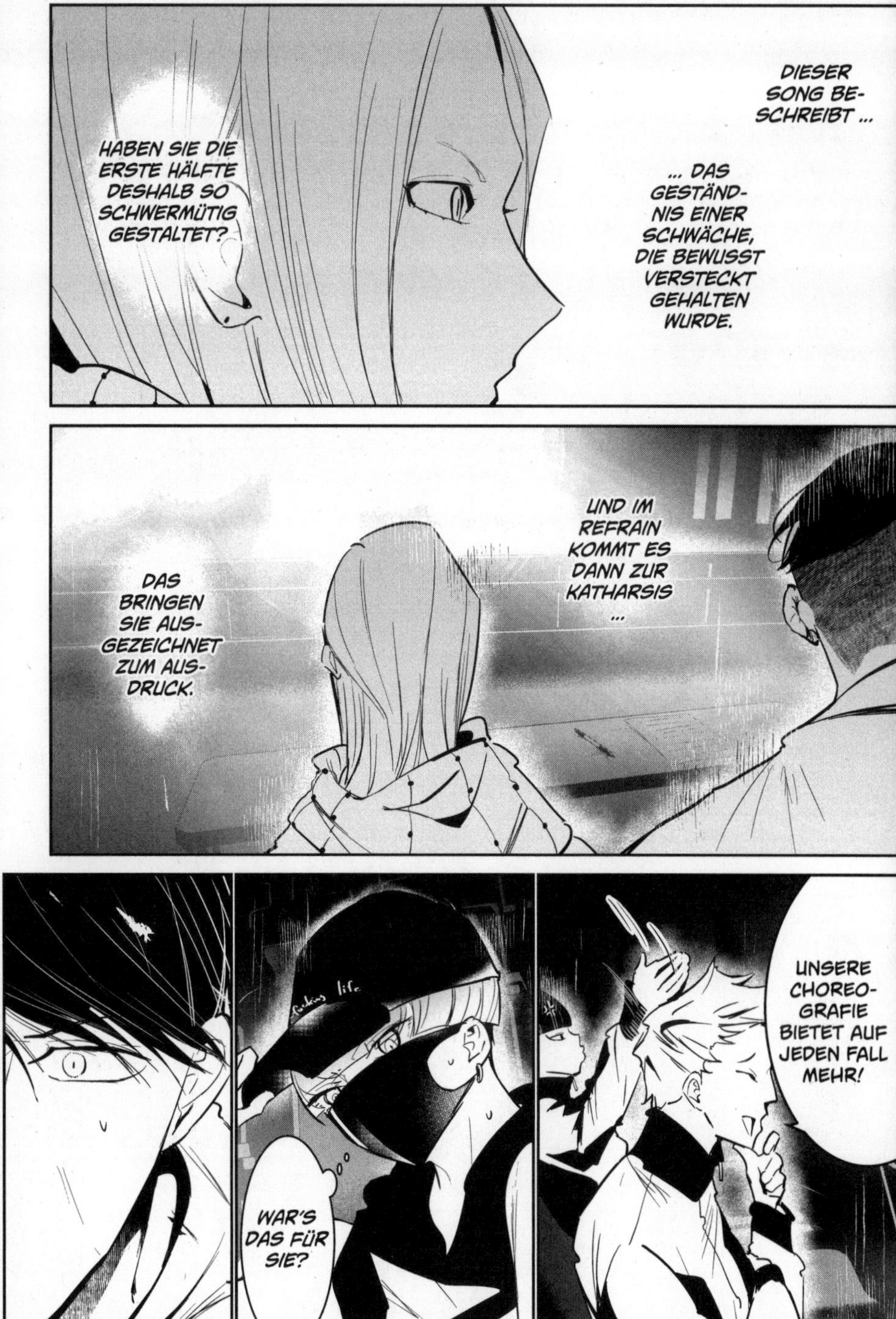
DIESER SONG BESCHREIBT ...
... DAS GESTÄNDNIS EINER SCHWÄCHE, DIE BEWUSST VERSTECKT GEHALTEN WURDE.
HABEN SIE DIE ERSTE HÄLFTE DESHALB SO SCHWERMÜTIG GESTALTET?
UND IM REFRAIN KOMMT ES DANN ZUR KATHARSIS ...
DAS BRINGEN SIE AUSGEZEICHNET ZUM AUSDRUCK.
UNSERE CHOREOGRAFIE BIETET AUF JEDEN FALL MEHR!
WAR'S DAS FÜR SIE?

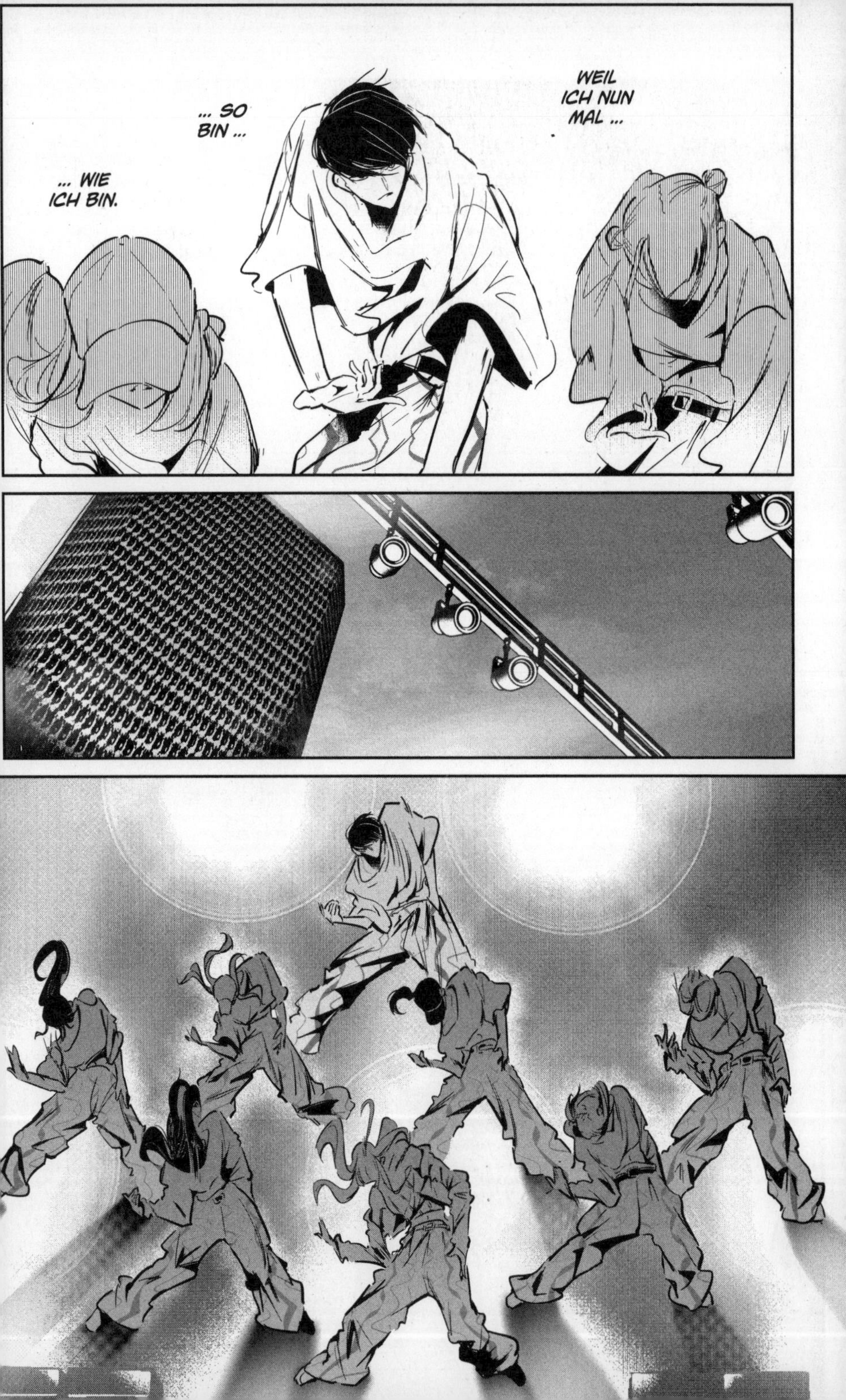
WEIL ICH NUN MAL ...
... SO BIN ...
... WIE ICH BIN.

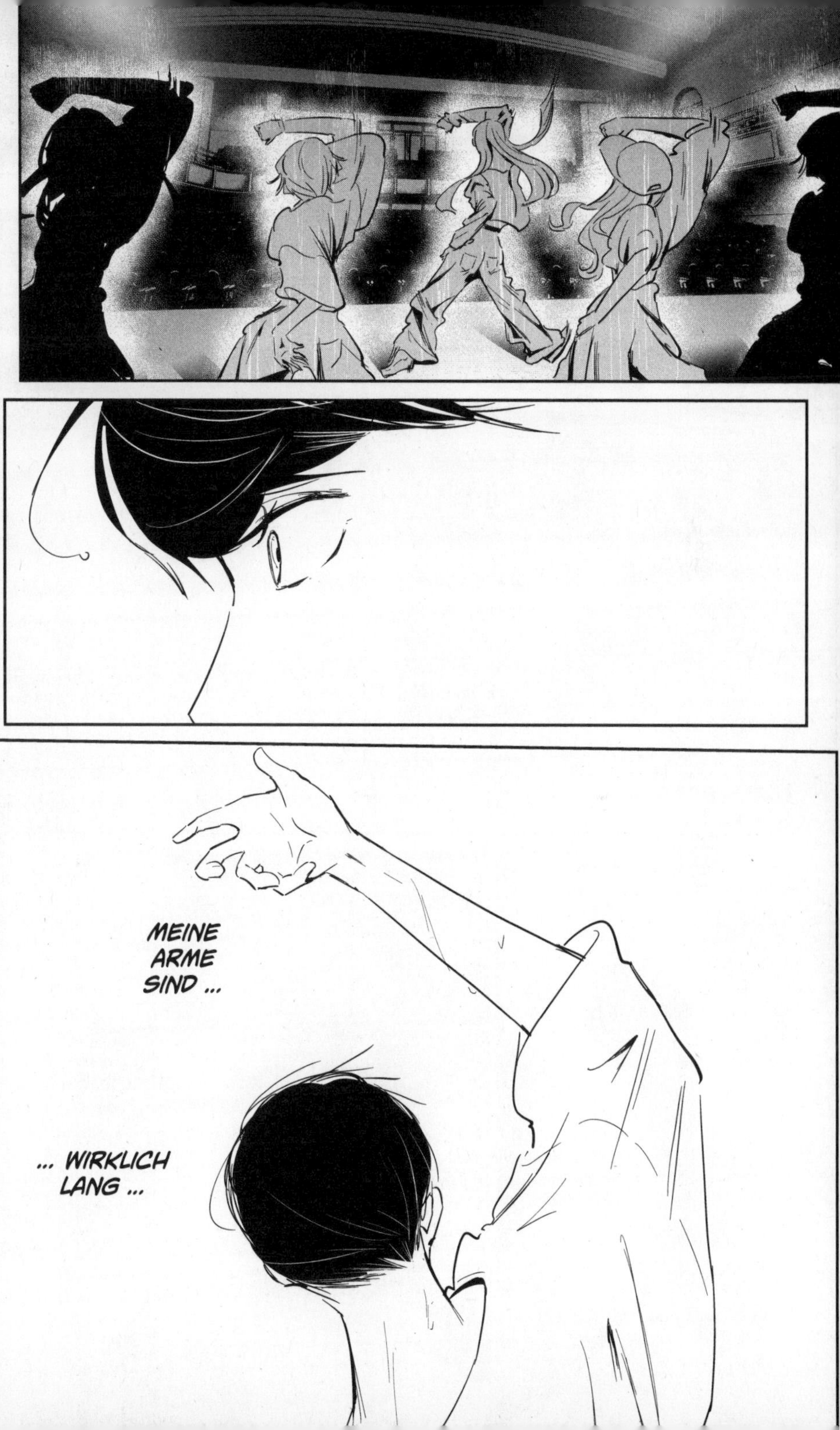
MEINE ARME SIND ...
... WIRKLICH LANG ...

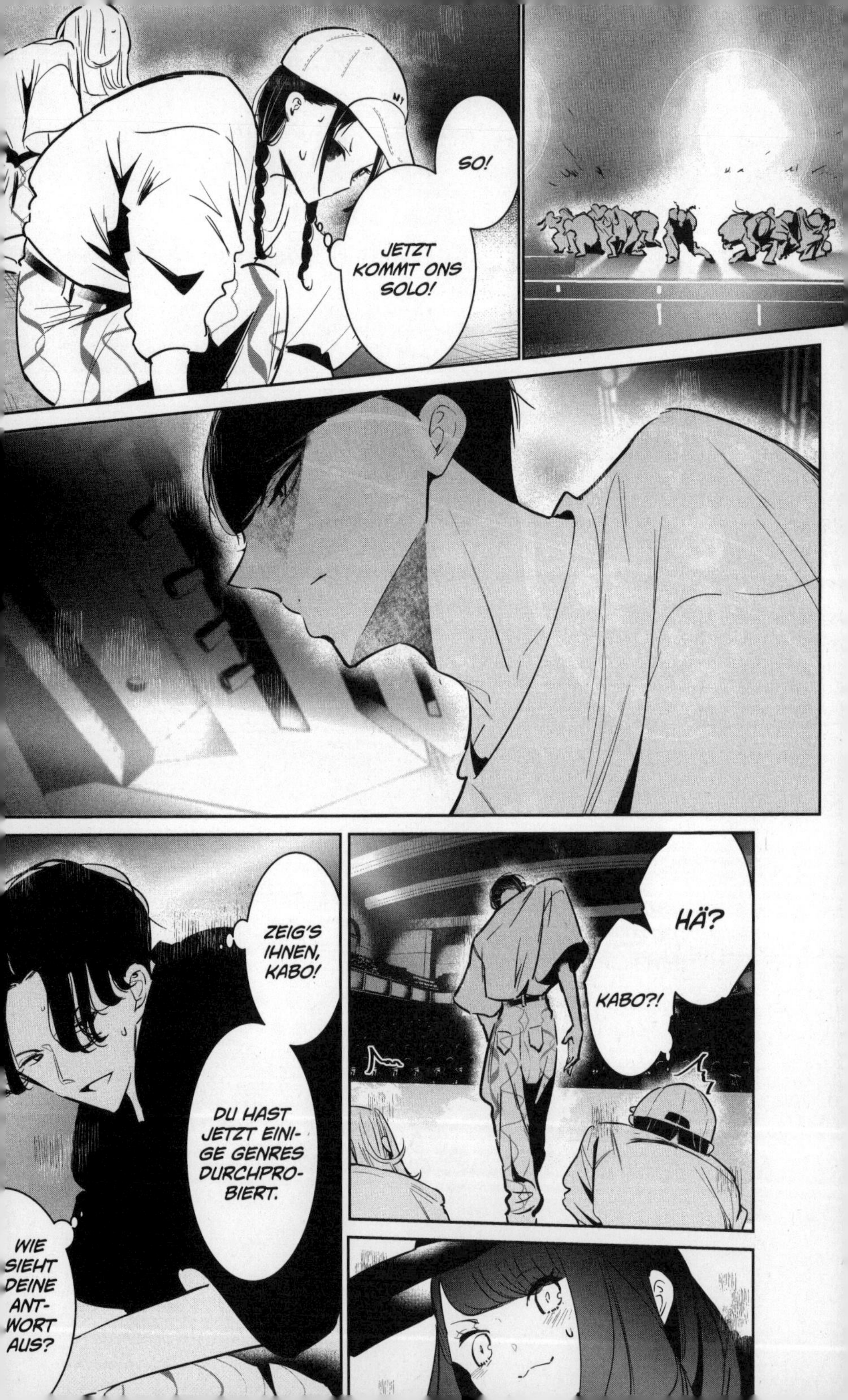
SO!
JETZT KOMMT ONS SOLO!
HÄ?
KABO?!
ZEIG'S IHNEN, KABO!
DU HAST JETZT EINIGE GENRES DURCHPROBIERT.
WIE SIEHT DEINE ANTWORT AUS?

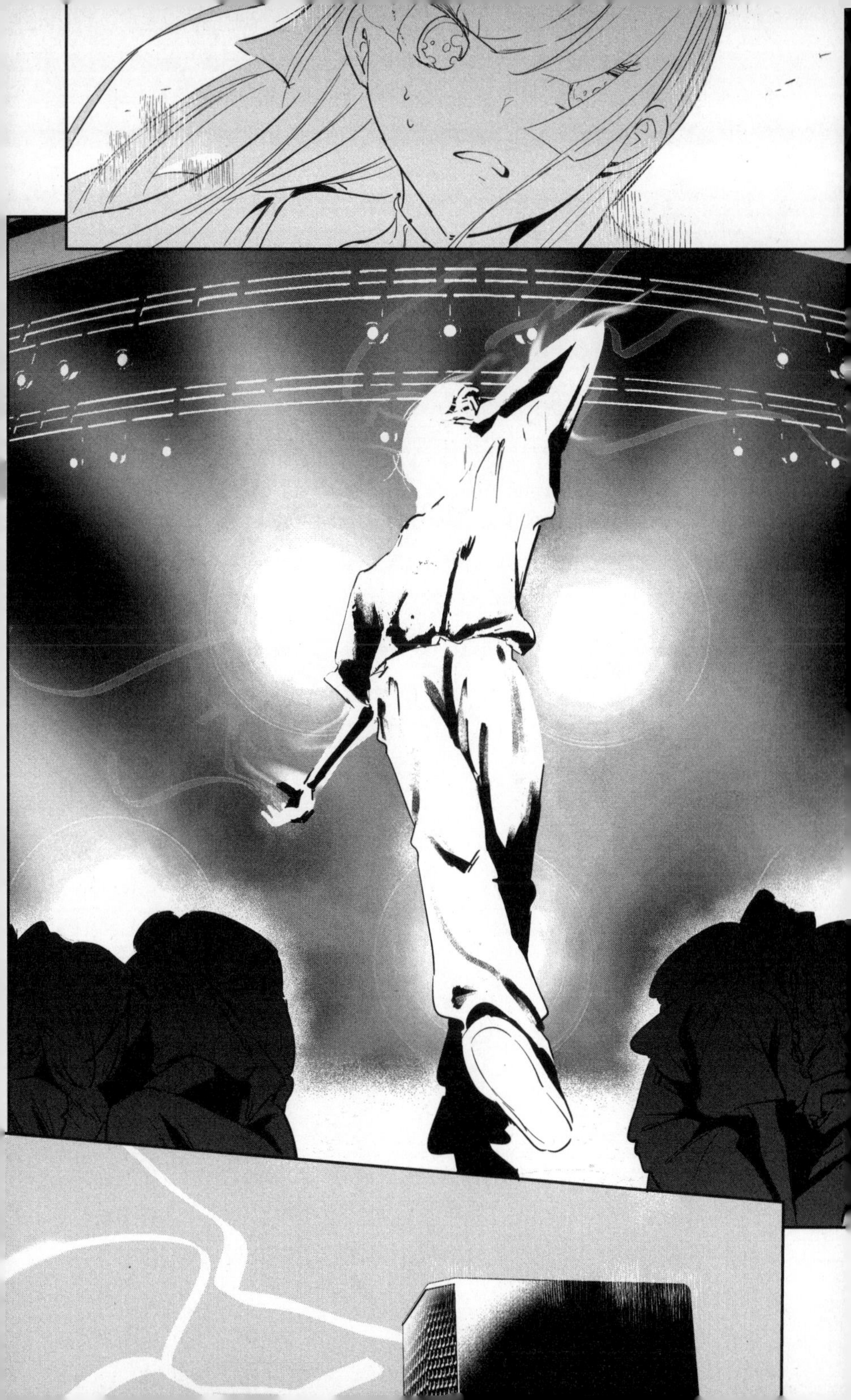

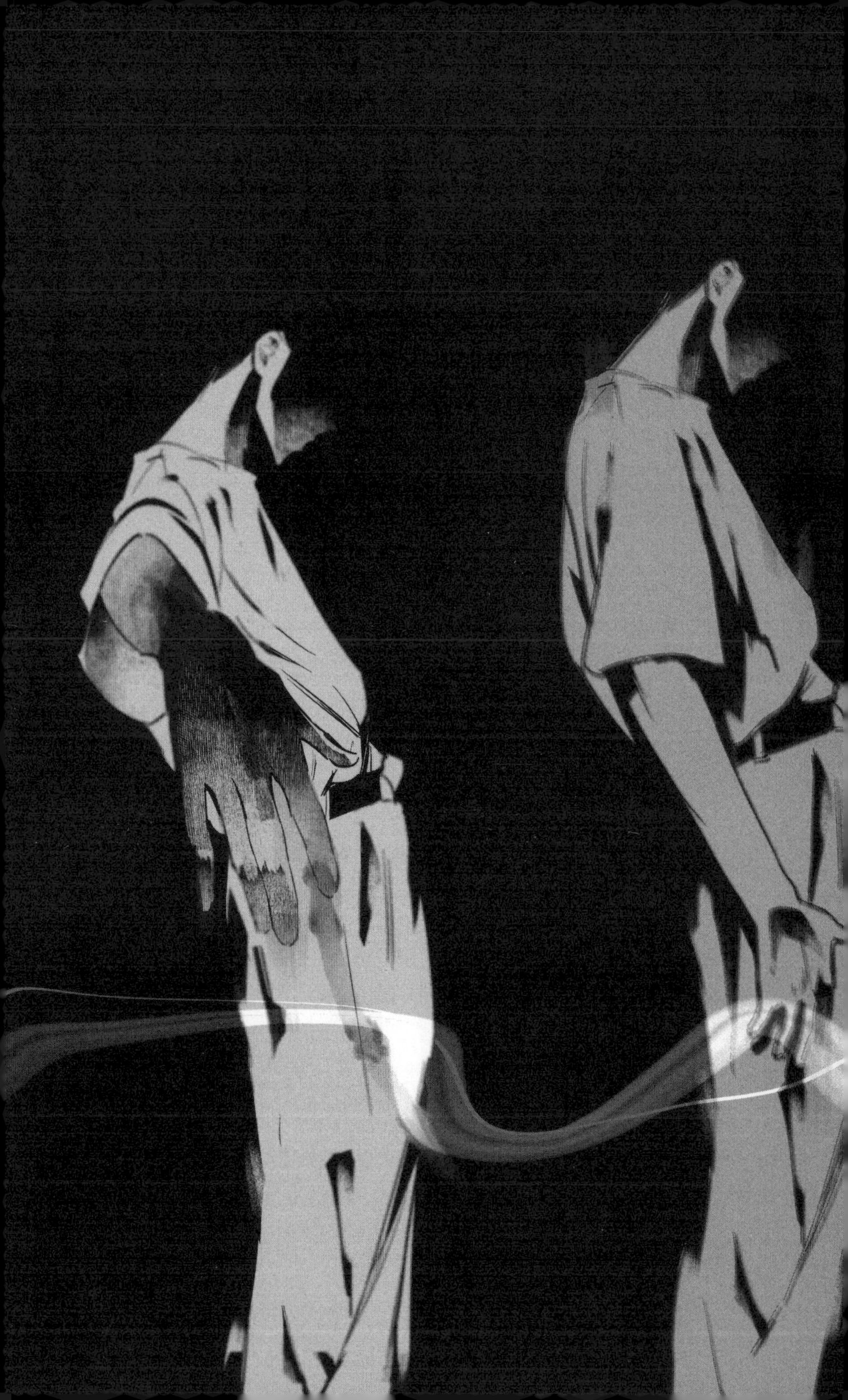

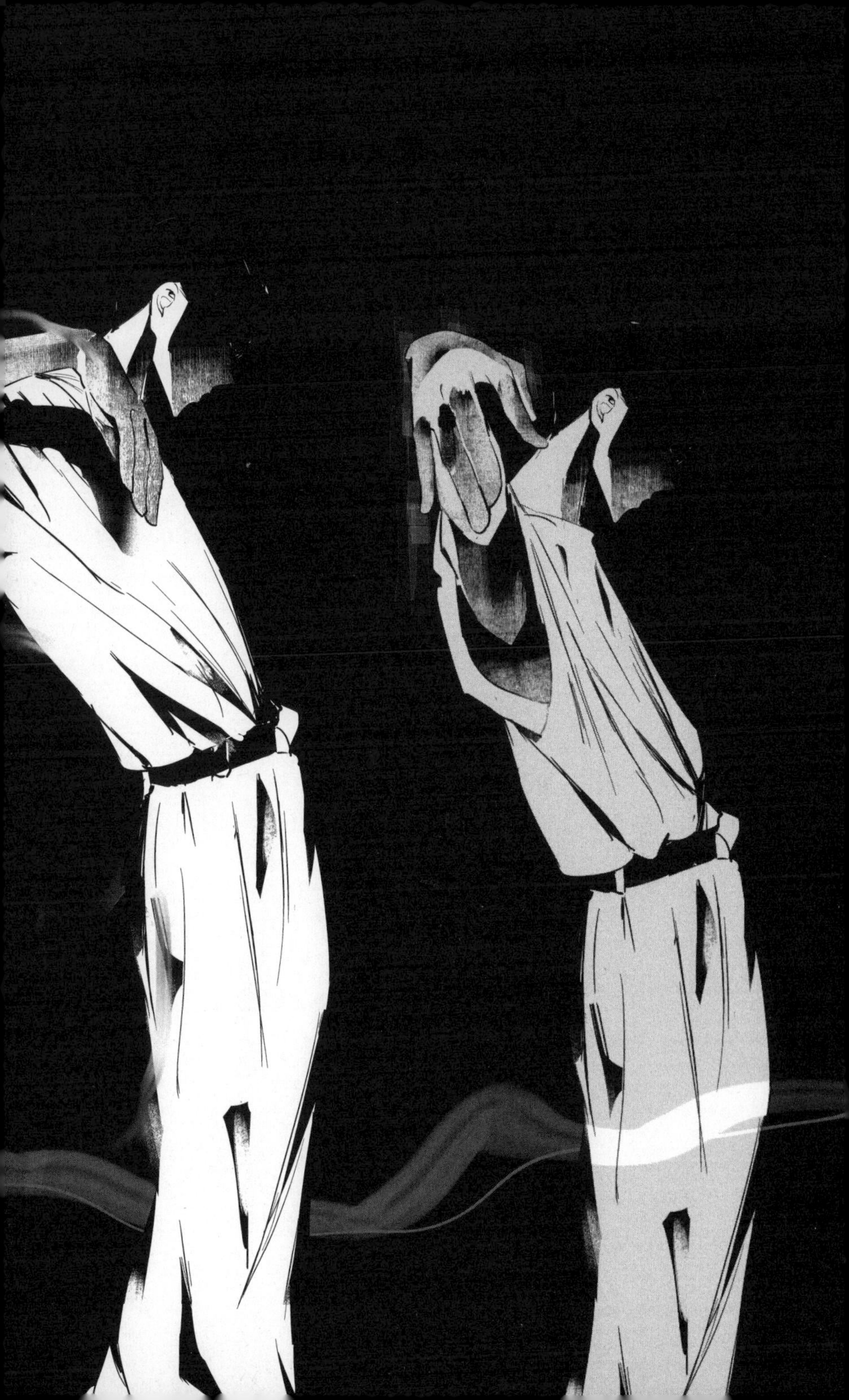

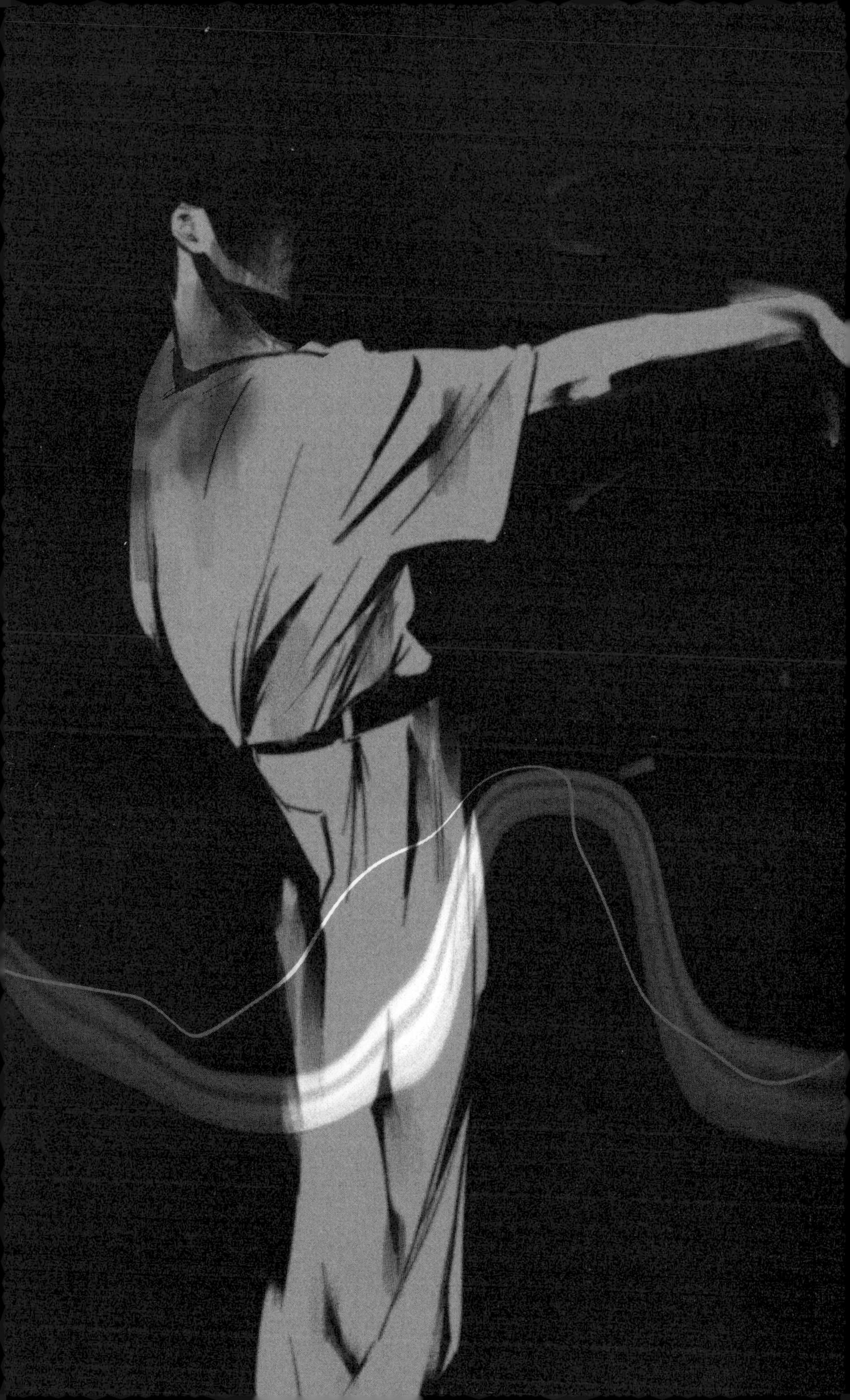

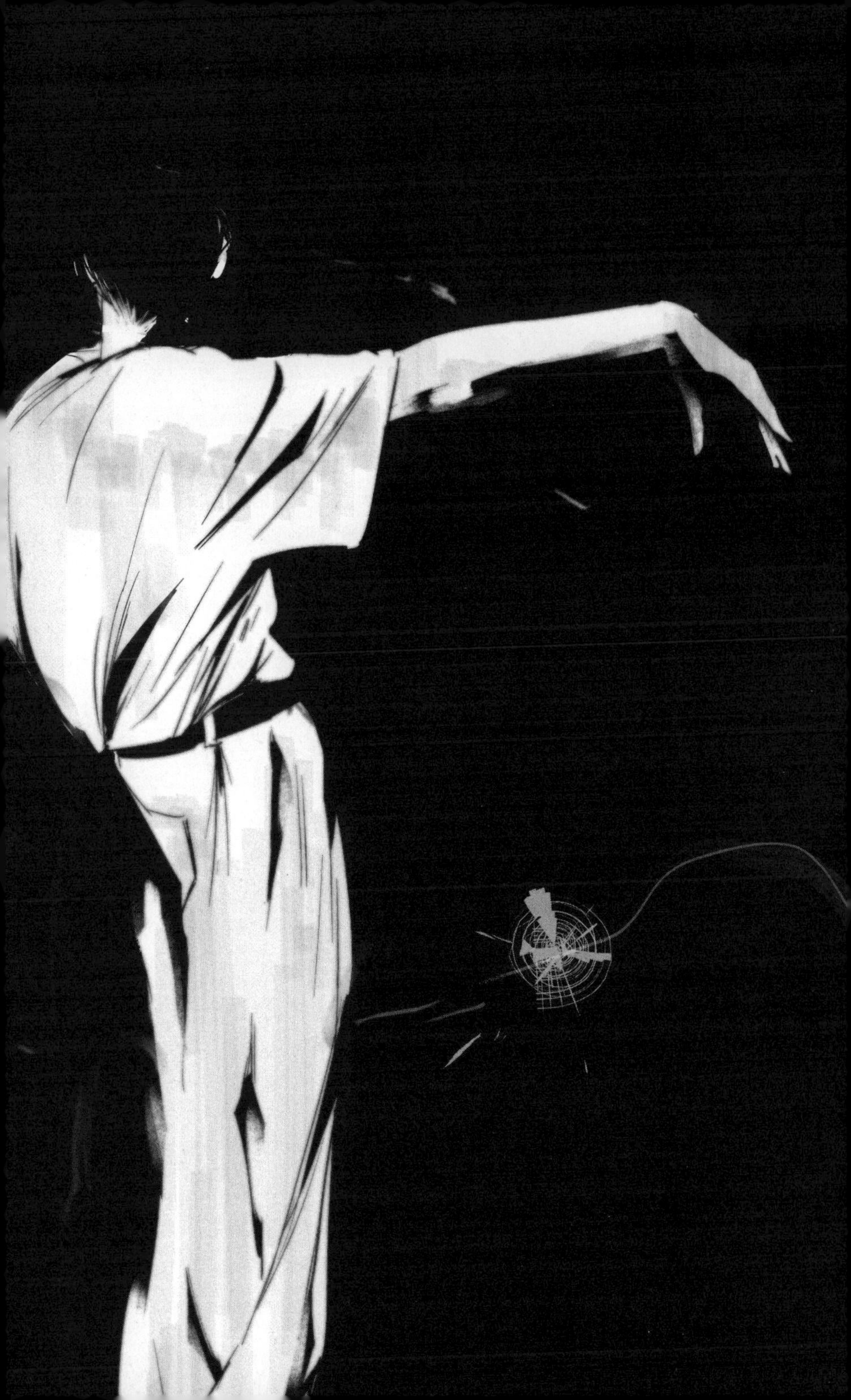

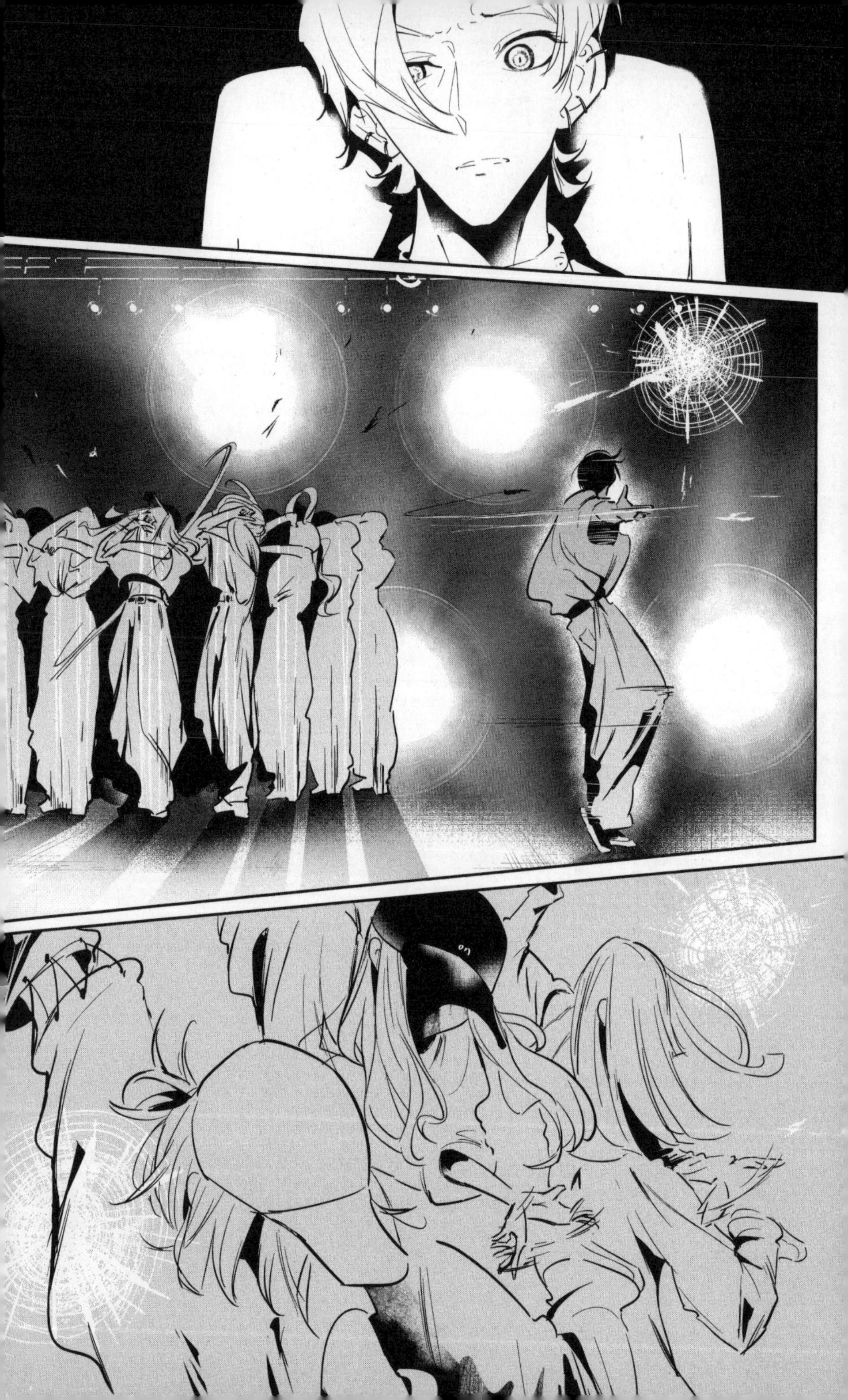

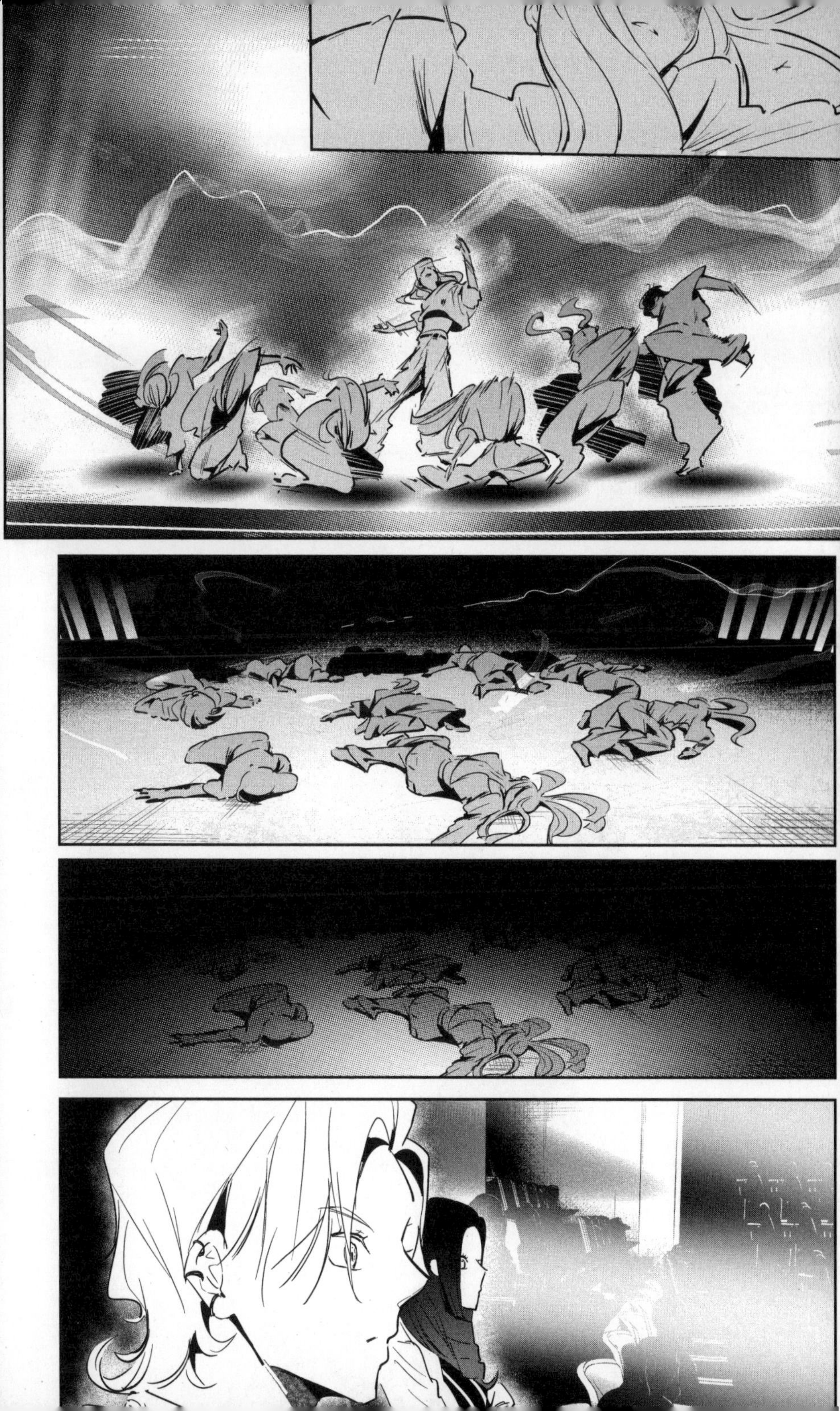

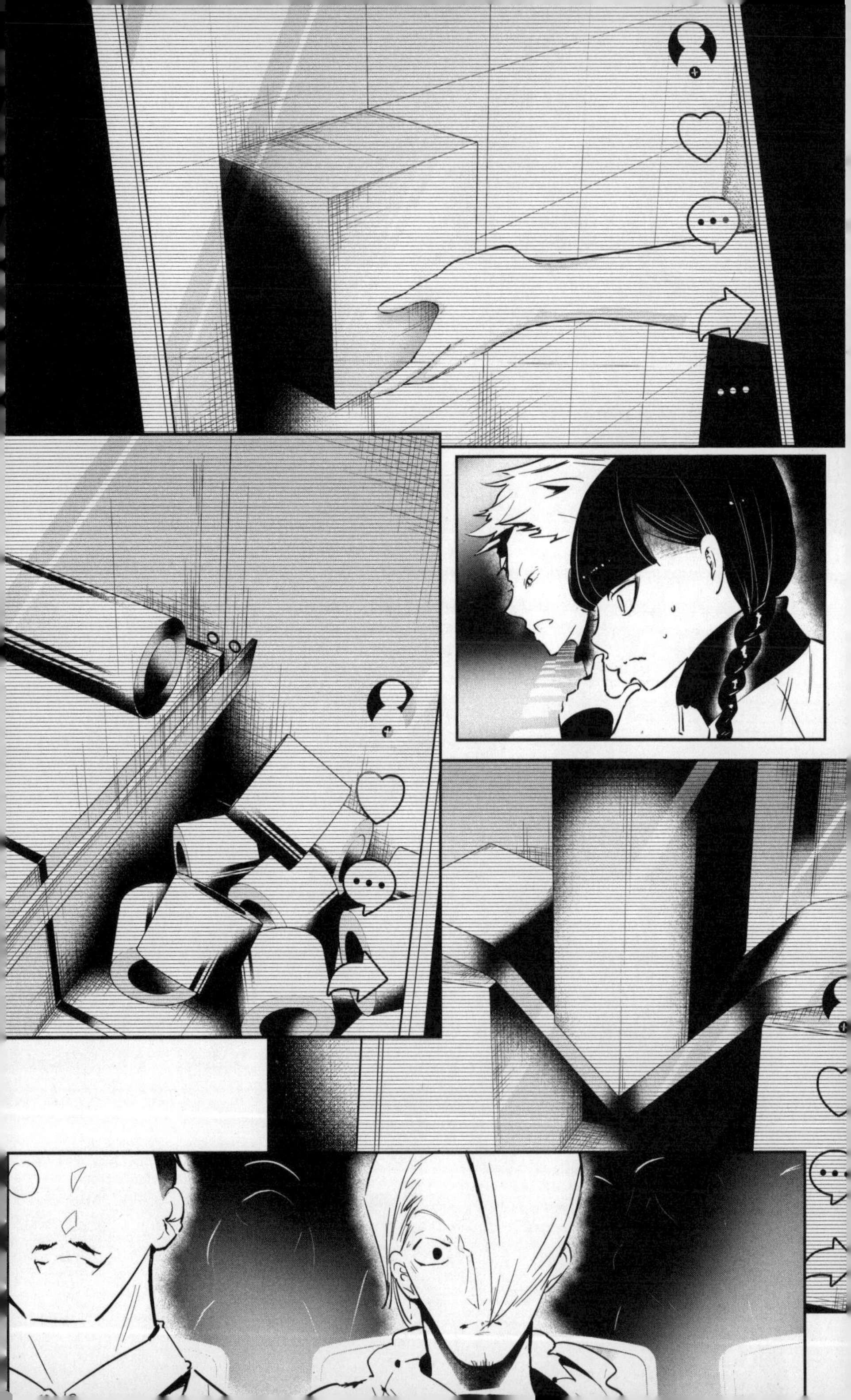

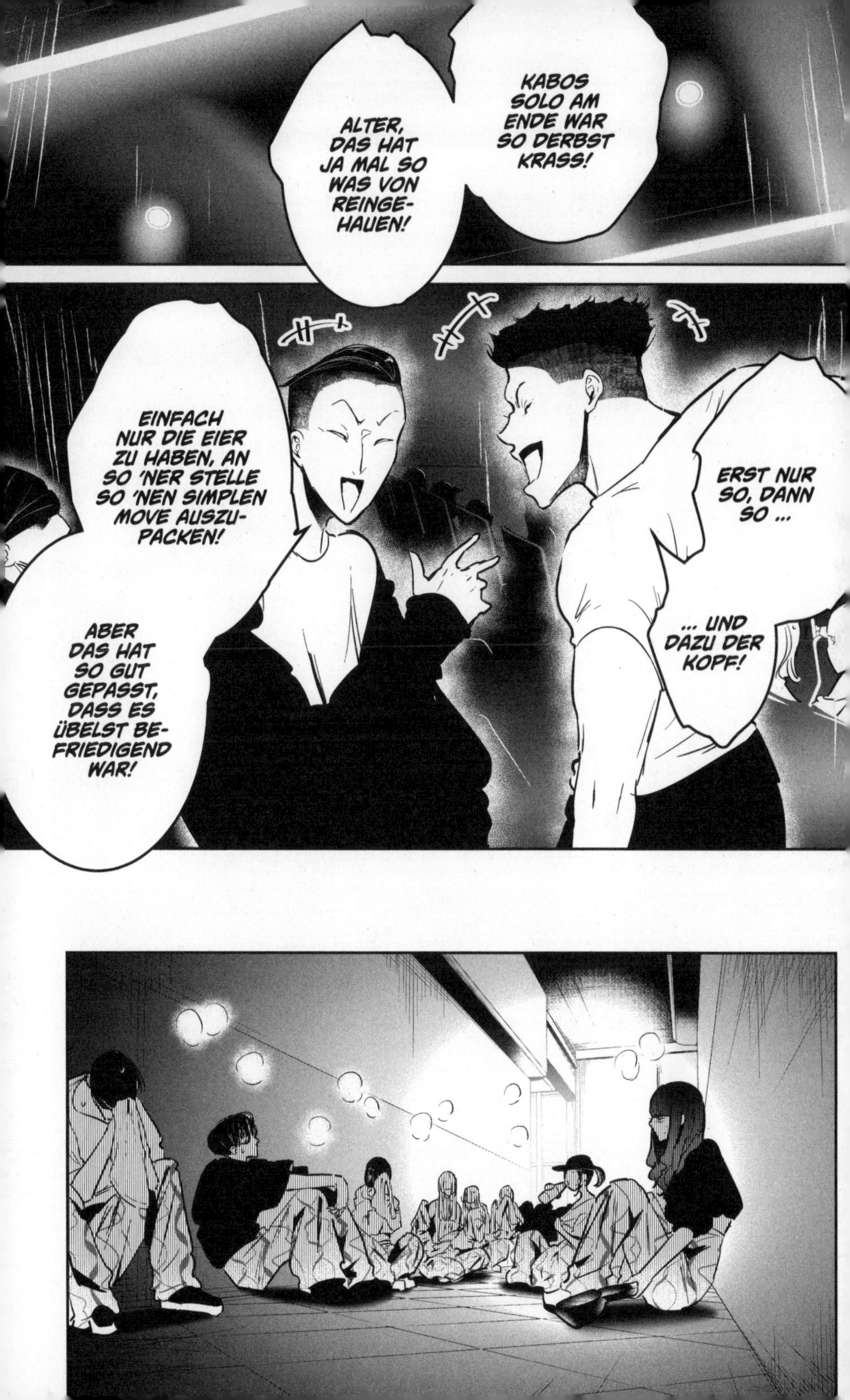
KABOS SOLO AM ENDE WAR SO DERBST KRASS!
ALTER, DAS HAT JA MAL SO WAS VON REINGE-HAUEN!
ERST NUR SO, DANN SO ...
... UND DAZU DER KOPF!
EINFACH NUR DIE EIER ZU HABEN, AN SO 'NER STELLE SO 'NEN SIMPLEN MOVE AUSZU-PACKEN!
ABER DAS HAT SO GUT GEPASST, DASS ES ÜBELST BE-FRIEDIGEND WAR!

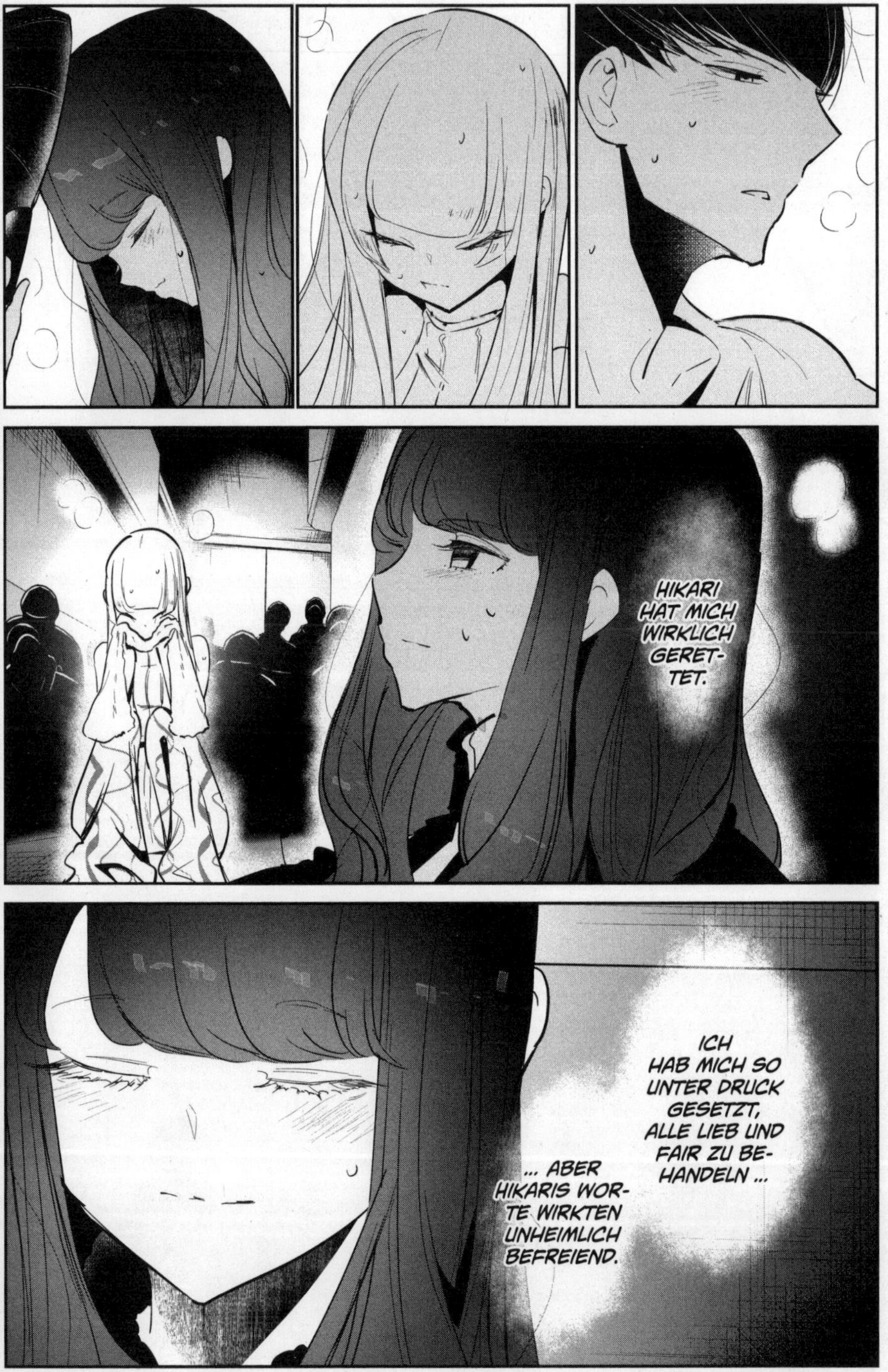
HIKARI HAT MICH WIRKLICH GERET-TET.
ICH HAB MICH SO UNTER DRUCK GESETZT, ALLE LIEB UND FAIR ZU BE-HANDELN ...
... ABER HIKARIS WOR-TE WIRKTEN UNHEIMLICH BEFREIEND.

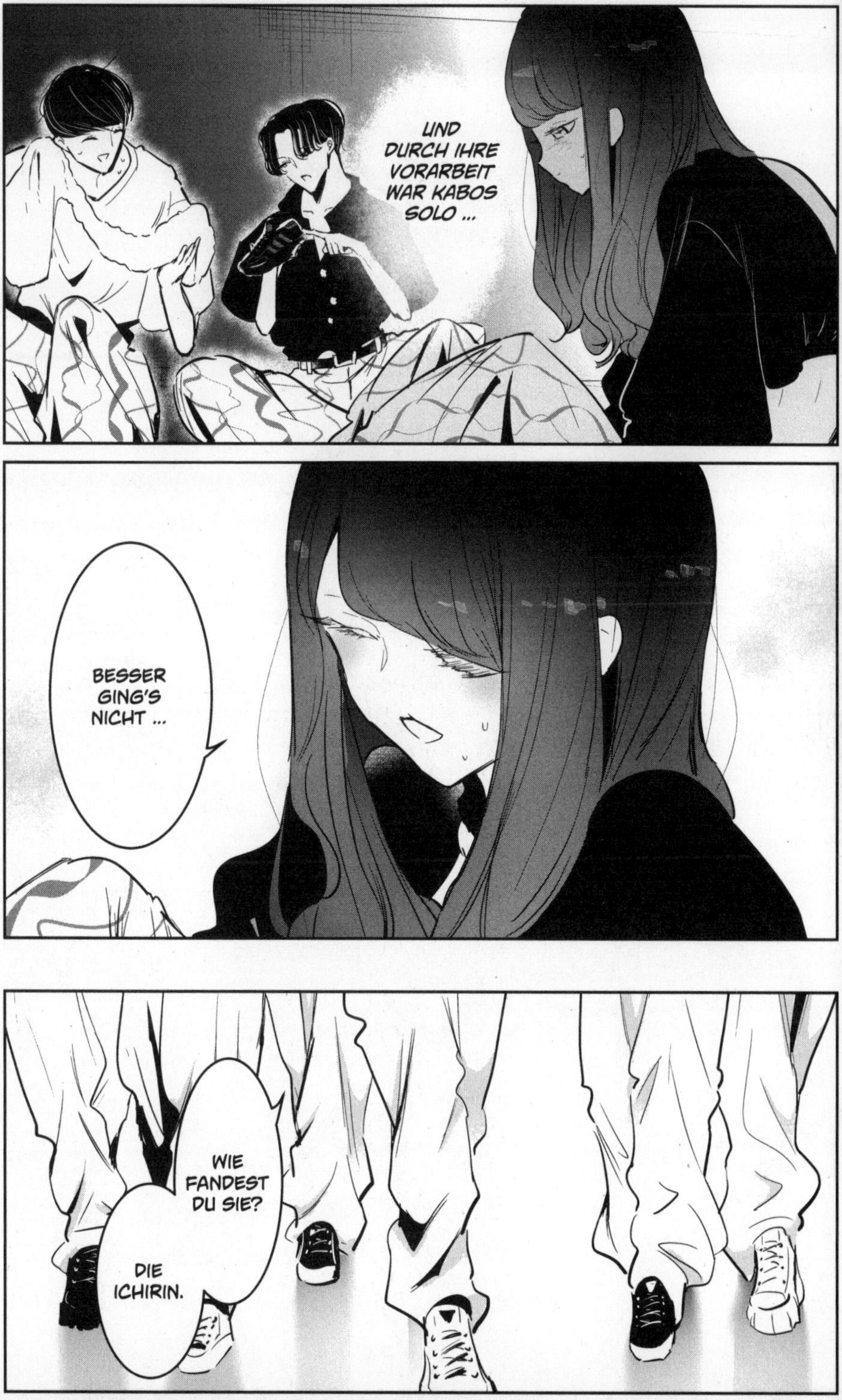
UND DURCH IHRE VORARBEIT WAR KABOS SOLO ...
BESSER GING'S NICHT ...
DIE ICHIRIN.
WIE FANDEST DU SIE?

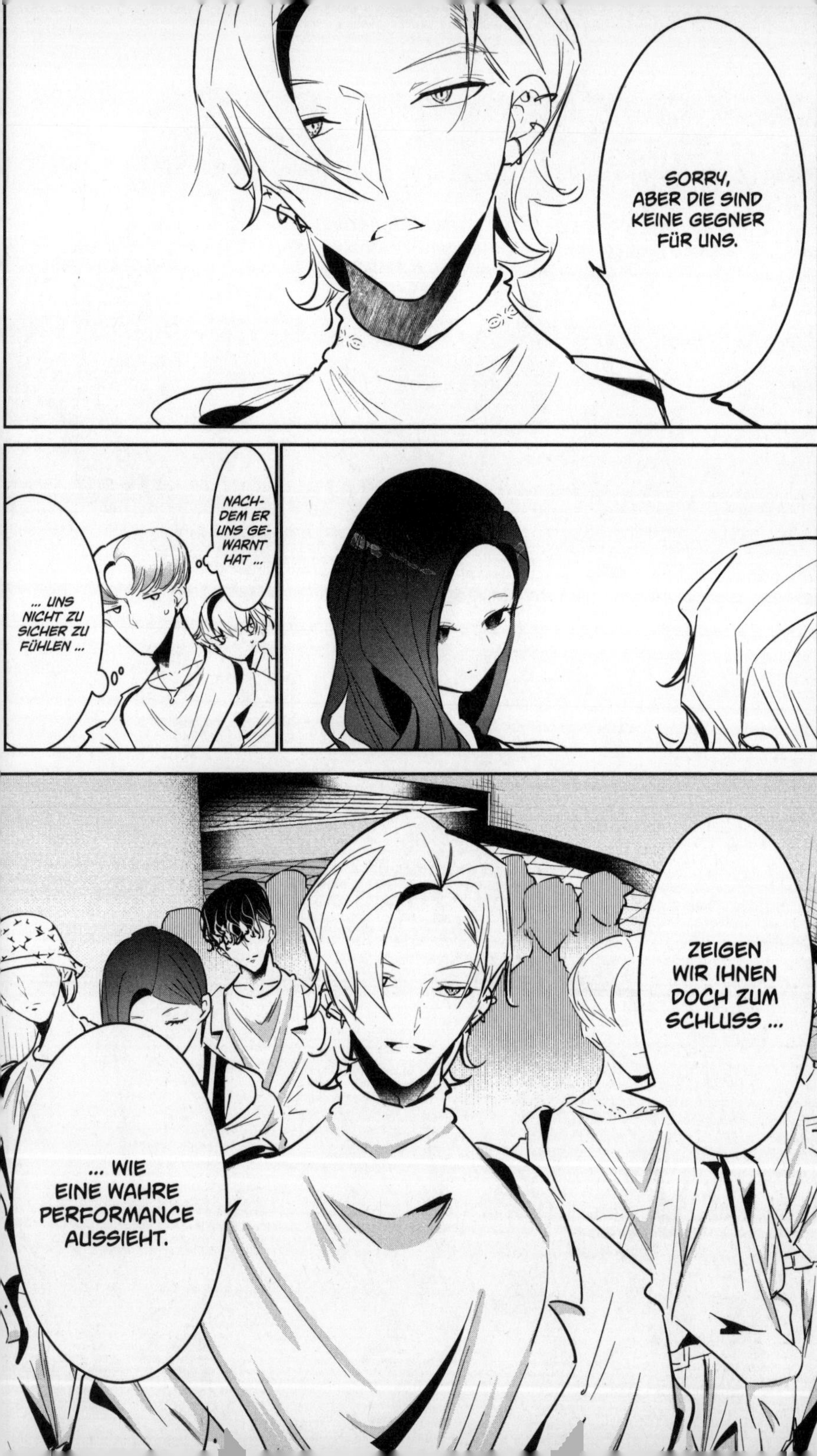
SORRY, ABER DIE SIND KEINE GEGNER FÜR UNS.
NACHDEM ER UNS GEWARNT HAT ...
... UNS NICHT ZU SICHER ZU FÜHLEN ...
ZEIGEN WIR IHNEN DOCH ZUM SCHLUSS ...
... WIE EINE WAHRE PERFORMANCE AUSSIEHT.

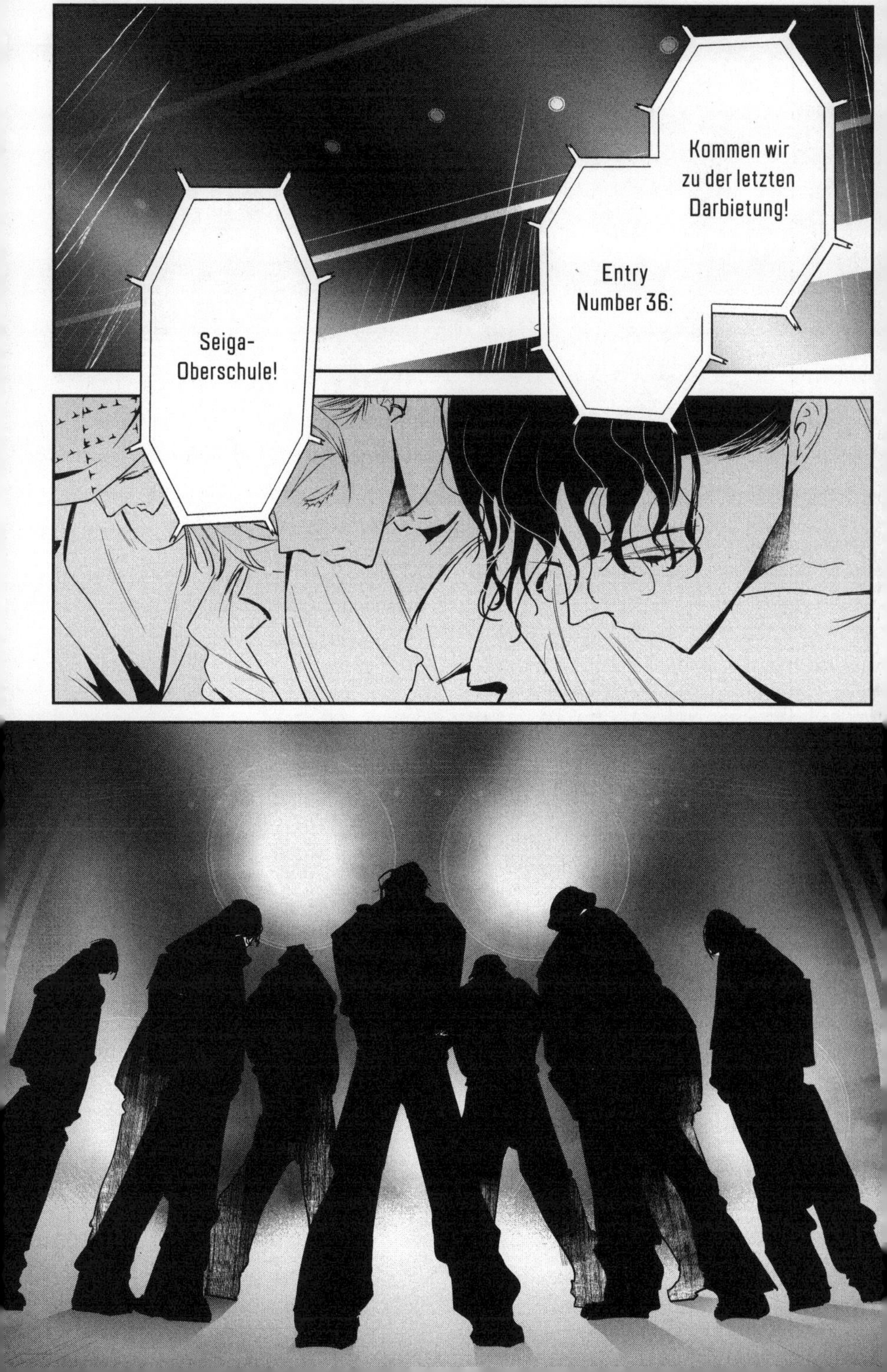
Kommen wir zu der letzten Darbietung!
Entry Number 36:
Seiga-Oberschule!

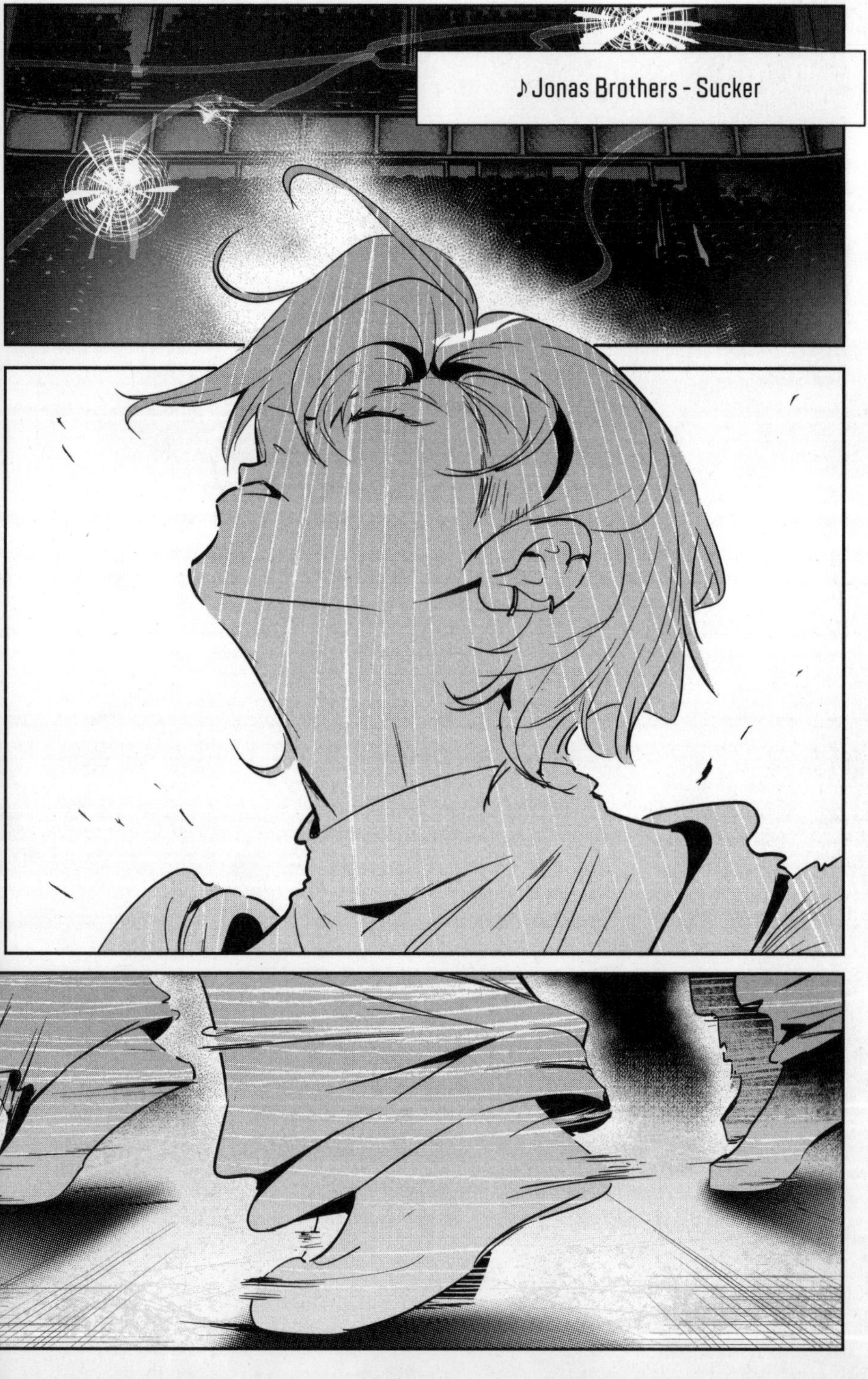
♪Jonas Brothers - Sucker

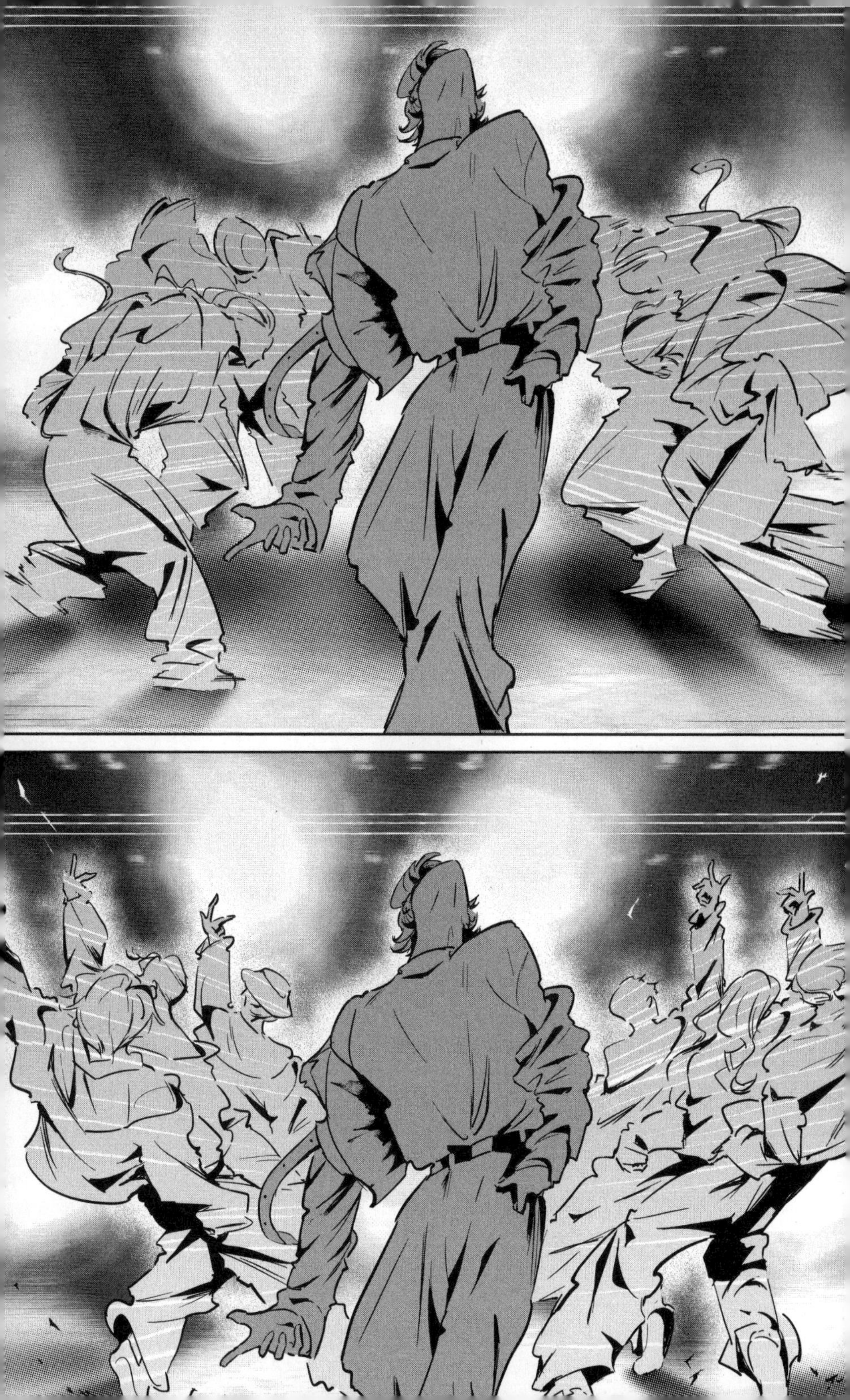

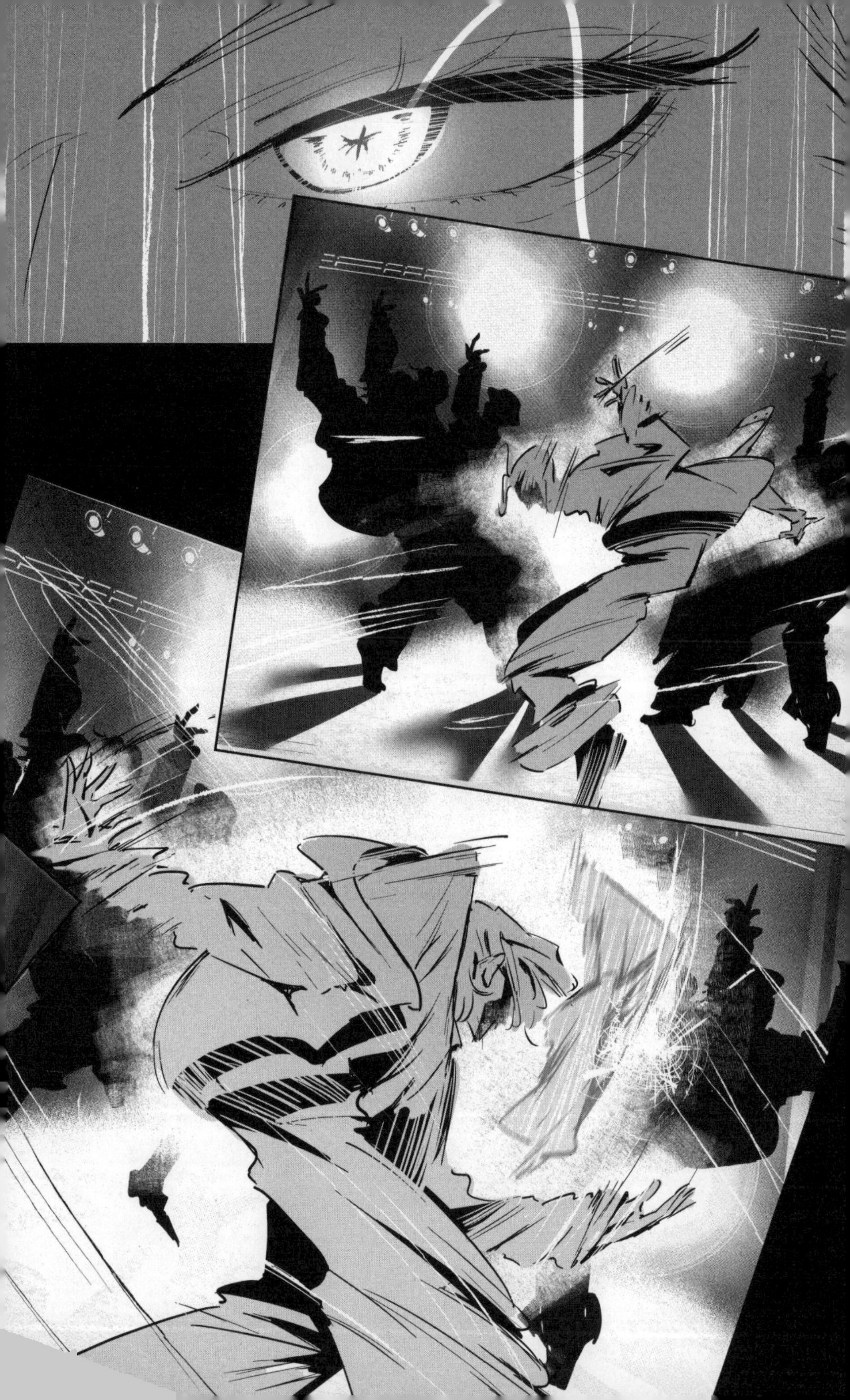

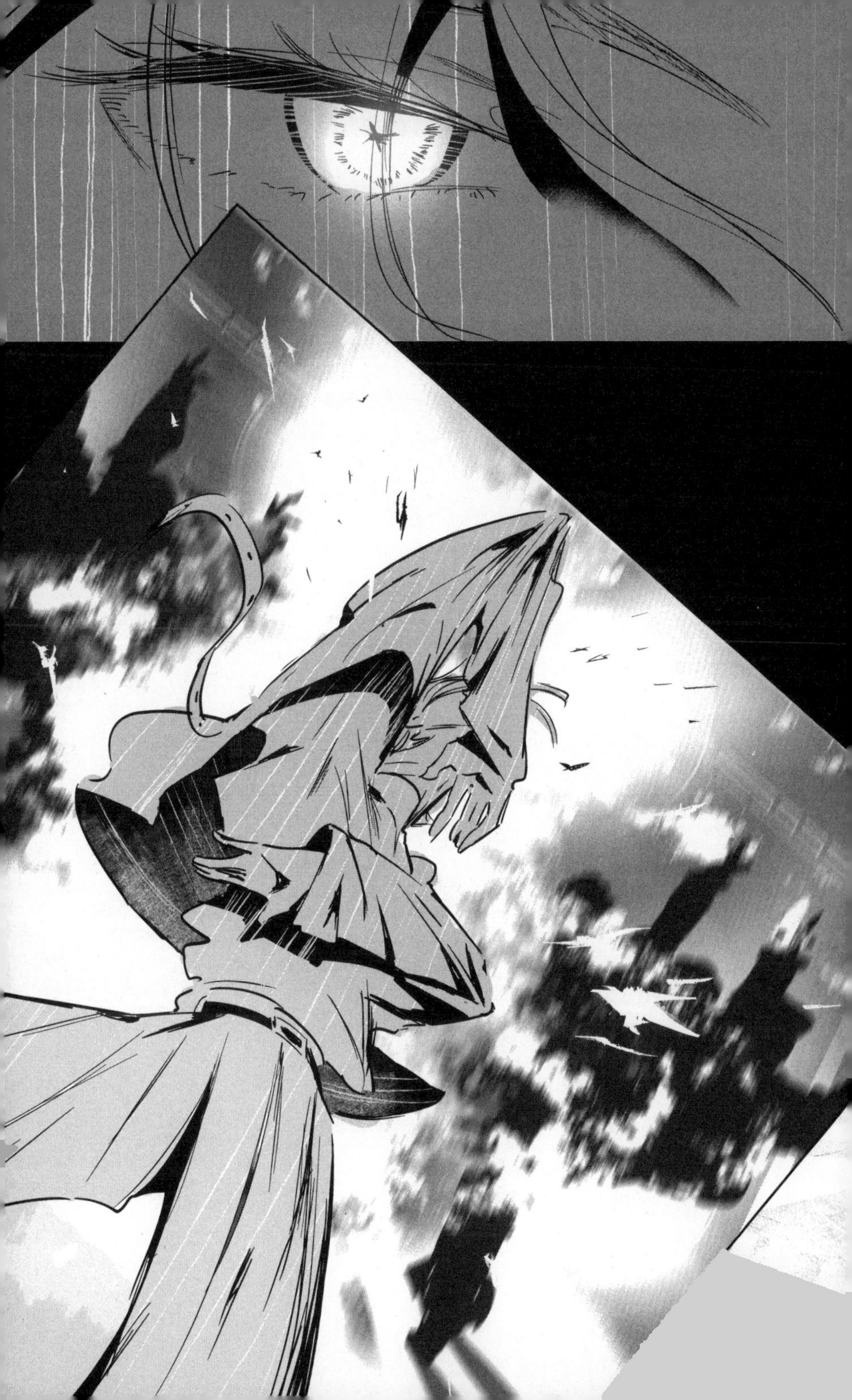

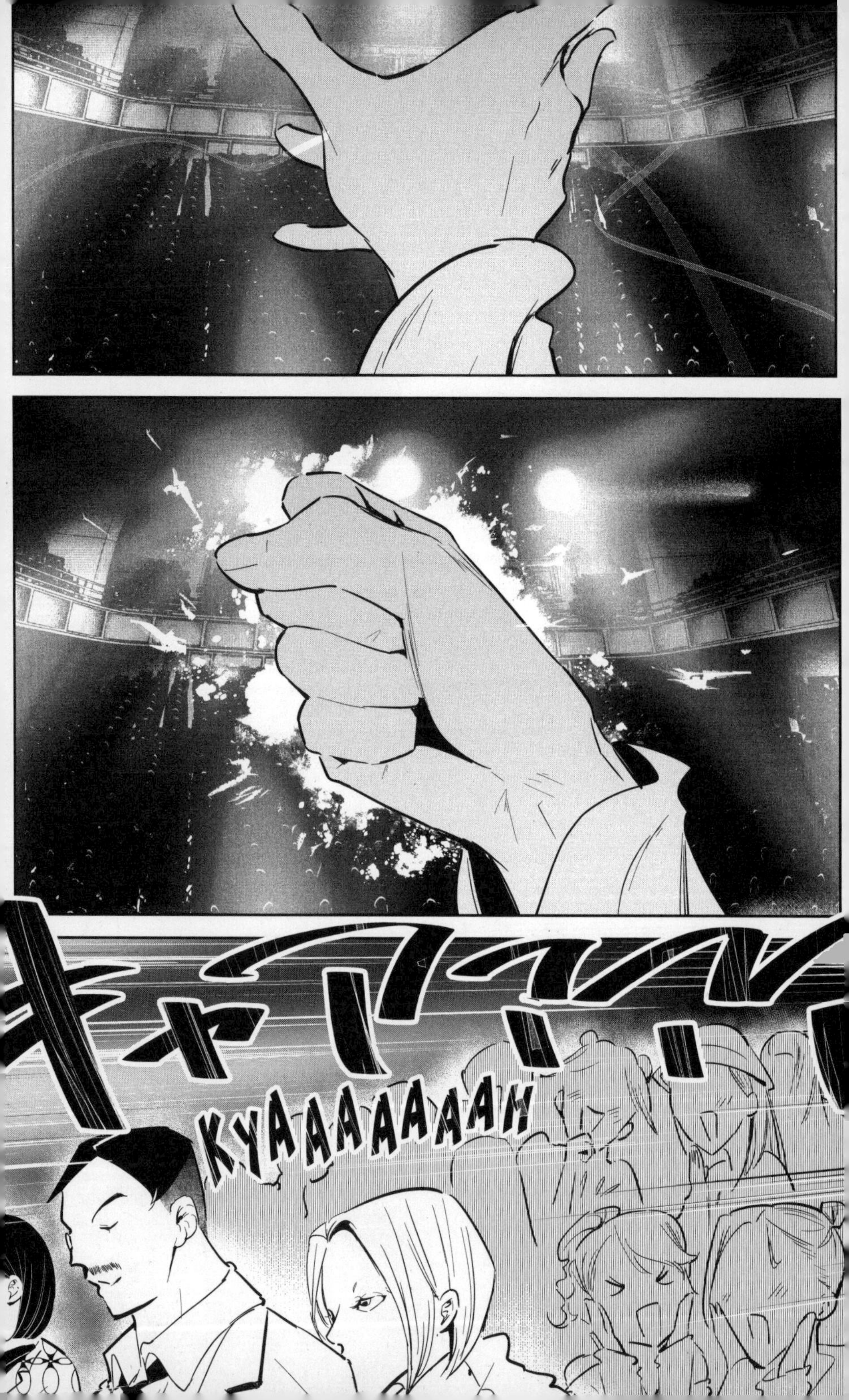
KYAAAAAAAAH

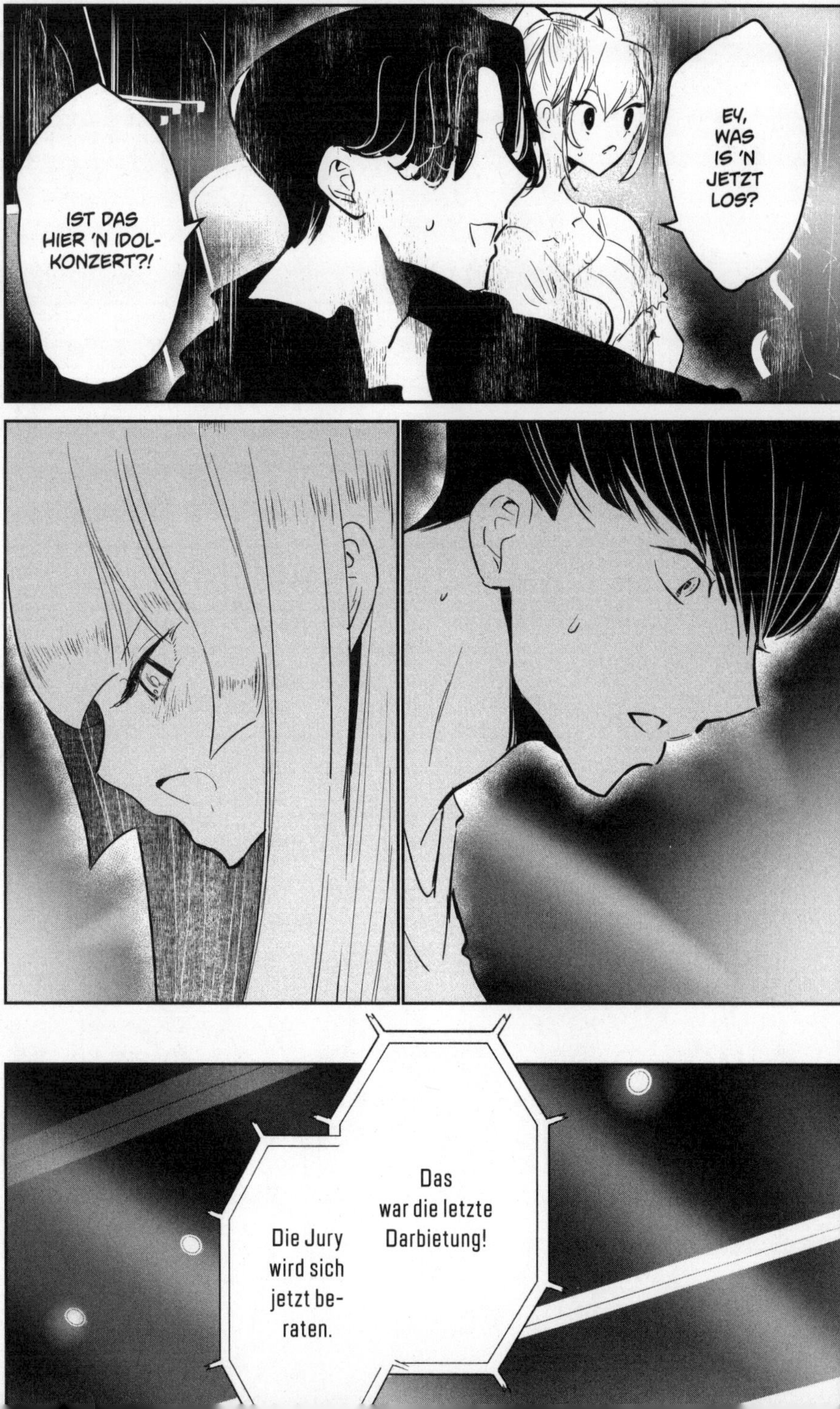
EY, WAS IS 'N JETZT LOS?
IST DAS HIER 'N IDOL-KONZERT?!
Das war die letzte Darbietung!
Die Jury wird sich jetzt be-raten.

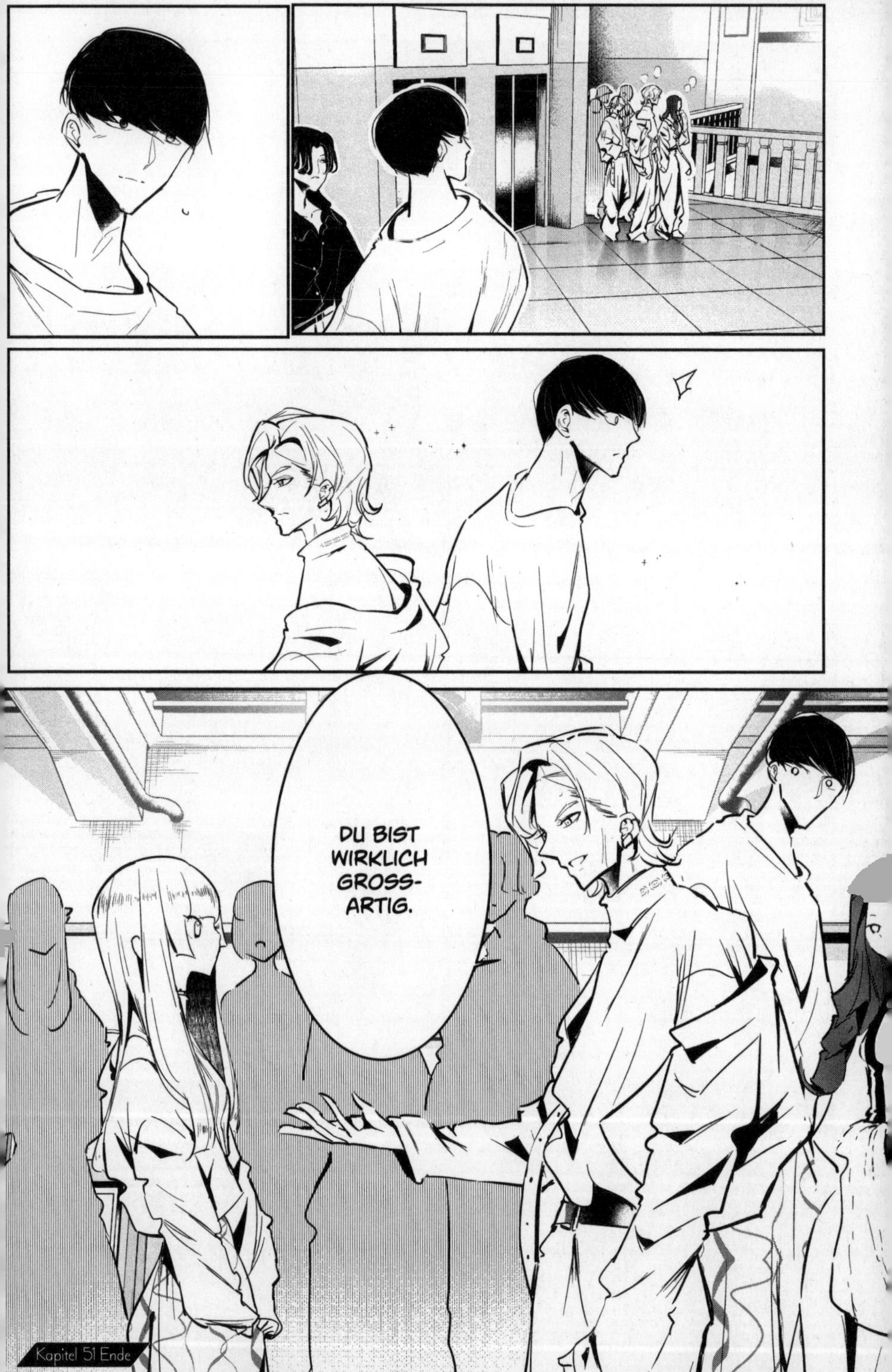
DU BIST WIRKLICH GROSS-ARTIG.
Kapitel 51 Ende

Interviews

YUSUKE (Arpeggio, SOUL TRIBE OSAKA, PLAYERS DANCE WORKS)
BEZI (BUSTA JAKK BOOGIE)
Yukitoshi Shirasaka (der tanzende Mathelehrer)
Streetdance-Klub der Uemiya-Oberschule
Mayuka (Sarasōju, Vambi-RAZE)

Materialbereitstellung

Tanzabteilung des
Cat Music College

Manga-Assistent*innen

Ryo Nakagoshi

Besonderer Dank

machine.harada (ADHIP, ANGEL DUST BREAKERS)
TANABON (AIR REAL, ADHIP)
MAiKA (RUSHBALL, n.h.sisters)
KNIT (ADHIP, DMJ, New Black-izm)
Alle von AIR REAL

manga 漫画 cult

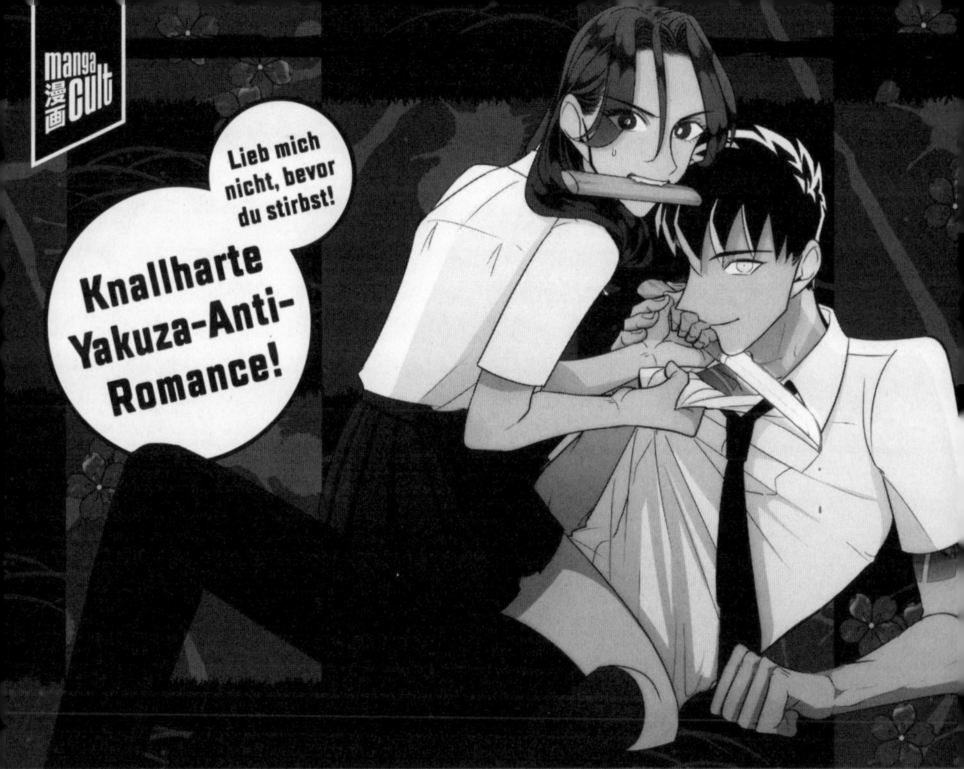
manga Cult
Lieb mich nicht, bevor du stirbst!
Knallharte Yakuza-Anti-Romance!

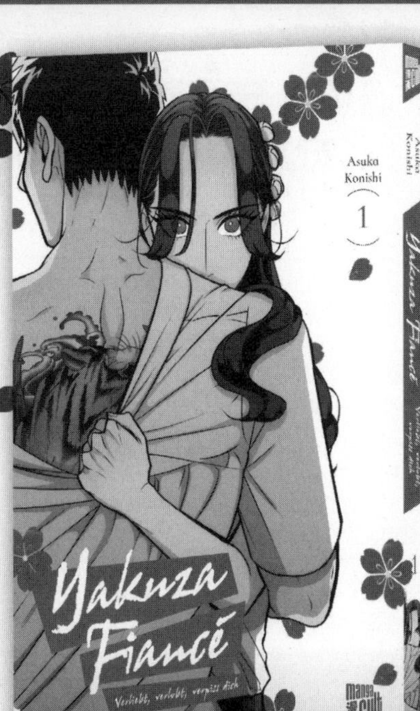
Asuka Konishi
1
Yakuza Fiancé
Verliebt, verlobt, verpiss dich
manga Cult

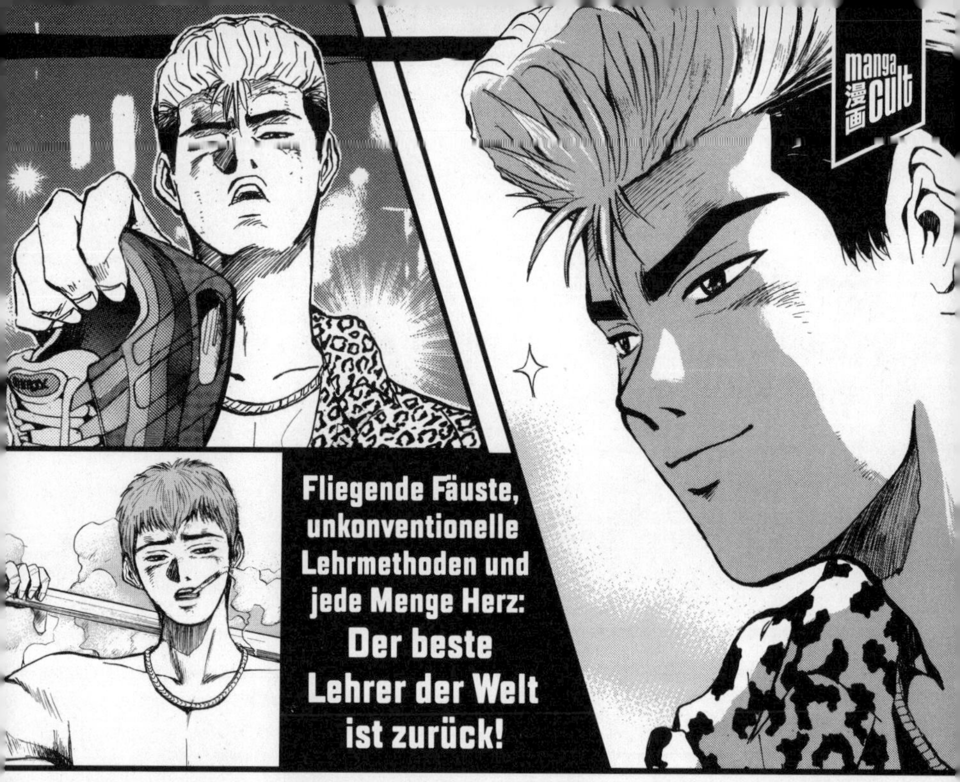

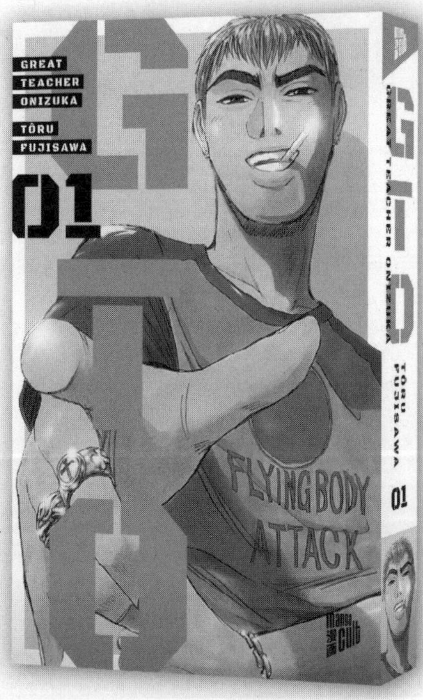

TÔRU FUJISAWA

GTO

GREAT TEACHER ONIZUKA

Der 22-jährige Eikichi Onizuka ist ein Rowdy, wie er im Buche steht. Als legendärer Anführer einer Motorradgang kann der Kettenraucher mit der Haartolle ein langes Vorstrafenregister vorweisen. Aber eigentlich möchte Onizuka nur eines: seine Jungfräulichkeit an ein süßes Mädchen verlieren. Und wo könnte man leichter Mädchen kennenlernen als an einer Oberschule? Klarer Fall: Onizuka muss Lehrer werden. Doch die Tore, die sich ihm an der Schule öffnen, führen nicht etwa ins Paradies – sondern geradewegs in die Hölle ...

14x21 | SC | sw | Comedy | 15+
392 Seiten

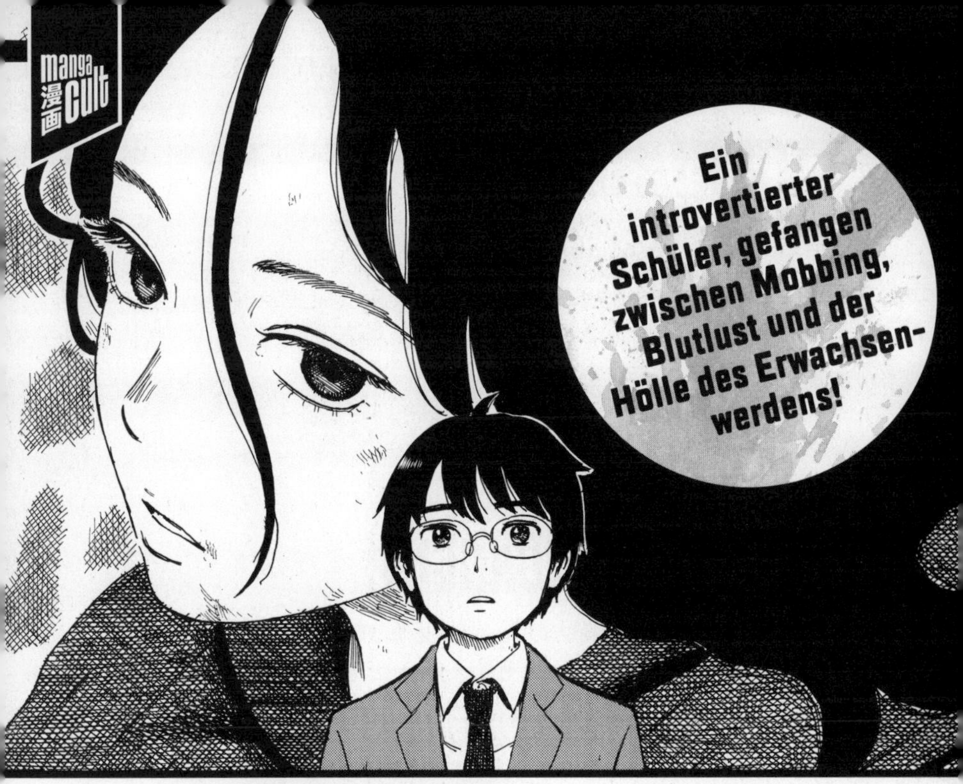

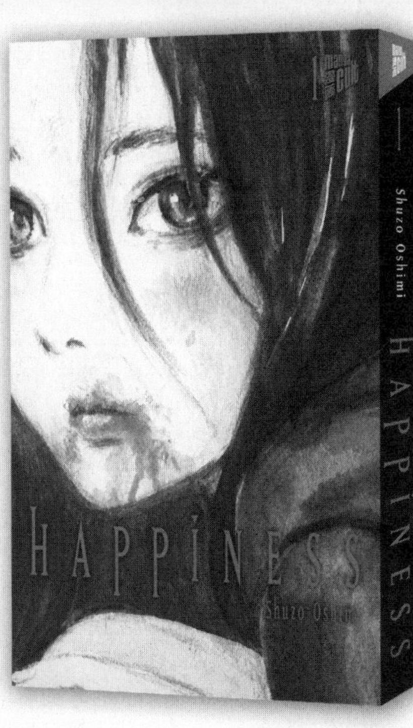

HAPPiNESS

Shuzo Oshimi

Makoto Okazaki ist ein unauffälliger Oberschüler ohne Ambitionen. Von seinen Mitschülern schikaniert und als Verlierer gebrandmarkt, ist für ihn jeder Tag ein Kampf. Als er jedoch eines Abends von einem geheimnisvollen Mädchen angegriffen wird, verändert sich Makotos Leben mit einem Mal. Nicht nur entwickelt er außergewöhnliche körperliche Fähigkeiten, er besteht fortan selbst gegen seine schlimmsten Peiniger.

Und dennoch ist nicht alles Gold, was glänzt, und Makotos neues Leben hält einige Schattenseiten für ihn bereit: Das Tageslicht ist auf einmal furchtbar grell. Was er auch isst, es schmeckt grauenvoll. Und dann ist da dieser Durst … dieser schreckliche, unbändige Durst nach Blut …

14x21 | SC | sw | Mystery | 16+
384 Seiten | 2in1-Edition

STOPP!

STOPP! DIES IST DIE LETZTE SEITE!

WANDANCE ist ein Manga, und einen japanischen Comic liest man von hinten nach vorne. Auch die Lesereihenfolge der Bilder und Sprechblasen auf den Seiten ist anders als gewohnt: von rechts oben nach links unten.

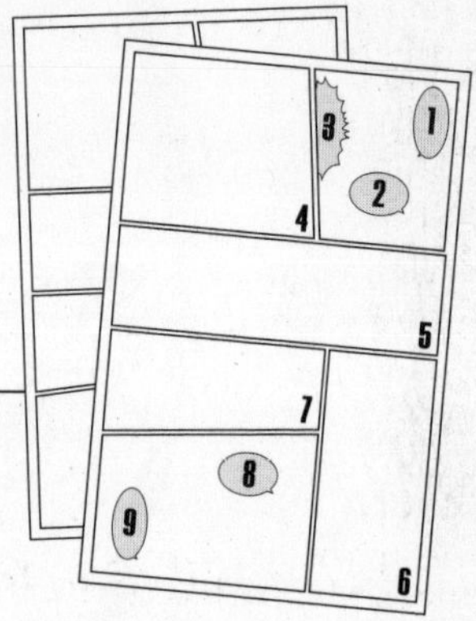

WANDANCE 11

von
Coffee

1. Auflage, 2024
Deutsche Ausgabe/German Edition

Verlagsleitung: Andreas Mergenthaler & Luciana Bawidamann

Aus dem Japanischen von Rahel Niedermann

First published in Japan in 2023 by KODANSHA LTD., Tokyo.
Publication rights for this German edition arranged through KODANSHA LTD, Tokyo.
Original Cover Design: Kohei Nawada (Design Office)

KODANSHA

Programmleitung: Alexandra Grimsehl
Redaktion & Lektorat: Denise Hedrich
Korrektorat: Katharina Altreuther
Grafik/Produktionsleitung: Elke Epple
Layout und Lettering: Manga Cult, Datagrafix GSP GmbH, Berlin
Druck: GGP Media GmbH, Pößneck

Print-ISBN: 978-3-7573-0294-8

www.manga-cult.de | August 2024